高等医学院校教材

供应用心理学及相关专业用

家庭治疗概论

主　编

白银霞　马　军　张　嫒

副主编

成秀梅　徐　清　吉宇波　段黎明

编　者（按姓名汉语拼音排序）

白银霞　内蒙古自治区第三医院
成秀梅　内蒙古医科大学
段黎明　内蒙古自治区第三医院
黄晓颖　内蒙古工业大学
吉宇波　内蒙古医科大学
马　军　内蒙古自治区第三医院
徐　清　福建省龙岩市第三医院
张文君　内蒙古科技大学包头医学院
张　嫒　内蒙古医科大学

北京大学医学出版社

JIATING ZHILIAO GAILUN

图书在版编目（CIP）数据

家庭治疗概论/白银霞，马军，张媛主编．—北京：北京大学医学出版社，2023.8
ISBN 978-7-5659-2901-4

Ⅰ. ①家… Ⅱ. ①白… ②马… ③张 Ⅲ. ①家庭－精神疗法－高等学校－教材 Ⅳ. ① R749.055

中国国家版本馆 CIP 数据核字（2023）第 079770 号

家庭治疗概论

主　　编：白银霞　马　军　张　媛
出版发行：北京大学医学出版社
地　　址：（100191）北京市海淀区学院路 38 号　北京大学医学部院内
电　　话：发行部 010-82802230；图书邮购 010-82802495
网　　址：http://www.pumpress.com.cn
E-mail：booksale@bjmu.edu.cn
印　　刷：北京信彩瑞禾印刷厂
经　　销：新华书店
责任编辑：靳新强　　责任校对：靳新强　　责任印制：李　啸
开　　本：710 mm×1000 mm　1/16　印张：17　字数：294 千字
版　　次：2023 年 8 月第 1 版　2023 年 8 月第 1 次印刷
书　　号：ISBN 978-7-5659-2901-4
定　　价：80.00 元
版权所有，违者必究
（凡属质量问题请与本社发行部联系退换）

主编简介

白银霞

主任医师，内蒙古医科大学硕士研究生导师，内蒙古自治区第三医院（精神卫生中心）儿童青少年精神卫生专业学科带头人，内蒙古自治区精神卫生项目办公室执行主任，内蒙古自治区预防医学会心理卫生专业委员会常务副主任委员兼秘书长，中国医院协会精神病医院分会第七届委员，中华预防医学会精神卫生分会心理健康促进学组组员，中国心理卫生协会危机干预专业委员会委员。主持及参与多项省级科研课题，发表20余篇文章。

马军

主任医师，内蒙古自治区第三医院临床心理中心主任，内蒙古自治区医师协会双心医学专业委员会第一届委员会副主任委员，内蒙古自治区第二届干部保健专家委员会成员，《内蒙古医学杂志》编委。主持及参与多项省级课题，发表十余篇学术论文。

张媛

临床医学学士，心理学硕士，教授，内蒙古医科大学健康服务与管理专业负责人，内蒙古自治区心理学会副理事长，中华医学会行为医学分会行为干预治疗学组委员，内蒙古自治区预防医学会心理卫生分会副主任委员和《内蒙古医学杂志》编委。主要从事社会医学、健康心理学、心理咨询与治疗的教学、科研工作。主持及参与内蒙古自治区省级科研项目十余项，发表论文30余篇，主编出版专著3部，副主编《大众心理学》，主编教材2部，参编国家规划教材《医学心理学》。

前　言

　　人有社会属性的特点，这决定了人的成长发育离不开家庭环境，离不开家庭关系，更不能脱离社会大环境。个体社会化以及社会现代化过程的加速所产生的新的生活方式要求个体尽快完成个性化和独立的过程。个体需要在社会群体中寻找身份感，寻求社会支持，学习适应社会，满足亲密关系和性需要。随着时间的变化，家庭会不断发展与变化，经历不同的历史转变阶段。而个体的生活模式和人际关系模式相对于更加广阔的社会系统而言总归是零碎和不完善的。这就使得个体在与社会发生联系的时候会出现机遇增多和危险增大并存的现象。个体心理治疗的局限性凸显了家庭治疗的价值。

　　家庭治疗经历了漫长的发展过程。从现代主义，经由后现代主义和建构主义，直至结构主义的发展顺序，家庭治疗的理论和临床实践一直在发展中。近年来各学派之间的交流与整合、折中的趋势越来越明显，大量实践已经认可家庭工作的重要性。我们相信，好的治疗绝不是实施一系列具体技术那般简单的事情，好的治疗是或应该是一项囊括使助人关系起效的所有要素的复杂工程。尼克尔斯说："治疗家庭不仅是技巧和理论，也是爱的行动。"当今时代的家庭不仅日新月异，而且压力重重。在《中华人民共和国家庭教育促进法》出台的今天，研究家庭治疗更具现实意义。

　　2016年我们决定给应用心理学本科专业学生开设家庭治疗概论的选修课，为此，我们参考了国内外许多相关著作与文章，力求编写一本适合使用的教材。2021年计划终于转为行动。感谢内蒙古自治区第三医院对本书出版的全力支持，感谢成秀梅博士中肯的建议，感谢北京大学医学出版社卓有成效的工作。我们是怀着赤诚之心、学习之心来写这本书的，感谢作者们（第一章及第五章第一节撰写者张文君，第二章及第五章第二节、第六节撰写者成秀梅，第三章撰写者徐清，第四章撰写者吉宇波，第五章第四节、第五节撰写者黄晓颖，第五章第三节撰写者张嫒、白银霞、马军，第六章撰写者张嫒）的辛勤劳动。本书亦为内蒙古医科大学张嫒主持的2021年内蒙古自治区教育厅教育科学研究课题（NJZY21603）成果之一。不当之处，恳请大家批评指正。

主编

2022年12月

目 录

第一章 绪论 ··· 1
   第一节 家庭概述 ·· 1
   第二节 家庭的发展 ·· 17
   第三节 家庭治疗的基础 ·· 27

第二章 家庭治疗的发展简史 ··· 33
   第一节 家庭治疗的理论背景 ·· 33
   第二节 家庭治疗的起源与发展 ··· 48

第三章 家庭治疗的基本概念与基本方法 ································ 64
   第一节 家庭治疗的基本概念 ·· 64
   第二节 家庭治疗的基本方法 ·· 79

第四章 家庭治疗的适应证与过程 ·· 116
   第一节 家庭治疗的适应证 ·· 116
   第二节 家庭治疗的过程 ··· 118

第五章 家庭治疗的经典学派 ·· 152
   第一节 鲍恩式家庭系统治疗 ··· 152
   第二节 策略派家庭治疗 ··· 162
   第三节 结构式家庭治疗 ··· 173
   第四节 经验式家庭治疗 ··· 182
   第五节 精神分析家庭治疗 ·· 192
   第六节 认知-行为家庭治疗 ··· 202

第六章　家庭治疗的新进展 ········· 222

第一节　21世纪的家庭治疗 ········· 222
第二节　焦点解决治疗 ········· 227
第三节　叙事治疗 ········· 233
第四节　其他家庭治疗 ········· 241
第五节　家庭治疗的发展与未来 ········· 255

参考文献 ········· 260

第一章 绪 论

家是个神奇的地方，无论在外面经历了怎样的艰辛，回到家中，一家人团聚在一起，生活和感情紧密联结，总能抚平伤口，抚慰心灵。但是，家也会伤人，让人矛盾，使人陷入停滞或者因迷茫而找不到方向。家是每一个人成长和发展的起点，个人不仅要经历身体上的与母亲的融合和分离，还要经历情感上的从融合到分离。既保持对家庭的归属感，又保持独立自主是每个人成长的课题，也是每一个家庭成长的课题。本章将带领大家了解家庭和家庭的发展以及家庭治疗的基础。

第一节 家庭概述

每个人生活中最熟悉的环境就是家庭，它是个体不可缺少的最重要的生活领域。有人认为家庭是生活中最温暖的港湾，也有人认为家庭是束缚个性发展的牢笼。家庭是人类社会发展过程中存在的最普遍、最基本、最持久、最亲密的社会团体组织。家庭是个体成长和发展最早和最重要的环境。对于婴幼儿来说，家庭是其生存的基本保障；对于儿童和青少年来说，家庭是其学习和适应环境的基础；对于年轻人来说，家庭是其完成独立发展成为一个独特的人的重要基地；对于中青年人来说，家庭是其繁衍后代和体验更多角色、承担更多责任的重要场所；对于老年人来说，家庭是其传承生活经验和面对死亡的地方。一个人从出生到死亡的整个生命过程都离不开家庭这个最基础、最重要的环境。在个体成长的过程中，特别是对自己、他人、关系和社会的认识与理解，家庭发挥着不可替代的独特作用。同时，家庭对个体的影响也是非常深远和持久的。

家庭是一个复杂的、有机的、自然的、可持续的社会关系系统。在当今这个快速发展变化的社会里，家庭可能以不同的形式呈现，具有文化多样性和复杂性。尽管如此，家庭仍然具有一些共同的特征，包括具有一套逐渐发展起来的、相对稳定的价值和行为准则，家庭成员在家庭中被分配为不同角色，具有一系列独具特色的内隐或外显的沟通方式，形成了一些问题应对策略。家庭成员之间的关系建立在共同的生活经历、亲密的情感联结和共同的生活目标之上。家庭成员之间的关系是深刻而浓厚的，这种关系是由强烈的情感依恋和忠诚联结在一起，这种亲密的情感联结是个体健康成长的基础。家庭成员之间情感联结的强度会随着时间的变化而发生变化，但这种情感联结在个体成长过程中发挥着非常重要的作用，同时，它也会存在于整个家庭生命周期发展阶段中。

每一个具体的家庭系统都存在于特定的社会历史发展阶段，并被当时、当地特定的民族文化、经济社会地位、家庭生命周期发展阶段、代际、成员的身心健康状况、受教育水平、家庭价值观等因素所塑造。这些因素会影响家庭系统的发展，以及应对危机和挑战时的灵活性和一般时间跨度上的适应性和稳定性。家庭中生理、心理、经济、教育、娱乐等各种功能的实现，一方面满足了个体成长和发展的各种需要；另一方面也满足了社会发展的多种需要。在个体、家庭、社区和社会的良性发展的过程中，家庭功能的实现都发挥着重要的作用。在社会发展变化的过程中，家庭动力、家庭功能、家庭结构等要素产生的紊乱，以及家族使命与家庭创伤的代际传承等影响着很多人。

一、家庭的含义、特征和功能

（一）家庭的含义

不同的文献对家庭的含义有不同理解。《说文解字》把家解释为居住的地方；《辞海》将家庭解释为由婚姻、血缘或收养而产生的亲属间的共同生活组织；《中国大百科全书》将家庭解释为由婚姻、血缘或收养关系所组成的社会生活的基本单位。我国著名的社会学家孙本文认为，家庭是夫妻、子女等亲属结合而成的社会团体组织。德国著名的思想家马克思和恩格斯认为，夫妻之间的关系，父母和子女之间的关系，这些关系的总和就构成了家庭。美国社会学家伯吉斯和洛克认为，家庭是被婚姻、血缘或收养关系联合起来的一个人类社会团体，在一个家庭中，成员作为父母、夫妻或兄弟姐妹的社会角色相互交往，创造着属于这个家庭的独特文化。

根据上述众多学者对家庭概念的理解，家庭的含义包括了以下几个方面的内容：首先，家庭是以婚姻关系为基础组成的基本社会团体组织，婚姻关系是家庭组成和发展的开始。组成家庭是婚姻关系中双方约定共同的生活目标，共同承担家庭发展和养育子女的责任。婚姻关系是构成家庭的基础，家庭中会由婚姻关系衍生出血缘关系。其次，家庭可能包括多代关系，以血缘关系或收养关系形成的社会团体组织至少包括亲子两代，血缘、收养关系也就是亲子关系。可见，亲子关系也是构成家庭的重要基础。再次，从亲子关系的角度看，家庭为个体提供了非常重要的成长环境，包括基本的物质生活基础和精神文化，尤其是对于从出生到成年这个阶段，家庭是个体最早、最自然加入的社会群体组织。家庭也是个体开始社会化的起点，更是个体认识和了解社会的一个窗口。因此，家庭是个体与社会建立联系最早、最重要、最持久的桥梁和纽带。个体从家庭走向社会的整个过程都离不开家庭系统的支持，个体参与社会生活的同时也并没有脱离家庭成员的身份和角色。

从社会发展的视角来理解家庭的概念，可以看到人类对家庭的认识是随着社会的发展而发展的，最初对家庭的理解就是居住的物理空间，之后对家庭的理解强调共同居住的群体，再之后对于家庭的含义强调家庭形成的关系基础，包括婚姻、血缘和收养。随着社会和经济的发展，在多元文化背景下又出现了包括丁克家庭、同性恋家庭、同居家庭、单身家庭等多种新的家庭形态。可见，家庭的变化就是社会发展变化的缩影。家庭形态的多元化是在社会文化多元化的大背景下发展起来的，多元化的家庭形态拓宽了家庭的内涵。

（二）家庭的特征

1. 社会性

社会性是家庭的根本属性，一方面体现在家庭本身就是组成社会的最基本单位；另一方面体现在家庭的发展体现了社会的发展。社会性是人类的根本属性，人类的社会属性决定了家庭的社会性是家庭的根本性质和主要特点。从社会群体发生的角度看，家庭是人类社会发展过程中最原始的团体组织形式。从个体生长发展的角度看，家庭是个人成长和发展的起始点，也是个体生长最重要的环境，更是个体与社会联系的桥梁和纽带。家庭是社会的最小、最基本的组织单元，家庭呈现的不同形态是社会发展到不同阶段的一种具体表现。不同的家庭形态总是呈现在某个特定的社会历史发展阶段，只有在社会历史发展的大背景下，才能正确地认识家庭的含义、特征和发展规律。

2. 发展性

家庭的发展性主要体现家庭系统自身的发展变化。一般家庭会沿着一个可预测的方向发展变化，例如，结婚、第一个孩子出生、孩子上学、孩子离开家庭、祖父母去世。家庭发展的每个阶段都由一些独特的家庭生活事件构成，家庭需要不断地发展变化和适应。家庭自身的一些变化，包括孩子出生、孩子开始上幼儿园、孩子开始上学、孩子进入青少年期、孩子离开家等生活事件，家庭系统都需要相应地做出调整和适应。此外，家庭外部的一些因素，包括搬家、家庭成员的生涯变化、自然灾害、经济环境变化等，都要求家庭做出调整和改变，以应对外界环境的变化。家庭作为一个发展的系统必须要面对和解决一系列发展任务。例如，家庭中孩子的出生就意味着家庭关系系统的变化，由原先的夫妻二人关系系统发展为更复杂的三人关系系统。该系统中不仅有夫妻子系统，还有亲子子系统。此时，原本紧密的夫妻关系系统现在为了照顾孩子就需要进行一定的调整，母子关系的紧密程度要远高于夫妻关系。而随着孩子年龄的增长，家庭发展的任务也在变化，整个家庭系统的关系结构都在不断发生改变。

3. **系统性**

家庭是一个由夫妻系统、亲子系统、同胞系统等子系统组成的有机整体，各子系统之间既相互联系又相互制约，形成家庭系统运转的秩序，以实现家庭的各项功能。家庭的系统性强调整体大于各部分之和，家庭系统内在互动模式大于各组成部分的各自特性。因此，家庭系统治疗的工作重点始终放在家庭成员之间的关系和互动方式上，而绝非放在个体特征上。家庭的系统性强调从系统整体的角度观察和解决问题。在每一个家庭成员都具有个体特征的基础上，每个人又同时属于不同的子系统，扮演着不同角色，同时也发挥着不同的功能。如一个家庭成员可以同时存在于夫妻系统、母子系统、姐妹子系统中，在其中分别扮演妻子、母亲、姐妹的角色。家庭作为一个系统而整体存在，家庭成员之间因持续互动而相互作用和影响，从而影响家庭各子系统和整个家庭系统的功能、稳定性和适应性。每一个家庭成员又具有丰富的个体特征，家庭成员之间的关系具有多样性。

4. **结构性**

每一个家庭都会发展出特定的基本结构和稳定、合作、重复的互动模式，以应对家庭系统内部或者外部的压力和挑战。无论何种形态的家庭，通常都会发展出用于规划和分配成员的角色和功能的规则，从而将家庭组织成一个功能良好的整体。家庭成员之间的互动模式通常是微妙而间接的，这种互动过程传递了家庭的规则。家庭的这种模式化的互动方式也是家庭成员共同参与的结果。家庭结构的平衡与否决定了家庭成员能否健康成长，也关系到家庭功能能否正常发挥。平衡的家庭结构既有利于家庭成员正常交往、发展、学习和问题的解决，也有利于各项家庭功能的实现。而失衡的家庭结构则会导致家庭出现各种问题，并影响家庭成员自身的发展和家庭的成长。

5. **适应性**

家庭理论的学者将控制论中内稳态的概念运用于家庭系统治疗领域。他们认为，家庭会通过自我调节来维持稳定，从而抵制变化。维持内稳态最终的结果是形成稳定的状态，但这个过程是动态的，是在平衡和失衡之间不断波动的。当家庭受到内部或者外部的威胁时，内稳态会阻碍家庭系统适应变化发展。功能良好的家庭系统具有更高水平的心理弹性和适应能力，能够在保持长期稳定性的情况下完成适应过程。例如，一对功能良好的夫妻，当面对新生儿的到来时，他们会通过增强伴侣关系和亲密度来共同应对家庭系统内部的变化。相反，一对功能不良的伴侣，在孩子出生后，一方可能会感到被忽视而恼怒和怨恨，从而使得伴侣关系疏离甚至关系破裂。

（三）家庭的功能

一个人生活的最重要环境就是家庭，家庭不仅为个体成长发展提供基本的物质保障，还为个体的人格健康和成熟提供重要的心理和精神支持。有学者将家庭功能理解为家庭成员在生理、情感及心理等方面的一系列相互影响和互动过程；还有学者将家庭功能解释为，家庭作为一个整体进行沟通交流、解决问题、应对变化的运作过程。

家庭功能研究主要有两种方向。一种是结果取向，根据家庭功能发展的结果来解读家庭功能，如健康、不健康、需要治疗等，来制定干预方案，具有代表性的有环状模型理论、系统模型理论等。环状模型理论认为，家庭功能会影响家庭成员之间的亲密度和适应性，从而影响个体的心理健康状况。系统模型理论强调家庭系统的应变能力，家庭系统应变能力和家庭功能发挥之间呈现线性关系，家庭功能的健康水平会制约个体心理行为的健康程度。

家庭功能研究的另一种主要方向是过程取向，关注家庭功能发挥过程中对家庭成员身心健康和情绪问题带来的影响，家庭系统功能良好，功能实现的过程就会更加顺畅，具有代表性的家庭功能研究理论有家庭过程模式理论、家庭功能模式理论等。家庭过程模型认为，家庭最重要的功能是作为一个整体来完成保护家庭成员安全、保障家庭成员持续发展、提供家庭成员亲密感、维护家庭凝聚力等任务。当家庭功能发挥作用不良时，家庭成员的安全感、亲密度、凝聚力等都会受到影响。家庭功能模型强调将家庭视为一个相互关联的动态系统，家庭系统的互动方式直接影响家庭中个体的行为方式、情绪、价值观念。家庭的最基本功能是为每个家庭成员的健康成长和发展提供相应的物质和精神条件，以及应对各种突发事件和适应生活中的各种变化。

家庭功能具有多样性。在家庭系统治疗中要想了解和评估一个家庭的功能，就必须考虑到家庭功能的多样性，要区分普遍的家庭文化特征和特殊的家庭文化特征。因此，在家庭功能评估过程中就要考虑到性别、社会经济地位、民族认同、文化、性别认同等因素，同时还要考虑到该家庭所属的社会文化背景中的亲属关系网络、社会经历、沟通互动方式、大家庭的作用、文化相关的态度和行为等因素。

二、家庭结构、家庭类型与家庭关系

（一）家庭结构

1. 家庭结构和边界

（1）家庭结构

家庭通常会发展出特定的基本结构和互动模式，以应对来自家庭内部或者外部的压力。家庭结构是家庭成员通过长期重复的交往和互动形成角色分配规则。无论是传统的还是新型的家庭，都会努力组织成一个功能良好、有能力的团体，以满足家庭共同的需求和目标，也会尽力去满足家庭成员个人的发展需求和目标。为了促进家庭功能的良好发挥，家庭通常会发展出独特的角色分配和行使功能规则。生活在一起的家庭成员，都会通过互动逐渐发展出特有的解决冲突和安排生活的模式。家庭组织结构是为了更好地适应生活中的变化和挑战。当家庭面临突发的危机或家庭成员之间有严重冲突时，由于家庭结构的存在，家庭通常会抗拒调整和改变，同时还会共同努力来重建曾经彼此熟悉的互动模式。无论以何种形式组成的家庭都应该促进家庭成员之间形成积极关系，同时关注成员的个人成长和发展需求，做好充分的准备以应对发展所带来的改变，或者意外的危机，如离婚、失业、家庭成员突发疾病等。有时候，家庭也会重新组织以发展出特定的方式来适应生活中的挑战和变化。

家庭成员之间通常会出现稳定、协作以及目标明确和重复的互动模式。这种互动模式大多不会被外人注意，也不是总能得到家庭成员的理解。尤其是家庭成员之间的非语言互动模式是微妙的、间接的互动过程，这种互动过程传递了家庭的潜在规则，监管和调整着家庭成员的行为和态度。家庭互动模式是家庭成员共同参与的、可预测的交互模式，由所有家庭成员在同一情境共同做出，在这个过程中每个家庭成员都扮演着一定的角色，共同实现着家庭功能。

家庭结构是结构式家庭系统治疗流派最核心的概念和最重要的要素，结构式家庭治疗通过评估家庭边界、家庭角色定位、家庭权力、家庭子系统等要素，来分析家庭结构的功能。家庭结构不是静止或固定的。相反，在家庭发展的过程中，由于受到内部或者外部的压力和挑战，家庭会发展出某些临时或者短期的结构。因此，家庭结构需要被视为是动态变化的。结构式家庭治疗师在治疗过程中会观察可重复的家庭结构，以发现有问题的或无效的、需要重构的模式。结构式家庭系统治疗大师米纽钦认为，所有家庭都需要某种相对稳定的结构以实现良好的家庭功能。一方面通过家庭结构首选模式维持基本的平衡和稳定；另一方面家庭也必须有一些替代模式，以应对不断变化的内外环境。

（2）子系统

子系统是家庭结构的重要组成部分。子系统负责执行各种家庭任务以实现整个家庭系统的正常运行。每个家庭成员都会同时属于几个子系统，而家庭能够组织成多个子系统。每个家庭成员在不同的子系统中拥有不同的权力级别，扮演不同的角色，发挥不同的功能，与不同成员进行不同的互动。子系统由边界和成员规则定义；调节着子系统与其他子系统的接触程度。夫妻、亲子、兄弟姐妹子系统是家庭系统中最突出和最重要的子系统。夫妻子系统的强度和持久对于家庭的稳定性最重要。夫妻子系统学习协商分歧，满足彼此的需求，发展互补角色，都会影响家庭的稳定性和灵活性，增强不断适应变化的可能性。

（3）边界

家庭边界是指家庭系统中将个体与个体、个体与子系统以及家庭与外界环境分隔开的分界线，即家庭边界是家庭成员之间、各子系统之间、家庭与外界环境之间的一种界限。边界表达的是一种情感的距离。一方面，边界有助于将家庭系统内部的夫妻子系统、亲子子系统、手足子系统等子系统区分开来；另一方面，边界调节子系统与其他子系统的接触程度，也决定了家庭成员在人际交往过程中扮演的角色，从而影响了家庭系统中各成员的个体自主性。家庭边界起到了系统阀门的作用，它决定了进出家庭系统及各子系统的信息流。也就是说家庭边界通过一些家庭内部显性或隐性的规则来约束家庭成员的行为。此外，适当的家庭边界既有助于维持家庭成员间的亲密关系，又有助于保护家庭成员的独立性，从而增强家庭的整体幸福感。

边界的两个重要特性即清晰性和渗透性对家庭功能具有重要的意义。边界作为区分子系统的分界线，其清晰程度比各子系统的具体构成更为重要。子系统之间清晰的边界有助于保持相对独立，但又强调整个家庭的归属感。清晰的边界可以提供不同系统之间的相互支持，同时又可以提供不同子系统之间的沟通和交流。此外，清晰的边界还有助于让不同子系统中的成员获得自主感。相反，过于模糊和不清晰的边界会导致其他家庭成员的侵入。如果家庭系统中没有清晰的代际层级，成人和儿童就容易交换角色，儿童在长大之后就很难发展起来自我同一性（自主感），孩子可能会认为得到了父母很多的支持和照顾，但往往以牺牲独立自主为代价。

边界的可渗透性是指系统之间边界的灵活变化程度。如果家庭边界的可渗透性差，就会导致不同子系统之间的疏离，从而导致各个子系统的成员都不愿意也不能够进入对方的世界。在亲子子系统中，如果父母和孩子之间的边界渗透性差，他们就无法在必要的时候跨越边界，虽然会使自主性得以保持，但会存在亲子之间情感交流缺失的问题。这样虽然家庭系统中的孩子可能会获得独立自主的机会，但他会感觉自己与他人的情感疏离，而且在关键的时候总是得不到支持。

大多数家庭系统都在松散的边界和僵化的边界之间分布，家庭成员之间的关系从疏离到纠缠。纠缠的家庭成员会过度关心和参与彼此的生活，家庭子系统边界松散，容易跨越。而疏离的家庭成员拥有单独而自主的生活，缺乏家庭忠诚感，家庭子系统边界僵化难以跨越。

2. 代际传递

代际传递本来指的是人的生理特征的遗传，如高个子的父母所生的孩子容易个子较高，体型胖的父母所生的孩子也容易较胖。经济学和社会学等方面的相关研究表明，攻击行为、消费习惯、婚姻满意度、社会经济地位等方面都存在代际传递现象。心理学的研究表明，人的生活模式，包括行为模式、人际互动模式、依恋关系、婚姻模式、父母教养方式、人际信任等方面，存在代际传递现象。

家庭治疗中所讨论的代际传递主要是指父母的能力、观念、态度、行为、社会地位、创伤等心理特征传递给子代的现象，具体表现为子代与亲代间在心理特征方面的相似性。子代在某特征方面与父母的相似性越高，说明代际传递效应越高。池丽萍对人际信任代际传递现象的实证研究表明：人际信任的确存在代际传递现象，亲代特征与子代相应特征存在相关，且亲代特征能在一定程度上预测子代的相应特征，而且父母角色和子女性别在其中起到调节作用。

很多研究都说明，亲子之间的依恋关系也存在代际传递现象，也就是母亲自身的依恋关系可以用于预测其与婴儿之间的依恋关系。具体来说，安全型依恋的家长更容易养育出安全型依恋的孩子，而非安全依恋类型家长则更容易养育出非安全型依恋的孩子。

创伤的代际传递是指对个体本身带来的创伤及其对于个体下一代的影响模式。具体到每个家庭，父亲和母亲会通过不同的养育方式传递，表现为家庭中的躯体虐待和忽视等广义的创伤在代际之间具有传递性。童年曾有过创伤经历的个体，在成年后的亲密关系及亲子关系中均有较高的忽视和虐待的风险。

父母的情绪及其调节能力也存在代际传递。父母自身的情绪调节能力和社会经验对塑造孩子的情绪调节能力具有重要影响。父母的情绪失调和相对应的反应会使孩子的负性情绪增加，且与孩子的情绪的不稳定性相关。并且父亲情绪对孩子情绪的影响受到父亲对孩子的支持反应的调节，由此也就形成了一种负性的代际传递。家庭系统是一个动态变化和不断被建构的系统。在家庭系统互动的因果关系中，家庭的态度、思维、价值观和行为等会在家庭成员之间交换，几个家庭成员之间会互相影响和循环联动。

对于代际传递的理论解释有以下几种：第一，社会学习理论认为，孩子可能在观察和模仿过程中学会上一代对待自己的方式，由此家庭中的信念、态度、价值和行为规范得以传递。第二，精神动力学理论认为，养育者的认同对婴幼儿的发展具有重要的意义，养育者的教养方式、行为模式等也可以通过认同而被个体内化，从而实现代际传递。第三，客体关系理论认为，个体会在早年通过"分裂"的防御方式，在心理上将母亲的角色割裂为一个"坏的"母亲与一个"好的"母亲，并且分裂的客体关系将随着个体的发展进行整合，如果个体在家庭中无法良好地整合母亲的客体形象，则其与其他重要之人的关系也将处于不良整合的状态，这样在自身育儿时会在无意识层面传递这种客体关系。

3. 家庭派遣理论

家庭派遣理论由德国海德堡家庭系统治疗流派的海尔姆·史第尔林提出。家庭派遣是指父母在孩子长大的过程当中把孩子派遣出去，离开家庭去执行父母委派的任务。在这个过程中，孩子可以慢慢养成自己的独立性，并获得自己的独立人格，发展成一个具有完整人格的独立个体，因此这个过程也是家庭中的个体完成自我身份认同的过程。派遣理论强调派遣者与被派遣者联结在一起的情感纽带，这种情感纽带具体表现为忠诚。忠诚的情感形成于早期的亲子关系中，特别是母子关系中。儿童在被养育的过程中强化了建立在血缘基础上的忠诚情感。正是基于亲子之间的无条件忠诚关系，父母很自然地就会把自己认为重要的使命交给子女去完成。子女多少会基于对父母的忠诚，担负起父母在有意识层面或无意识层面派遣给自己的各种任务。

　　派遣是受到父母严格控制的，其主要目的是为了完成对于父母来说非常重要的一些任务。这些任务往往是父母尚未实现的追求或需要。实现追求或满足需要的任务现在由父母交给了孩子，由子女来满足父母自己的心理需求和未能实现的愿望。史第尔林借助弗洛伊德的概念来解释父母给出的派遣任务。第一类任务是"本我任务"。父母曾经也是孩子，他们的本我也都有过种种未能实现的愿望。通过派遣让自己的孩子去达成这些愿望，来滋养父母的本我。例如，父母可能会无意识地默许孩子偏激的性探索；父母会派孩子去代替自己做一些违规、叛逆的事情；父母可能会发出一些信号，看起来是让孩子不要违抗自己的命令，但同时故意给孩子创造一些违抗自己命令的条件，例如，故意让孩子看到糖果，但要求孩子不可以吃，然后等着看孩子吃糖果，然后再惩罚孩子。这个看孩子违规的过程，实际上就是满足这个家长从小自己的本我需求没有得到满足的一种叛逆感。第二类任务是"自我任务"。例如，父母自己没能实现成为艺术家的梦想，就想把孩子培养成为一名艺术家，因而要求孩子成为一名艺术家，从而实现自己的"自我理想"。第三类任务是"超我任务"。父母若是过去曾犯下过错，超道德要求就会给本我施加压力，这种压力会让他们有沉重的愧疚感，为此父母可能就会隐晦地鼓动自己的孩子去犯下类似的过错，并让孩子去"自首"。这样父母借由孩子得到的惩罚使自己心中的愧疚感得到缓解。

　　史第尔林依据忠诚纽带的连结强度不同，阐述了派遣理论的三种情况。第一种情况，父母与子女的忠诚纽带连结太强，导致了过度紧密的亲子关系，这样的孩子会非常惧怕外面的世界，无法离开家庭，为了生存只能继续依附于自己熟悉的、为自己提供生存资源却感觉痛苦的家。这样的孩子不知道自己到底要如何做才能够找到自己发展的道路。第二种情况，父母与子女的忠诚纽带连结太弱，父母不赋予孩子任务，使得孩子游离在外，已经找不到忠诚的源头，或者是特别叛逆，孩子心中的忠诚过弱或者已经不存在了。第三种情况，父母之间可能有矛盾，或者是父母表达派遣孩子出去的任务是模糊的，导致孩子不知道自己在外面到底如何才能够完成父母的派遣，自己做的事情对父母、对自己到底有何价值。孩子在离开父母时，更多的是去满足自己的需求，而非一定把父母交代的任务放在第一位。史第尔林也采用埃里克森的人格发展阶段理论来解释派遣，他强调孩子对父母的"忠诚"，青少年阶段正是孩子探索世界的过程，孩子在该阶段要完成自我同一性，也正经历着自我身份认同与自我身份混淆的考验，如果经受住考验就会收获"忠诚"的自我力量。

派遣理论认为，孩子的成长是从"对父母忠诚"，到"认识自己是谁"，再到"对自己忠诚"的这样一个过程。但如果派遣过程中出现了问题，例如，矛盾的任务、不给予独立自主、不赋予任务等，都可能促发心理紊乱。我国学者赵旭东教授将派遣偏差分为五类：第一，派遣任务对子女提出了超过自身能力的要求，把儿童作为成人来要求。例如，要求孩子不仅成绩优异，也要在艺术、体育等各个方面表现优秀。第二，派遣任务引发子女严重的孝心冲突。例如，要求孩子和父母亲的某一方结盟，贬损和攻击另一方。夫妻之间的战斗要孩子加入，即把孩子当作父母斗争的筹码。第三，父母派遣的任务互相矛盾，使孩子无所适从。例如，既要求孩子顺从父母的要求，又抱怨孩子胆小怕事不独立。第四，父母派遣了任务却不让孩子独立行动。例如，父母总认为自己的生活经验更加丰富，对孩子的行事方式总是不放心，永远把子女当作小孩看待。第五，让孩子离家却没有给孩子派遣明确的任务。这样的孩子往往会受到家庭的忽视或排斥。

（二）家庭类型

家庭是社会的基本组成元素，社会的发展也体现在家庭呈现出不同的形态或者类型。不同的家庭类型是社会发展阶段的产物。在传统社会，家庭类型根据人数和组成状况进行分类，如划分为一代户、二代户和五代及以上户等。随着经济和社会的发展，这种分类依据已经不符合社会发展的现状，也不能满足现代多样化的家庭类型的发展，尤其是现代家庭结构的变动和不断小型化的发展趋势。划分家庭类型也是为了更好地理解家庭的多元化。在当今社会，理解家庭时我们可能会包容性更强，会将那些非传统的、包括没有法律认可或者没有血缘关系但是以亲属关系共同生活的团体纳入家庭的范畴。

综合社会学、人口学和心理学相关研究，根据家庭代际关系层级数量和家庭成员关系亲密程度不同，家庭类型可以划分为核心家庭、主干家庭和联合家庭。核心家庭指家庭系统由两代人组成，家庭成员包括父母和未婚子女。核心家庭是最为普遍的家庭类型。主干家庭指家庭系统由两代或两代以上组成，但每代不超过一对夫妻，一般家庭成员包括父母和已婚子女，或者家庭成员由祖父母、父母和未婚子女组成。联合家庭指由同辈中包含两对以上夫妻构成的家庭，一般是由父母和兄弟姐妹或者两对以上的已婚子女等组成的家庭。根据家庭结构的完整程度不同，可以把家庭分为缺陷家庭和其他家庭。缺陷家庭指由于家庭内部或者外部的原因导致家庭成员结构成分不完整的家庭，如离异家庭、丧偶家庭等。其他家庭指随着经济和社会的不断发展和进步，在社会文化多元背景下发展出现的家庭，包括单身家庭、同性恋家庭、丁克家庭、同居家庭等多种新的家庭形态。

（三）家庭关系

家庭从诞生之日起，就在不断地发展变化，从结婚、孩子出生到孩子上学，再到孩子离开家、孩子结婚、孩子生子的整个家庭发展过程中，家庭成员的角色在不断变化中，与此同时，家庭关系也在不断地调整。

1. 关系中的角色

在一段关系里，关系双方彼此定义着对方的角色，例如，结婚意味着夫妻关系的形成，丈夫与妻子是在夫妻关系中形成的一对角色，角色双方随时随地都在面临着一些行为期待，一直都在扮演着某个角色，如妻子扮演着照顾者的角色，同时丈夫扮演着被照顾者的角色。随着家庭发展进程的推进，每一个家庭成员的角色都将变得越来越多，随之成员之间的关系也会变得复杂起来。例如，家庭中新生命的诞生意味着每一位家庭成员都将增加一个新的角色，也意味着家庭关系将进行重组。在新生命到来之前，夫妻双方只需要对彼此负责；而新生命的到来意味着夫妻双方都有了新的角色，即父亲或者母亲，他们要共同为新的家庭成员担负起照顾和养育的责任。

随着家庭发展进程的推进，家庭关系会不断发生变化，家庭成员的角色也会越来越多。随着角色增多，家庭对于新增角色的行为期待就要求家庭成员不断地做出改变，以适应新的角色要求。新生儿的到来，对妻子来说，在新增了母亲角色的同时，也意味着跟自己的青春正式告别，母亲的角色要求她把更多的时间和精力投入到照顾孩子方面；对丈夫来说，在新增了父亲角色的同时，也意味着更多的家庭责任，除了需要承担丈夫的责任，还需要承担父亲的责任，需要承担更多的责任和压力，无论是在经济方面还是在精神层面。

在家庭关系发生变化的同时，家庭成员的角色也会发生相应的变化。当关系中的双方不能很好地配合来完成角色转变的任务时，家庭关系就会出现一些问题。例如，随着新生儿的到来，母亲和孩子的情感连结增强，母子关系过于紧密会使丈夫无所适从，因为妻子好像只有母亲这一个角色，而丈夫还没有学会扮演父亲的角色。因此，在家庭系统中关系的双方彼此定义着对方的角色，随之而来的是对对方角色的行为期待，并在双方互动的过程中形成一种相对稳定的互动模式，从而调节家庭功能。

2. 关系中的纠缠

在家庭结构中谈到过边界对于关系的重要意义，适当的家庭边界可在维持家庭成员间亲密关系的同时，又可保护他们的独立性。适当的边界使家庭成员能够看见彼此的情感，但又不过分敏感；能够共享生活，又有各自独立的空间。随着家庭发展进程的推进，亲子系统双方各自的独立空间越来越大，共享空间越来越小。不适当的边界会导致两种情况出现：一种是边界过于清晰，造成父母和孩子的关系生疏、冷漠；另一种是边界过于模糊，父母和孩子无法清晰地区分你我，变成一种相互纠缠的关系。

关系中的纠缠是指由于边界过于模糊导致家庭成员之间过度亲密和过度参与彼此生活。模糊的边界可导致家庭成员之间的情感融合度高，从而导致个体分化水平低，甚至使个体感觉到从家庭中分化独立是一种背叛。在这种情况下，个体对家庭的归属感需求过高，从而支配其他的体验和生活，他会选择牺牲独立自主的自我发展空间而满足其高归属感的需求。纠缠的家庭子系统边界分化水平低，会导致孩子像父母一样行事，而家长的控制可能无效。

如果亲子关系尤其是母子之间形成的关系是安全型依恋，母亲能够带给孩子必要的情感支持，孩子就会有安全感，能够毫无顾虑地去探索世界和发展自己。随之而来的是孩子和父母之间会逐步发展出适当的边界，孩子既有探索外部世界的安全感，也有对家庭的归属感。相反，如果母子之间没有形成安全型的依恋关系，孩子就会一直处于不安全的状态，会不断关注父母的反应，总是担心父母会离开，就会变得对父母的情感反应异常敏感，就会把很多的精力用于关注父母的情绪，就很难有力量去好奇地探索外部世界，这时孩子和父母就纠缠在一起。这样，孩子就很难分清自己的感情和母亲的感情，由于习惯于观察母亲的情绪，长大之后在各种关系中都很容易对他人的情绪过于敏感，也会让母子关系更加紧密。

3. 关系中的疏离

关系中的疏离是指家庭成员过于独立，与家庭的情感疏远，他们独自维护着自己的生活，缺乏对家庭的忠诚感。关系疏离会导致家庭成员之间心理距离过大，而且缺乏相互依靠的能力，或者在需要的时候向他人求助的能力。疏离的家庭成员之间的沟通是紧张和谨慎的，而且家庭保护功能的发挥是有限的。当某一个家庭成员处于困境或面临压力时，疏离的家庭几乎不会探望、提供情感支持和做出回应。

父母和孩子的边界过于清晰，会让彼此离得很远，导致完全看不到彼此的感情需求。如果父母距离孩子很远，父母就不会看到孩子的情感需要，更不会去回应孩子的情感需求。如果孩子长期得不到父母的情感支持，其情感需求总是得不到父母的有效回应，孩子就会学到"我不重要"。慢慢地，孩子也会觉得"我跟你说也没用，你根本不理会"。至于孩子期待的父母角色行为，父母没有表现出来。孩子就会逐渐不再对父母有所期待，也不再向父母提出需要，彼此之间的情感连结就越来越弱了。

疏离关系最终是让孩子学会"我是不可爱的"核心信念。孩子长大后会变得很独立，在关系中总是在确定对方是否爱我，容易总是委曲求全地赢得别人的喜爱，在与伴侣的感情中由于不确定是否被爱，也很难投入。如果将来有了自己的孩子，也很可能会把疏离的互动模式延续到他们和自己孩子的关系之中。疏离关系带给父母的是，孩子长大后不依赖他们，也不想回家，孩子难以对家产生归属感。

4. 关系中的互补

关系中的互补是指在家庭系统中发生了角色错位，某些人承担了其他人该承担的责任，同时把系统中所有人都固定在错误的角色和位置上。在一个健康的家庭里，父母既和孩子有亲密情感的联系，又对孩子保持一定的权威。父母扮演着父母的角色，孩子扮演着孩子的角色，各自的角色不会轻易混淆。然而，在另一些家庭中，孩子扮演着父母的角色，而父母扮演着孩子的角色，这就是关系中的互补。

在一些家庭里，第一个孩子通常被父母赋予与其年龄不相称的责任，比如要照顾好弟弟、妹妹，还要做一些家务。这种情况下，孩子在某种程度上就扮演了父母的角色，要照顾弟妹，又要料理家务等。这个时候父母也会认可和鼓励孩子的行为，这样，孩子就被固定在了照顾者的位置上，很难离开。对孩子来说他就会发展出照顾父母的倾向，总是把父母的需要和愿望放在首位。他们习惯了照顾者的角色，以至于在很多的关系中都更愿意承担照顾者的角色，结果是，一方面他们会体验到照顾者的价值感，另一方面当他们需要依靠别人时会感觉孤单无助。

另一种典型的情况是，在家庭系统中，无论是在夫妻子系统还是在亲子系统，一些人变得特别能干，而另一些人变得特别不能干。以亲子系统为例，我们都听过这样一句话："照顾得你生活不能自理"。在亲子关系中，一个特别能干的妈妈会帮助孩子解决掉他所有的问题，从生活到学习再到工作，学习阶段她会帮助孩子找各种资源，到了工作阶段她又会竭尽全力帮助孩子找工作。当妈妈这样做时，她就把孩子固定在了一个什么也做不好的角色上，同时也把她自己固定在了特别能干的角色上。关系互补的双方都很难调整和改变，同时也掩盖了他们其他更多的可能性。

5. 关系中的独立

在家庭关系中，从孩子出生的那一刻起，不仅夫妻双方增加了父母的身份和角色，孩子本身也在不断地成长和变化。从童年期开始，孩子就有从父母身边独立的需求，一直到成年早期这种需求逐渐强烈，直到孩子完成与父母的分离。这种分离是指孩子完成与原生家庭的分离，在自己的生活和父母的生活之间建立起清晰的边界。好的家庭关系，也就意味着边界恰当，既能够给孩子提供足够的安全感，让孩子充满好奇地探索外部世界，给孩子足够的独立空间；又能够给孩子足够的归属感，让孩子感受到与父母之间的情感联结，有足够的情感支持。

孩子在家庭关系中是否独立，其判断标准主要是其划分自我和他人责任的水平。孩子在家庭关系中的独立是需要一个过程的，在这个过程中，孩子的年龄越小，其划分责任的水平就越低。随着年龄的增长，当孩子到可以独立的时候，孩子应该学会很好地划分自己的责任和父母的责任，能够与父母设置合适的边界，把自己的生活与父母的生活区分开来。在孩子可以独立之前，孩子的行为无论是在法律层面还是在生活层面，都是由父母来负责的。而孩子在独立的过程中要逐步学会为自己行为及其后果负责。此外，在这个过程中，亲子关系也在不断发展变化，从孩子完全依赖父母，发展为成年人之间的关系，情感联结的紧密度则不断下降。

有一部分人很难完成独立，他们没有完成与原生家庭的分离，在生活中和关系中都与父母纠缠在一起，也就是前面谈到过的关系的纠缠。他们在关系的纠缠中很难完全脱身而投入一段新的关系和情感，比如建立自己的新的家庭。在生活中，很多已经成年很久的孩子仍然和父母同吃同住地生活在一起。在生活上他们依靠父母，在情感上他们依赖父母，很难与他人建立亲密关系。这就是社会上经常说的一个"啃老族"群体，他们和父母纠缠在一起，还没有完成与父母的分离。这样的人他们虽然身体上长大成人了，但心理上却还在扮演孩子的角色，没有做好离家的准备，父母则一直扮演着照顾者的角色，也不想让他们离开家。因此，他们也很难完成离家的独立。

6. 关系中的三角化

鲍恩作为家庭系统理论的创始人提出了三角化的概念，他强调了个体内部或其关系中的情绪张力。三角关系是指三个人的关系，是一种正常的人际关系，也是最稳定的人际关系。关系中的三角化是指当两个人系统关系紧张时，其中一个人或者两个人同时引入第三者以形成三人互动，通过这种方式来减轻二人系统的情感张力，淡化矛盾，从而让二人关系变得更加稳定。这种情况下，如果三角关系中的某个人变成了其他二人解决问题或者冲突的工具，那么这个"工具人"就被三角化了，而被三角化的人最终会发展为索引病人。

以核心家庭为例，有些夫妻产生矛盾冲突时会通过贬低孩子的方式来贬低对方。例如，妻子跟丈夫说："看看你家孩子，今天又惹什么祸了。"丈夫会跟妻子说："看看你教的好儿子，成绩这么可怜！"当夫妻二人这么说的时候，看似他们是在指责儿子，其实他们是在通过孩子的问题来指责对方对家庭投入不够。这时，孩子就成了夫妻双方解决他们家庭问题的工具，这就是关系的三角化。

克尔和鲍恩指出，三角化会带来四种可能的后果：第一种情况是，一段很稳固的二人亲密关系因为第三方的加入而变得不稳固，例如，在新婚家庭中小孩的出生会引起原来稳固的夫妻发生冲突。第二种情况是，一段很稳固的二人关系因为第三者的离开而变得更加不稳固，例如，一家三口原本稳定的三角关系因孩子上学离开家而发生冲突。第三种情况是，一个并不稳固的二人关系系统由于第三者的加入而变得更加稳固，例如，一个双方有冲突的婚姻因新生儿的降生而变得和谐。第四种情况是，一个本来不稳定的家庭二人关系系统因为第三者的离开而变得稳定，例如，由于婆婆偏袒丈夫，婆婆离开核心家庭而使紧张的夫妻关系变得和谐。

7. 关系中的变化

发展性是家庭系统的基本属性，从家庭诞生之日起，家庭系统自身就在不断地发展变化。而这种家庭系统自身的发展变化也会体现在家庭关系中。在家庭发展进程中，各子系统的情感联结强度也在不断地变化：在家庭诞生时，夫妻关系情感联结最强；到孩子刚出生时，母子关系情感联结中最强；再到孩子离家后，夫妻关系情感连结再次增强。由此可见，在整个家庭系统发展过程中，各子系统关系之间的情感张力也在不断地变化。

此外，家庭发展的进程也会有另外一种变化，如离婚导致家庭解体。家庭解体也会经历一个过程：在家庭解体之前，孩子会非常努力地想让家庭维持下去；在父母离婚后，家庭结构的残缺很容易被孩子理解成自己的残缺；还有些总是被父母卷入冲突的孩子会觉得是自己做得不好才导致家庭解体。在离婚处理得好的家庭，孩子会慢慢从父母分开的冲击中走出来，接纳新的家庭，例如，单亲家庭或者再婚家庭，孩子对新家庭的接纳程度取决于大人的态度。家庭解体对每一个家庭成员都有深刻的影响，他们也会在未来发展出的新关系中重新找到自己的位置。

第二节 家庭的发展

一、个体生命周期与家庭生命周期

每个人在从出生到衰老死亡的整个生命过程中都会经历不同的时期，需要接受每个阶段的挑战，完成每个阶段的发展任务，然后过渡到下一个阶段。每个家庭也一样，也需要完成每个阶段的发展任务，从一个阶段走向另外一个阶段。家庭生命周期是阶段性发展的，家庭都要应对生活环境的变化和家庭需求的改变，家庭如果能够预见阶段性的发展变化，紧接着就是相对的稳定期，然后再发生其他阶段性变化。在家庭生命周期的整个过程中，家庭关系系统、每个成员被分配的角色和成员之间的边界都会不断地被定义和重新定义。

（一）个体生命周期

个体生命周期就是个体从出生到死亡的整个生命过程发生发展和变化的

过程。埃里克森的发展理论认为，个体心理发展包括身体发展成熟、自我成长和社会关系三个不可分割的过程。个体生命周期是个体在一生的发展过程中，通过不断与周围环境相互作用，从而发展整合的过程。在个体的整个生命周期中，每个发展阶段都有特定的发展任务需要完成，每个阶段也都会发展出新的心理品质。著名的心理学家埃里克森提出人发展的八阶段理论，他认为人的一生是沿着八个顺序不变的阶段发展，这八个阶段是一个完整的个体生命周期。每一个阶段都有一个发展危机，这个发展危机也是发展任务，它是由生物基础和社会环境共同决定的。成功地解决某个阶段的发展危机，个体就会发展出某种积极心理品质。相反，如果没有成功地解决某个发展危机，个体就会形成某种消极的心理品质，从而导致人格缺陷。

1. 婴儿前期

婴儿前期是个体生命周期中的第一个阶段，从出生到1岁半左右。这个阶段是人一生中最弱小、无能的时期，也是最依赖他人的时候。如果婴儿出生后的各种生理需求和情感需求能够得到及时有效的回应，婴儿就会感受到安全，就能够对周围的人和环境产生一种基本信任感，从而发展出信任的心理品质。相反，如果婴儿的基本需要总得不到回应和满足，他们就会感到害怕，就会对周围的环境产生不信任感和不安全感，这种不安全感也会影响后续的发展阶段。婴儿前期发展出来的信任感是一个人健康人格形成的基础，也是之后各阶段发展的基础。

2. 婴儿后期

婴儿后期是1岁半到3岁这个阶段。这个阶段的儿童需要养成适宜的生活习惯和渴望到更广阔的空间去探索未知世界的好奇心。如果在这个阶段，父母不过分干涉孩子的活动，允许孩子去做他力所能及的事，给孩子独立自主的空间，就能够使孩子的自信心逐渐得到发展，从而发展出自主的心理品质。相反，如果父母对孩子的行为过多限制和批评，就会损害孩子的自主感和控制感，就容易使孩子体验到羞怯感，从而产生自我怀疑。当然，父母对孩子的行为也要有一定限制，这样才能让孩子既体验到自主性，又感受到规则要求，以适应未来的社会生活。

3. 幼儿期

幼儿期是从3岁到6岁。这阶段的孩子的活动范围已扩展到家庭以外的世界，与家庭以外的人的接触多起来。幼儿期的孩子要在各种活动和游戏中学习团体规则以及各种角色和相应的责任。如果幼儿表现出的各种主动探索行为得到了积极的回应和鼓励，幼儿就会形成主动性，这可为其健康人格的形成奠定基础。相反，如果幼儿表现出的独创行为和想象力没有得到积极的回应和认可，反而被成人讥笑，那么幼儿就会逐渐失去主动性，不再自由地探索外部世界，而更满足于父母安排好的生活而缺乏自己的主动性。

4. 儿童期

儿童期也就是学龄期，从6岁到12岁。这个阶段孩子开始有了学校生活，为了不落后于众多的同伴，他们需要努力去完成学习任务，与此同时会生出害怕失败的情绪。如果在求学的过程中，儿童期孩子所经历的成功多于失败，在其他生活中也经常受到成人的鼓励，则有利于养成勤奋进取的性格。相反，如果儿童在学业上屡遭失败，在日常生活中又经常被批评，就容易产生自卑感，不敢面对现实中的困难。埃里克森认为，儿童在这个时期所成形成的重要心理品质——勤奋感与他们以后的工作态度和习惯有关。

5. 青春期

青春期是从12岁到18岁这个阶段。青春期是个人一生发展过程中第二次追求自我的关键期。这个阶段的孩子渴望回答我是一个什么样的人，我将来要做什么，我能做什么，我和别人的关系如何，我处在什么样的位置等一系列问题，这就是青春期的发展危机。如果这个阶段的孩子能够体验到自己与别人的区别，能够认可自己是一个独立且有个性的个体，还能够选择一定的目标并努力追求，并且为达到这个目标所采用的手段也是被社会认可的，他们就可以发展出自我同一性。自我同一性会让个体感受到自我发展的连续感，即我是由童年的我发展而来，将来我还会不断发展变化。相反，如果这个阶段的孩子不能应付青春期出现的种种状况，不能选择目标并投入其中，就会导致自我同一性混乱。埃里克森认为，自我同一性是影响健康人格发展的最重要因素，要使青春期的孩子实现自我同一性，关键在于鼓励他们自己去选择并亲自去尝试一些活动，通过实际体验去发展自己的生活方式，从而不断地完善自我，形成健康的人格。

6. 成年早期

成年早期是18岁到25岁这个阶段。成年早期最主要的发展任务是建立新的亲密关系，而使关系从独立转向彼此相互依赖。建立新的亲密关系就意味着两个人都必须承诺对彼此忠诚，这种承诺又同时要求两个人从各自的原生家庭分离出来。如果个体在前期发展得比较好，具备比较牢固的自我同一性，就能更顺利地恋爱并建立起亲密关系，才能发展出与他人亲密相处的能力。相反，如果由于各种原因个体不能与他人建立相互信任的亲密关系，就会产生孤独感。

7. 成年中期

成年中期是 25 岁到 50 岁这个阶段。这个阶段的成年人不仅需要为自己的成功而努力，还试图在养育孩子的过程中将自己获得的经验传授给下一代，从而体验一种繁殖感。通常情况下，成年中期体验繁殖感是通过个体已建立起来的家庭，在生活中养育和关心下一代，从而获得繁殖感这种心理品质。这种繁殖感不仅指生育后代，它更加强调对下一代的关心和爱护。因此，有的人即使没有生孩子也能体验到一种繁殖感，如教师，即使没有自己的孩子也可以把自己的知识和经验传授给学生，从而体验繁殖感。相反，如果个体缺乏这种繁殖感的体验，只关注自己，不会顾及他人的需要和利益，从而就产生一种停滞感。

8. 成年晚期

成年晚期也就是老年期，从 50 岁到死亡。埃里克森认为，顺利通过这一阶段的人就会获得老年人的智慧，尽管他们并不认为自己所做的每一个决策都是对的，但他们能够直面自己的过失，在回顾自己的一生时能够产生满意感和成就感。不论自己曾经从事的工作是什么，都觉得自己对该工作的完成是成功的。相反，如果达不到这一感觉，人就会对自己曾经的过失感到失望，并且恐惧死亡，感到人生毫无意义。

（二）家庭生命周期

家庭生命周期是家庭按照一定的轨迹形成、发展和分化出新的家庭，直到母家庭消亡的整个过程。在家庭生命周期过程中，母家庭孕育出子家庭并逐渐消亡，而子家庭继续得以延续和发展。家庭生命周期是家庭从形成、发展、扩大到衰退的全过程。不同的家庭生命周期阶段要求成员完成特定的发展任务，以进入下一个发展阶段。个体的发展任务可以转化为家庭的发展任务。

1. 家庭生命周期发展的特点

家庭生命周期具有弹性。家庭生命周期是特定社会文化历史条件下的产物。对于当今社会而言，家庭多样性可能需要调整家庭生命周期阶段。家庭系统治疗认为，家庭的生命历程经由可预测的阶段顺序发展推进，而且这种顺序是普适的，但是具体到某个独特的家庭可能会有种族、文化、社会经济地位、性别认同等方面的差异，而这些差异会导致家庭生命周期某一阶段的改变。

此外，在现实生活中，家庭生命周期不会完全按照理论阶段来发展。家庭生命周期进程的推进需要家庭系统发生，而不仅是家庭成员生活作息的重新安排，大多数家庭的转变会历经多年，家庭生命发展周期的各阶段也会彼此重叠，因此，一个家庭可能会在几个阶段都需要应对同样的发展任务和挑战。

2. 家庭发展阶段

（1）离家

家庭治疗的观点与传统社会学观点不同，传统的社会学观点认为家庭生命周期始于婚姻，而家庭治疗的观点则认为单身的年轻人必须先完成与原生家庭分离的主要发展任务。也就是说，单身的年轻人首先要完成独立，也就是既不会与父母割裂，又不与父母的关系过于紧密而难以分离。在独立任务完成后，个体才可以过渡到生命中的下一个阶段——结婚和组建家庭。在离家独立的这个阶段，个体需要为自己的情绪和经济状况负起责任。与之相应的变化还包括：个体需要通过与原生家庭分离，从而完成自我分化；发展出亲密的同伴关系；在工作和经济方面以及社会领域建立自我。

（2）组建新的家庭

成年阶段的特征是建立新的亲密关系，而使关系从独立转向彼此相互依赖。成为夫妻也意味着建立新的亲密关系，两个人都必须承诺对彼此忠诚，这种忠诚的承诺是成功地从各自家庭分离出来，形成新家庭的关键因素。特别是在合法婚姻的情况下，结合为夫妻表示两个已建立的家庭系统都要发生改变，每个系统内要形成新的夫妻子系统，即新婚夫妇，如今的新婚夫妇与过去相比，更少受到家庭传统的束缚，因而可效仿的模式更少，他们必须将自己分化出来，形成主要忠诚于彼此、次要忠诚于原生家庭的伴侣关系。

理想新家庭中的夫妻双方都要既能感到自己是家庭的一部分，又没有丧失自我，从而形成一种独立而自主的自我感。随着新婚夫妇成为夫妻，他们需要做出许多改变，包括协商亲密度，分配权利，决定是否要孩子，决定何时要孩子，与大家庭及朋友的联络程度，以及要保持哪一方的家庭传统或修改哪一方的家庭传统。夫妻双方都会把原生家庭文化带入新家庭，包括不同的风俗习惯、价值观、仪式信念、性别角色等，两种不同家庭文化在新家庭中会发生碰撞，两种模式必须同时被调整，以确保新婚夫妻有共同的生活。在调和这些差异的过程中，夫妻双方会形成新的互动模式，从不同意见中形成一致意见，最终成为彼此互动的习惯方式。

对于一些新家庭来说，夫妻双方形成忠诚于彼此的承诺很容易。他们保持着夫妻之间的亲密，包括花尽可能多的时间在一起，分享彼此的想法，亲密的互动行为，共享收入，每天在工作中给对方打一次或多次电话等。而对于另一些新家庭来说，夫妻之间很难形成新的亲密关系，他们对彼此之间的连结充满犹豫，不愿放弃单身生活，坚持经济独立，与朋友或各自的原生家庭成员共度更多的时间。对于这样的新家庭，他们需要更长的时间才能学会合作和对彼此的生活差异做出妥协，有些新家庭则可能永远无法做到。

（3）有年幼孩子的家庭

没有孩子的家庭系统组织通常是松散的，也允许夫妻在解决问题时使用各种各样灵活的办法。但随着新家庭成员的到来，夫妻二人成为父亲和母亲的角色，代表着家庭生活进入重要的转折点，永远地改变了无子女夫妻之间相对简单的角色和关系，他们需要重新调整婚姻关系，为孩子留出心理和物理空间。同时，彼此必须更清楚地界定责任分配，谁负责挣钱养家，谁负责照顾孩子，谁去购物，谁去哄孩子睡觉，谁洗碗，谁做饭，谁打扫卫生。

家庭新成员的到来使家庭得到了扩张，是家庭生命周期中最重要的转折点。当夫妻成为父母时，两人都往上走了一代，必须给年轻一代提供照顾。家庭上层系统的其他成员也往上走了一代，新妈妈和新爸爸的父母变成了祖父母。新家庭和大家庭都出现了垂直方向的重新排列。新父母需要重新调整与原生家庭的关系，以容纳父母和祖父母的角色。新父母的一个重要任务是把新的亲子关系与他们以前的关系结合起来。一旦新夫妻开始扮演父母的角色，个体自我同一性就可能发生变化，必须重新平衡工作和家庭。要实现这种转变，夫妻双方就需要分担育儿责任。特别是新父母双方都是在职工作时，必须有效安排日程，从而平衡工作和家庭责任。

（4）有青春期孩子的家庭

孩子到了青春期，家庭就会面临新的挑战，特别是围绕孩子的自主性和独立性的挑战。这个阶段的家庭需要应对互动过程的重组，从而让青春期的孩子获得更多的自主空间。这个阶段的家庭需要增加边界的灵活性，允许孩子拥有更多的自主空间，接纳祖父母的衰老。

在这个阶段，父母需要重新调整亲子关系，使青春期的孩子能够自由地进出家庭系统，让他们获得更多的自主权，更少依赖父母，并且转向同伴支持。这个阶段的亲子关系需要改变规则、重新设定界限和重新定义角色。青少年需要找到自己的平衡点，形成自我同一性，并且开始在家庭内部建立自主性。太过依赖家人或者太过于孤立或退缩的青少年，都会给家庭系统带来压力。如果青少年太快从家庭生活中退出，也可能损害家庭功能和家庭的适应能力。有青春期孩子的家庭中，父母也需要接受青春期孩子的快速变化，给予孩子更多的自主空间。

此外，在这个阶段，父母还需要应对中年危机，夫妻一方或者双方可能会怀疑他们的婚姻或者职业选择。同时，在这个阶段，父母还要开始照顾衰老的父母，他们必须转换曾经依赖父母的角色，也需要家庭安排对于祖父母的照顾。

（5）孩子离家

这个阶段的家庭需要接受孩子的独立以及最终建立他们自己的家庭。随之而来的变化是，家庭系统逐渐扩大，开始有新成员加入大家庭，同时也要面临子女成立自己的家庭而带来的分离。对于父母来说，建立与成年子女之间的成年人对成年人的关系是这个阶段重要的发展任务之一，这也意味着亲子关系又一次要做出重大调整。

这个阶段的家庭还需要面对退休、失去配偶、祖父母的衰老和死亡等带来的变化，整个家庭系统都在努力应对丧失和自我重组。退休意味着失去了某种社会身份和与之相应的社会地位以及生活目标，家庭关系也需要相应地做出重新调整，以应对退休后父母在一起的更多时间。一些家庭还需要面对祖父母的慢性疾病，照顾病人会使每一个家庭成员都要承受很大的经济、情绪及其他方面的压力。孩子可能还要面对祖父母的死亡——这一人生中第一次重要的分离和丧失，这也会提醒他们父母辈的人生命有限。

（6）中年晚期的家庭

孩子离家后，父母需要重新调整二人世界的夫妻系统。在有些家庭，父母将这种变化理解为自由，他们不再需要承担照顾孩子的责任，他们可以安排更多的其他活动。在另一些家庭，抚养孩子时所掩盖的夫妻矛盾可能会重现凸显出来，导致更多的矛盾和冲突，或者对于生活感到没有意义。

这个阶段的夫妻可能又往上走了一代，已经到了祖父母的位置上，他们需要接纳代际角色的变化。同时，他们还需要面对自己身体的衰老，维持自己和伴侣的关系和功能，保持自己的兴趣，以及为下一代提供支持。在家庭系统中，要为年长一代发挥他们的智慧和经验留出相应的空间，支持他们但不包办代替。

（7）结束期的家庭

在此阶段需要接受人生有限、死亡和生命周期完成的现实。此外，还需要应对配偶、兄弟姐妹和其他同伴的丧失，并为自己的死亡做准备。同时，还要处理好中年一代和老年一代照顾者角色的转换。需要重新调整社会关系，承认生命周期关系的不断变化。

（三）特殊家庭的生命周期

1. 离异家庭

离异家庭在离婚阶段必须处理好关系的变化并完成新的发展任务。因此，离婚会让家庭生命周期增加一个新的阶段。在重新进入家庭发展周期轨道之前，家庭会重新组合，并处理情感上的丧失和变化。当离婚双方之一再婚时，还会出现另一个阶段，全部成员都需要将新成员纳入新的家庭系统，并重新界定角色、关系和边界。

离异家庭的新增阶段之一就是离婚阶段，该阶段的发展任务包括决定离婚、计划原家庭系统的分割、分居和离婚。在该阶段，离婚双方需要接受自己无法有效解决的婚姻中的问题以及无法继续这段关系的事实。对于个体而言，需要接受导致婚姻失败的那部分自己。面对完成原家庭系统的分割的任务，离婚双方都需要做出具有支持性和可操作的安排。需要合作解决监护权、探视和财务问题，修改表述并处理离婚与大家庭相关的部分。面对分居的情况，离婚双方需要通过协商继续维持合作式的共同教养孩子的关系，共同在经济方面支持孩子，并解决对彼此的依恋问题。对于个体而言，不仅需要处理伤心、愤怒、内疚等自身情绪，还需要哀悼失去完整的家庭，放弃破镜重圆的幻想。还需要重建婚姻和亲子关系，处理财务分配问题，适应分居生活，重新调整与双方大家庭的关系。

离异家庭的另外一个新增阶段是离婚后的家庭。离婚的双方需要承担单亲家长的责任，愿意继续承担经济上的责任，继续和前配偶保持教养孩子的相关的联系，并支持孩子和前配偶及其家庭的联系。个体需要和前配偶及其家庭灵活安排亲子时光，重建自己的经济来源，同时重建自己的社交。

2. 再婚家庭

再婚家庭的生活很复杂，因为许多人牵涉其中，包括当前和先前婚姻配偶的父母亲、兄弟姐妹和大家庭成员。再婚家庭的孩子通常会生活在两个家庭之中，他们在每个家中居住的时间不一样，他们还必须应对两个家庭中的不同规则、模糊的边界和不同的角色。从新的婚姻开始，随着新的家庭系统为新成员定义角色，也改变了家庭成员的责任与义务，先前的亲子关系将不可避免地发生改变。

再婚家庭还需要经历一个从过去的家庭到新家庭的转变。所有的家庭成员都需要适应新的角色，面对新的情况，来自两个家庭的新家庭成员之间的关系也需要重新调整，他们需要适应新的家庭规则。对于许多家庭来说，继父母要形成牢固的伴侣关系，并作为一个整体来应对为人继父母的挑战。继父母与继子女做好关系建设和关系维护会加速新家庭的整合过程。

再婚家庭新增阶段的发展任务包括：进入新的关系，构思新的婚姻及家庭，再婚和家庭重组，以及不断协调再婚家庭的关系。完成进入新关系的发展任务，首先需要从上一段婚姻中恢复；其次需要鼓足勇气并对新的婚姻和家庭给予承诺，为应对重组家庭生活中的各种复杂性和不确定性做好准备。完成构思新的婚姻和家庭的任务，需要处理自己、新配偶和孩子对于建立新的家庭的恐惧，接受和适应新的家庭的复杂性和不确定性，包括设置多种新的角色边界、家庭成员关系和权威的调整。此外，还需要解决自身的情感问题。对个体而言，需要致力于在新关系中保持开放性，并与前配偶协商维持合作性的财务和共同教养孩子的关系，维护两个家庭系统中的成员关系，重新调整与大家庭的关系。完成再婚和家庭重组任务，需要解决和前配偶的依恋问题，以及对于原配家庭的理想化问题，接受一个新的具有可渗透边界的家庭模式。需要重新建立家庭边界，允许新配偶或者继父母的加入，重新调整所有子系统的关系和财务安排，允许几个系统的交织。需要在伴随着家庭系统的改变而重新做出的调整中，完成再婚家庭不断发展的任务。

3. 单亲家庭

大多数单亲家庭都是离婚的产物。单亲家庭需要面对确定孩子监护权、照顾孩子、应对经济压力、调整亲子关系等多种问题。那些由离婚或未婚妈妈主导的单亲家庭，一般都会面对巨大的经济压力。此外，拥有监护权的父母也必须面对经济地位的降低。大家庭的父母还需要面对和处理自己情绪和生理上的不稳定，以及平衡工作和家庭的多重责任。

二、家庭发展中的压力与变化

家庭的发展与社会发展是同步的，每个家庭系统都根植于社会特定的时空之中，由多种因素交互影响塑造成型，既有自己的特点，又具有时代的特征。在家庭发展变化过程中，每当家庭遇到挫折、出现症状、发生障碍的时候，家庭面对压力都需要做出相应的调整和改变。谈到家庭发展中的压力与变化，就会涉及家庭的心理弹性的概念。家庭的心理弹性是指家庭在困境中仍然能够发展和维持相对稳定的心理功能的能力。

任何家庭在整个家庭生命周期中都会面临来自系统内部或者系统外部的各种挑战和危机。有一些压力是能够预料的，包括离婚、再婚、退休等生活事件的潜在危机；还有一些是不可预料的，包括失业、家庭核心成员离世、家庭好友离世、遭遇其他暴力事件或自然灾害等。面对这些压力和危机事件，一些家庭可能会经历持久的痛苦，似乎再也不能从中恢复；而另一些家庭所体验的痛苦强度较低，持续时间较短。一些家庭看起来似乎很快就恢复了，但是之后会陆续出现健康问题或其他问题。然而，许多家庭都能够成功地应对短期的危机，继续推进生活并迎接下一个挑战。这种在经历困境之后仍能茁壮成长并维持相对稳定的心理和生理功能的能力仅发生短暂功能失调，反映了一个家庭的心理弹性。

所有家庭在整个生命周期过程中都会难以避免经历一些压力、丧失或创伤性事件。家庭作为一个整体，或者其中某一个成员或多个成员，可能会在持续性的压力下表现出功能失调，但是家庭过程可能会对个体的恢复起到调整作用。家庭系统得以恢复，得以缓冲压力，修复功能失调，并且支持最佳的适应方式。家庭面对创伤和危机，都有成长和修复的潜能，有些家庭甚至会发展出更加强大的能力和资源。

家庭的心理弹性可以被看作家庭创造出的独特的应对压力的适应性反应。在一些情况下，家庭的心理弹性也可以让家庭经过应对压力源的反应而获得发展和成长。一个家庭系统如何组织自己、如何保持凝聚力、如何共同解决问题以应对危机时的开放性，在很大程度上能够预测其恢复能力。家庭的心理弹性包括以下几部分：第一，持久和积极的信念系统，提供共享的价值观和假设，从而为意义建构和未来的行为提供方向；第二，家庭的组织过程在面对压力时可以作为减震器来维持灵活性，可以以开放的态度面对变化；第三，恰当合适的家庭沟通或者问题解决方式，能够营造相互信任的氛围，允许成员之间坦诚表达。

即使家庭存在关系混乱、无组织结构、虐待或者经济等各种问题，也拥有资源应对和适应困难的功能。这里所指的家庭资源是指家庭可以提供的根基感、亲密感、归属感、支持感和意义感。特别是在贫困的家庭中，当成员能够感受到他们的自我价值和目标，能够体验到他们对生活的掌控感时，他们就不会把自己当作一个受害者，他们的心理弹性就会增强。

第三节 家庭治疗的基础

一、个体治疗与家庭治疗

个体治疗和家庭治疗是从不同视角理解人类心理和行为并提供治疗的方法。个体治疗着眼于个体，以帮助来访者面对自己的恐惧并学习如何更全面地成为自己和实现自己。家庭治疗则聚焦于家庭互动关系，强调把带有症状的个体作为索引病人，把个体放在整个家庭环境框架系统中去观察并治疗。家庭治疗相比个体治疗弥补了个体治疗只关注个体的内在冲突、行为和人格特征的局限性或缺点。

（一）个体治疗

1. 心理动力学治疗

心理动力学是源自弗洛伊德的精神分析理论及由此发展起来的精神疾病治疗方法。弗洛伊德的研究发现，想要帮助神经症性疾病患者，仅根据他们对症状的描述将其诊断归类并单纯用药治疗的效果并不理想。这些患者需要在治疗师的专业指导下去理解他们的起病原因以及症状的演变、发病情境以及他们的症状的意义和功能。弗洛伊德发现，患者通常对于自己内心最深处的渴望和恐惧一无所知。因此，治疗师无法仅通过简单的语言表述来得到答案，治疗师还必须去了解非言语性、象征性和高度情绪化的无意识心理语言，而这些心理语言通常需要在患者的行为、人际关系、情绪信号、幻想和梦中去寻找，通过这些非言语表达，治疗师可以帮助患者更好地理解自己和他人，从而解决自己的问题。

心理动力学取向不仅是探索症状，更是强调理解自己潜在的情感力量的意义和功能。弗洛伊德及其之后的精神分析师发现，多种动力学力量往往是相互冲突的而非和谐的。冲突的一个重要理由是，某些最深的需求、情感和冲动，这些是相当不成熟的，它们起自童年期并与成人的自我概念和价值观相冲突。患者通常并不知道是这些最深处的情感冲突使他们得病，因为这些通常是无意识的。这些无意识的冲突常通过患者的症状、人际关系、情绪和行为等信号表达出来。因此，在临床实践中，单一的症状学诊断往往是不充分的，需要由动力学诊断来补充，其主要内容包括情感冲突、防御机制、发展缺陷、人格结构等。

心理动力学治疗的目的是帮助患者更好地理解和接纳自己并认识自己的情感冲突，最终发展出解决途径。临床实践中，许多患者受困于自身的人格发展，需要用另一种目标取向的心理动力学治疗帮助他们面对现实并重新延续其受阻的人格发展历程。

2. 认知行为治疗

认知行为治疗是结合认知治疗和行为治疗而逐步发展起来的。最有影响力的认知行为治疗大师是阿伦特姆金·贝克，他在精神分析的基础上创立了认知行为治疗理论体系。20世纪60年代，贝克在对抑郁症患者进行治疗的过程中发现了抑郁症患者的认知模式，即他们对自己、世界、未来充满了负性认知。由此贝克发现，患者之所以出现情绪和行为的异常，主要是因为他们存在功能失调的或者歪曲的思维。贝克将这种思维进行进一步的分层探索，从与当下生活事件相关的自动思维，推导出与童年成长经历、重大生活事件有关的核心信念，以及在此信念基础上发展出的中间信念，也就是应对方式和行为补偿策略，通过收集一系列相关信息形成认知行为的个案概念化，并制订适合患者的治疗计划和方案。贝克在针对抑郁症患者的治疗中着重分析和处理患者系统发展的、不同层次的歪曲认知，注重治疗联盟关系的建立，强调心理教育的重要性，以此时此地存在的问题为目标取向，以结构化、短程的方式设置治疗，发展出灵活多样的认知和行为治疗技术，包括注重家庭作业的布置和完成情况，以教会患者成为自己的心理治疗师为目标。

3. 人本主义治疗

人本主义是一种重要的心理学理论，它强调以人为本，关心人的本性、价值和尊严，主张研究健康人格和自我实现等对人具有积极意义的现实问题。人本主义治疗主要是以来访者为中心的治疗。心理学家罗杰斯认为，人具有主观性和与生俱来的"善"，每个人都可以做出自己的决定，每个人都有自我实现的倾向。建立理想的治疗关系是人本主义心理治疗最基本的前提，也是促使患者产生积极改变的最主要资源。人本主义心理治疗的观点认为，当患者和治疗师在一个深层关系中相遇时，彼此会体验到一个人能够怎样与他人相处，并且通过持续的良好接触，学习到的品质就会固定下来并迁移到与其他人的互动关系中。人本主义心理治疗强调真诚、尊重和共情对建立治疗关系的重要性，尤其强调治疗师对患者应予以无条件的积极关注、接纳并秉持不评价及肯定的态度和反应。

（二）家庭治疗

以整个家庭而非单个患者为工作对象的心理治疗方法称为家庭治疗，家庭治疗是一种心理治疗思维范式的改变。家庭治疗通常以系统和动态的视角看待家庭成员的症状，通过呈现理解和改变家庭成员间与症状有关的互动模式，来达到治疗的效果。家庭治疗中，个人的问题需要放置在整个家庭，甚至家族和社会时代文化背景中去理解，即使问题的缘起与家庭无关，问题得以维持或恶化的过程也一定与家庭有关，或者对整个家庭都有所影响，所有家庭成员之间循环往复地彼此影响。因此，患者问题要回到家庭的互动情境中才能得到有效治疗，而纠正家庭中的病理性互动模式，最终会帮助症状改善甚至痊愈。

家庭治疗是将系统观、控制论和信息论运用到心理治疗实践，是一次范式的转移，它展现了一种全新的理解人类问题的新视角。因此，家庭治疗成为继精神分析、行为主义、人本主义之后心理治疗领域崛起的"第四势力"。20世纪60年代后，家庭治疗的不同流派蓬勃发展，除了传统的精神分析取向、行为认知取向和人本取向的家庭治疗，还发展出具备独特理论和方法体系的结构式、系统式、体验式、策略式家庭治疗，还有受后现代哲学思想影响的叙事、焦点解决、合作对话等家庭治疗。

家庭治疗区别于个体治疗的突出特点在于系统的视角、框架和方法。家庭是一个有组织的整体，家庭成员之间的关系是持续的、交互的、模式化的和跨越时空的。家庭系统内任何一个组成部分的变化都会影响到其他组成部分。此外，家庭系统与外部更大的系统也存在持续的双向联系，家庭与社会系统的相互作用也会影响家庭的功能水平。

系统的观点将家庭置于不同层次的系统之中，扩大了理解家庭功能的背景。系统的观点指出，个体因素、人际因素和环境或宏观系统因素之间存在跨时间的动态互惠作用。其中，个体因素包括人格、心理生物因素、性别、年龄、民族、性别认同、依恋、认知过程和智力、信念、价值观等；人际因素包括家庭的发展、家庭生命周期、家庭多样性、伴侣关系、亲子关系、家庭力量、社会网络环境等；环境因素包括政治、文化、医疗、宗教信仰、媒体、社会经济条件等。这种观点为家庭治疗师评估、制定治疗计划和干预提供了一个基本框架。

在系统观点中，个体和家庭嵌套于多个相互独立又彼此影响的社会系统之中。布朗芬布伦纳提出了社会生态学理论，认为存在 5 个水平的影响，每个水平都包含和影响前一个水平。个体嵌套于他的家庭系统，而家庭系统又嵌套于邻近的社区，而这些社区又是一个民族群体的一部分。微观系统水平表示个人和他的直系系统；中介系统表示微观系统中的成员关系；外系统是会影响个体的更大系统；宏观系统是会对个体产生最广泛影响的广义社会和文化因素；时序系统是环境与时间相互作用的影响。

家庭治疗的系统视角不会将家庭看作是一个孤立封闭的系统。因此，家庭治疗会在各个水平进行干预，以改善家庭功能问题。从微观系统水平可以改善家庭成员的关系；从中介系统水平可以改善伴侣和大家庭成员或社区组织的关系；从外系统水平可以处理有问题行为孩子的父母与其支持系统的关系；从宏观系统可以借助家庭治疗师的资源。采用社会生态学理论，能拓宽治疗师的视野，鼓励他们整合不同层次系统的影响因素。

（三）个体治疗与家庭治疗的区别

1. **理论基础**

虽然个体治疗也肯定了家庭方面对个体身心发展的重要作用，但不把家庭系统作为解释个体心理障碍的框架。不同的流派对个体心理障碍有不同的解释，心理动力学治疗用心理动力来解释；认知行为治疗用认知三角模型来解释。因此，个体治疗着眼于个体本身。家庭治疗则主张家庭因素是影响个体身心发展的主要力量，若改变家庭内部的互动方式，则所有成员的生活也将发生相应的改变。家庭治疗用家庭系统和动态的互动模式来解释个体的心理障碍。家庭治疗影响整个家庭即每个家庭成员，每个成员的改变也会导致家庭关系的持续改变，并促使每个成员做出同步改变，并在整个家庭系统中循环作用。因此，家庭治疗是作用于整个家庭系统的。

2. **治疗对象**

个体治疗是针对家庭中的个体即某个家庭成员进行的治疗，而且在整个治疗过程中，治疗对象不会发生改变。家庭治疗则是针对整个家庭系统进行的治疗。在治疗初期，通常需要整个家庭成员都在场；随着治疗进程的推进，家庭治疗的对象还会发生改变，从初期的全部家庭成员到家庭的部分成员。

3. **治疗内容**

个体治疗一般是针对患者的症状直接进行的，包括对引发症状的原因追根溯源，分析症状得以维持和发展的因素。以认知行为疗法为例，通过认知重构或行为矫正等多种认知和行为技术来缓解或消除症状。而家庭治疗并不直接针对患者所表现的症状，而是间接地对引发症状的家庭成员间的交往模式和家庭结构原因进行分析，往往通过改变家庭成员间交往模式或家庭结构的方式来达到减缓或消除症状的目的。

无论是个体治疗还是家庭治疗，两者都可以尝试解决许多问题。但是，一些特定的问题更适合进行家庭治疗，例如，有青春期冲突的家庭；家庭经历离异、再婚、家人离世等重大事件；个体症状与家庭互动有关的问题；情绪行为问题，如抑郁、焦虑、网瘾、逃学、摄食障碍、学习问题、过分依赖；家庭成员有冲突，经其他治疗无效的情况；"症状"在某个家庭成员身上，但反映的是家庭系统的问题；家庭对于患病成员治疗的忽视或过分焦虑；家庭对个体治疗起阻碍作用；家庭成员必须参与某个患病成员的治疗；家庭中某人与他人的交往问题等。需要特别注意的是家庭治疗的禁忌证，包括：重性精神病发作期、偏执型人格障碍、基于专业伦理和法律规定的其他情形等。

二、家庭治疗的力量

家庭作为有组织的整体而运作，整体的力量大于部分力量之和；在多维、因果循环的复杂关系中，家庭中的规则有助于稳定和调节家庭的功能；子系统有效运作以及执行特定的家庭功能等。

健康的家庭不仅要促进家庭系统的整体性发展，还要兼顾家庭成员的个体性发展，二者之间可以良性地交互作用和彼此影响。家庭可以为家庭成员提供集体归属感和依恋对象，不仅具备物质性的现实功能，如衣食住行、金钱花费、养育后代等；还要具备情感性的精神功能，如信任、关怀、支持、期待、希望等。一个功能良好的家庭，除了要保持"家"作为集体组织的持续存在，还要鼓励其中的个体成员有自我成长，允许其在安全和稳定的环境中自由探索和发展，能够平衡家庭系统的需求和家庭成员的个人需求，尽量满足家庭成员彼此冲突的不同利益，同时家庭成员也会积极调整来适应家庭的期待和需求。一个功能不良的家庭，有时会牺牲某个家庭成员的利益来维持家庭整体的存在，有时会破坏家庭整体的发展路径，甚至导致解体。不同流派的家庭治疗各自发展了不同侧重的临床实践方法，它们虽然表述不同，但目标都指向健康的家庭功能。

家庭治疗强调家庭是一个"情感高度密集的小社会系统"，小社会系统是指家庭拥有一套维护其运行发展的组织规则，包括共有财产、家庭结构、家庭功能、交流互动等复杂规则。"情感高度密集"是指家庭成员之间被强有力的、持久而互惠的情感依恋和忠诚联结在一起，这种高度密集的联结会让家庭成员之间的互动交流与家庭之外的其他人的互动交流不同，更容易产生矛盾冲突，也更容易产生情感动力。这种高度密集的情感联结可以发挥重大的人际影响，让家庭既可以是诱发精神疾病的诱发因素，也可以是治疗精神疾病的保护因素。系统互动和情感效能让家庭治疗相比于个体治疗拥有不同的干预视角，从中可发现不同的可利用资源和改变空间，并通过发动整个家庭的潜能来支持个体。

第二章 家庭治疗的发展简史

家庭治疗的发展大致经历了现代主义、建构主义、后现代主义以及结构主义四个阶段。20世纪50年代到70年代中期,属于现代主义时期,出现了对家庭治疗的研究与实践的热潮;20世纪70年代中期到80年代中期,受系统观和建构主义的影响,家庭治疗进入黄金时代;20世纪80年代中期到90年代,在建构主义向社会建构主义的转变过程中,各学派之间的交流与整合和折衷的趋势越来越明显;20世纪90年代以后,在后现代主义思潮和社会建构主义的影响下,各流派不再坚持强调自己所属的流派,也不会再细致地去区分自己的流派和其他流派之间有哪些区别。了解家庭治疗的不同发展阶段的观念和贡献,有助于为促进家庭治疗向更好的方向发展提供重要的理论依据。因此,本章主要是从家庭治疗的理论背景和家庭治疗的起源及发展两个方面进行介绍。

第一节 家庭治疗的理论背景

精神分析治疗虽然自身存在着缺陷,但却为家庭治疗的产生提供了启示和方向。控制论和系统论的兴起则既为家庭治疗提供了理论构架,也为家庭治疗与经典的精神分析分道扬镳指明了系统和关系取向的方向。社会建构主义和其他理论则为家庭治疗的发展和理论的融合起到了推动的作用。

一、精神分析理论

在精神分析治疗的鼎盛时期,越来越多的治疗师发现精神分析以及其他个体化疗法的治疗效果并不尽如人意,尤其是在治疗像精神分裂症这样严重的临床病症方面,时常出现两种情况:其一是,当精神分裂症病情有所好转时,家庭中的其他人又会出现问题;其二是,精神分裂症患者在医院里病情有所好转时，当他们回到家里后病情又会有所恶化。这让研究者和治疗师逐渐认识到，改变家庭系统可能是改变个体最有效的途径，于是家庭治疗作为一种系统化理论和治疗方法应运而生。

经典的精神分析理论为家庭治疗的产生提供了以下启示：第一，经典的精神分析强调童年时期的心理创伤是个体心理疾病或症状的根源。这种创伤又与个体的父母尤其是与个体的母亲的关系有关。这种从关系层面看症状的视角无疑是现代家庭治疗中最重要的理论基石。第二，经典的精神分析理论详细论述了防御机制的作用，这可以指导家庭治疗师了解家庭成员症状背后的家庭的潜在功能和意义。第三，弗洛伊德关于人格结构的论述对家庭结构理论的提出有重要启示，而关于心理发展阶段理论的论述则为家庭生命周期理论的提出有重要的启示。第四，第二次世界大战结束后，单纯依靠精神分析理论已经不能满足心理疾病患者的需求，这为家庭治疗的诞生提供了现实条件。许多家庭治疗师都是精神分析专业出身，为精神分析取向的家庭治疗师的理论和实践提供了重要的影响。

二、控制论与系统论

20世纪40年代以后，系统论与控制论的兴起为人们认识世界、认识社会、认识人本身带来了新的思想与方法。它们作为早期的系统观，被许多治疗师引入到心理治疗的理论之中。这有助于从新的角度思考心理障碍产生的原因与机制，探讨更加有效的治疗方法与技术。治疗师们认为家庭是一个有机的开放的系统，家庭成员是构成该系统的子系统，他们之间相互影响，并通过交流或信息反馈维护系统的稳定。因此，控制论与系统论不仅促进了家庭治疗的产生，同时也为家庭治疗提供了可用的理论构架。

（一）控制论

控制论是一门关于自我调控的系统反馈机制的科学。家庭与控制论强调的控制系统具有共同的特点，即它们都使用与自己表现有关的信息来维持系统的稳定性，这为家庭如何运作提供了可参照的依据。

1. 控制论的由来

麻省理工学院数学家诺伯特·维纳（Norbert Wiener）为控制论这一概念的提出做出了贡献。第二次世界大战期间，德军的飞机移动得非常快，以至于基于观察者在每个错误之后进行自行调整的方式无法让大炮迅速瞄准目标并进行射击。基于这个问题,维纳被要求设计一个更好的信号系统来控制对空导弹的瞄准,以便击落德国的轰炸机。为了完成这个任务,维纳嵌入了一个内部反馈系统用来控制导弹的信号,从而使得对空导弹能迅速地对自己进行控制。而用来控制导弹的信号系统就是可以自我调控的自动控制系统。在这里,维纳选择了"控制论"这个术语来反映反馈系统的核心。控制论在希腊语里有"舵手"的意思。在1948年,维纳发表了《控制论:关于在动物和机器中控制和通信的科学》(简称《控制论》)一书。该书使用诸如控制、反馈、信息、输入、系统等通信理论的术语帮助人们进行思维。这对现代计算技术、控制技术、通信技术、自动化技术、生物学、医学和心理治疗理论都有不同程度的影响。维纳还发现,通过信息反馈进行控制的技术与所有生物进行选择的普适过程是一致的。维纳甚至认为,心理疾病是行为的自我强化模式,也可以解释为大脑在生化过程中遭到了停滞。

2. 反馈回路

控制论的核心成分是反馈回路。系统用以获得必要信息从而维持系统稳定路径的过程被称为反馈回路。反馈包含两方面的含义:一是,与外部环境有关的系统功能的信息;二是,系统内部各部分之间相互关系的信息。反馈回路可能是负反馈也可能是正反馈。对原来稳定状态所造成的改变效果不同而非是否有用是导致正负反馈回路存在差异的原因。负反馈是指一个系统正在偏离原来的轨道,需要通过修正来使其回归正轨。负反馈显示了系统需要修复现状。因此,负反馈并不是一个负面的东西。它通过纠正错误信息,使无意识的部分、身体、大脑以及日常生活中人们得以维持秩序以及进行自我控制。负反馈典型的例子是家庭供暖系统。当温度上升到一定指标以上时,自动调温系统就会减少暖气供给,以使房子温度保持在预先设定的温度区间。正是这种自我调节的反馈回路使系统受到控制,这种系统对于变化产生反应并发送信号以使系统回到以前状态的整个过程演示了负反馈信息的循环过程。正反馈则强化一个系统正在进行的方向,表明系统需要修改原有的模式。

控制论不仅为我们提供了某些重要的实际应用,同时也是在哲学上对于因果解释的一次飞跃。控制论并非把各个事件看成是一个线性的序列,而是认为因果关系是一个在时间维度上连续演进的循环过程。图2-1-1展示了反馈回路中的基本循环结构。每一个元素都对下一个元素产生影响直到最后一个元素将累积的效应"反馈"给循环的第一个元素。因此,A顺次影响B,B再影响C,

C再反馈回来影响A。在家庭供暖系统的例子中，A就是房间的温度计；B就是自动调温系统；C就是加热装置。具体到小美和小刚这一对夫妻的家务活中，则可以解释为：小美打扫房间的努力程度（输出）影响家务活完成的量，进而影响小刚需要做的家务活的量，而这又反馈（输入）给小美还需要做的家务活的量，以此类推。和负反馈一样，正反馈也会产生想要的和不想要的两种结果。例如，富裕家庭生长的女孩与农村出身的穷小子结婚，女孩的父母就要调整以适应她的新情况并接纳她的丈夫；或者他们与女儿断绝关系，拒不来往。总之，为了保持家庭的稳定性与灵活性，家庭成员需要对正反馈和负反馈做出相应的反应。

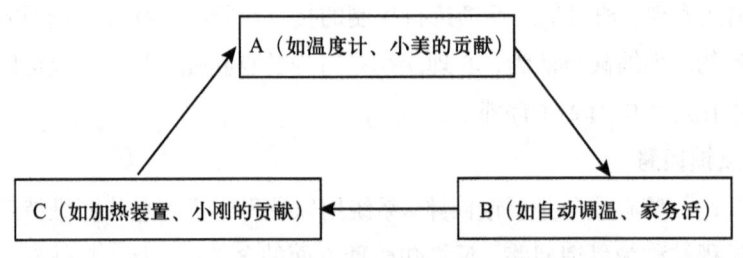

图 2-1-1　反馈回路的因果循环

控制论是从机械研究中衍生出来的，继承了机械研究的特点。在机械研究中，正反馈回路会导致破坏性的"失控"，使机械瘫痪。例如，一个无助的司机在冰雪路面上意外地踩上油门，这只会给他的汽车引擎发送正强化而导致汽车失控。而负反馈会自控并维持秩序，如火箭导航系统就是一个例证。因此，机械控制论更强调负反馈和维持内部平衡，以保持原有的状态。控制论系统变成了用来描述家庭如何维持稳定的有效工具。有些时候稳定是一件好事，然而有时候拒绝改变则可能是一件坏事。例如，一个具有较强凝聚力的家庭，即使遭遇冲突或者压力的威胁，仍可以维持现状并整体运转良好。而当一个家庭不能很好地适应家庭中某个成员的成长的时候，家庭拒绝做出改变对这个成员来说则是一件坏事。

3. 控制论对家庭治疗的影响

在一系列被称为Macy会议的多学科论坛上，格雷戈里·贝特森接触到控制论。在这些会议中，贝特森与维纳一拍即合，开始了频繁的交往，促成了控制论与家庭治疗的完美结合。

控制论应用于家庭时，关注如下现象：第一，家庭规则。用来控制家庭系统，使家庭成员的行为维持在一定范围内，这一范围通常是指家庭原有状态的范围。第二，负反馈机制。是指家庭常用来强化症状、负罪感以及惩罚的规则。第三，维持问题行为的人际交往次序。它也代表家庭系统对问题行为的反应，即反馈回路。第四，当系统做出的负反馈无效时，就要启动正反馈回路。

然而，控制论在应用于家庭治疗时也面临着困境，表现出自身的不足。首先，机械控制论应用在心理治疗时强调问题是由人际关系所导致，这对当时精神病学的正统理论提出了深刻而意义重大的挑战。那时的正统理论认为，精神问题是机体患上了疾病，需要采用禁闭、药物治疗和隔离的方法对患者进行治疗。而机械控制论主张，问题是由人际关系所致，药物治疗至多只能是一种权宜之计。因此，在机械控制论的影响下，在家庭治疗的实践过程中，治疗师不仅对表现出问题的家庭成员提供支持并缓解其痛苦，而且也对家庭中其他成员提供相应的支持并减轻其痛苦。但是，这一革命性观点及其实践也受到了批评，而且在促使人们放弃某些做法方面（如放弃对严重精神问题的药物治疗）遇到了巨大的阻力。其次，与机械系统不同，生物系统并不是人工所为，而是在外部环境的需求变化中演化而成的。因此，生物系统极其复杂，不仅可以适应温暖或者寒冷的气候条件，还具有主动的自然选择的能力。人类不是机器，其反应是难以预测的，因此，使用机械控制论的方式来看待家庭，也会导致对于家庭的过分简单的看法。最后，家庭控制论学者们认为，家庭内部的沟通模式或者反馈回路是家庭功能紊乱的根本原因。因此，应该将关注点聚焦于此。然而，错误的沟通常会导致错误的反馈，因此系统不能自我修复（评估和改变自己的规则），最终导致对改变的过度反应或不足。

总之，尽管许多用于描述机械原理的控制论概念可以类推到如家庭、生命系统等人类系统，但事实证明，相同的原理能够充分描述机械系统，但却无法充分描述家庭系统。机械控制论在家庭治疗中的不足，也促使家庭治疗师转向另一种系统观（即系统论），并在其影响下探讨更加有效的治疗方法与技术。

（二）系统论

1. 系统论的由来

20 世纪 40 年代，一位澳大利亚生物学家路德维希·冯·贝塔朗菲（Ludwig von Bertalanffy）尝试了将系统思维和生物思维合并到一个普遍的生存系统中，即从人类精神世界推广到全球的生态层。他从内分泌系统的调查开始，外推到更加复杂的社会系统，并且发展成后来被称为一般系统论的模型。

马克·戴维森（Mark Davidson，1983）在他的传记《非同寻常的感觉》中将贝塔朗菲的系统概念概括为：任何实体都是依靠它的各部分互动维持的，无论是从原子到宇宙还是一些较为寻常的事物（如电话、邮政和快速运输系统）都是如此。因此，贝塔朗菲的系统可以是物质的（如电视机）、生物的（如小猎狗）、心理的（如性格）、社会的（如工会），甚至是符号化的（如一系列规则）……一个系统可以是由小系统组成的，也可以是大系统的一部分，正如一个州或一个省是由小的区域组成的，同时也是国家的一部分。因此，同一个实体既可以被看作是一个系统，也可以被看作是一个亚系统，取决于观察者的兴趣点。更为重要的是，每一个系统都是一个大系统的子系统。但是家庭治疗师往往忘记了这个具有影响力的扩展网络，他们往往将家庭看作是一个系统，却容易忽略家庭所根植的社区、文化和政治。

2. 系统论对家庭治疗的影响

贝塔朗菲提出了许多已经形成或正在形成的家庭治疗的观点：

（1）系统大于部分之和的观点

组成系统的各要素并不是孤立的存在，它们都处在系统中的特定位置而发挥特定的作用。系统与其组成要素之间、系统内部各要素之间和系统与环境之间是相互依存、相互作用并相互关联。这种关联性使它们构成了一个不可分割的整体。因此，在家庭治疗中，治疗师不应该只关注单独个体的个性特征，也应该关注个体间的人际交往。

（2）人类系统是生态有机体而非机械系统

贝塔朗菲将系统分为开放系统和封闭系统两种。开放系统是指系统与外界环境之间有物质、能量或信息的交换；而封闭系统则与之相反。贝塔朗菲坚决反对用机械的观点看待生命系统，认为有机体属于开放系统，与外界存在信息交流与互动，并通过这种信息的输入与输出维持系统的特性与系统的稳定。在系统中，各部分之间的影响是相互的，部分的特性只有在系统中才能被全部了解。因此，与仅维持固定结构的机械系统不同，为了适应新环境，家庭系统是会发生改变的。

（3）使用等效性

与机械不同，活的有机体会表现出等效性，即具有保护或恢复整体性的内部指导能力，也就是通过多种不同方法达到某一个既定目标的能力。而在机械系统中，最终的状态及达到这种状态的方法则是固定的。

（4）动态平衡反应与自发反应的区别

活的有机体是活跃并有创造力的。他们通过自发的反应不仅维持自身的现状，还会主动做出改变以便适应外在的环境。动态平衡反应是通过自我调节使得系统自身保持动力平衡的状态。家庭治疗师经常使用动态平衡的概念，花大量的时间和精力去解释造成家庭功能紊乱的原因。然而，他们却无视来访者在改变家庭现状时所做出的努力，这使得来访者常滞留在问题解决前的原始状态。贝塔朗菲认为，过分强调有机体保守的这方面会把有机体降低到机械的层面。因此，有机体应该主动寻求变化，而不是拒绝变化。同样，家庭系统在适应新环境的过程中必要时也应该发生改变。

（三）控制论与系统论在家庭治疗中的对比

机械控制论对家庭持有一种机能主义的观点，即将家庭视作互动的系统，并认为人们的矛盾、焦虑以及担忧等症状往往是家庭经历中的无意识表现。这些无意识表现在家庭中起到了维持系统稳定的作用。系统论则认为这种机能主义的观点仅是观察者头脑中的一种推测。不同的治疗师实际上常会形成截然不同的功能性解释，因而某一症状的功能并不是放在那里等着被发现。

另外，相比机械控制论，系统论不再从病理的角度来看待家庭，而是将家庭生活中的困难视作家庭发展中不可避免的障碍或者过渡性的任务。这些任务是否会导致家庭出现痛苦，取决于人们处理这些问题的方式，并且这些方式与家庭所处的更为宽泛的社会生态环境有所关联。

三、社会建构主义

控制论和系统论有助于让我们看到周围人的互动是如何塑造和影响个体的生活的。但将注意点聚焦于个体的行为时，系统论容易遗漏两件事情：一是家庭成员的信念是如何影响个体的行为的；二是文化的张力是如何促使家庭成员形成这些信念的。建构主义和社会建构主义的认识论对上述两件事情，开始影响家庭治疗进行了很好的回答。

（一）建构主义

1. 建构主义的由来

20世纪80年代，有关大脑功能的研究显示，我们不可能真正知道外部世界，能知道的只是我们自己的主观体验。自此，建构主义认识论开始影响家庭治疗。最为激进的建构主义者认为，并没有一个存在于外部的客观现实或客观事实，有的只是每个人借助于个人化的主观视角看到的世界（Watzlawick，1978）。这种说法主要是从关于知觉的生物学机制的一些研究结果中引发出来的。例如，外界事物作用于视网膜后，会引起电反应及化学反应，但这些反应与知觉经验之间并没有直接的对应关系。换句话说，同一外界事物作用于视网膜后所引起的电反应和化学反应相同，但产生的知觉经验却存在个体差异。这引发了一种建构主义的观点，即模式是由大脑在其内部主动"计算出来"的，而并非仅取决于外界输入。实际上，外界输入的信息并不能"命令"大脑去产生某种体验，而是大脑基于其长期以来发展形成的关于这一世界的内部模型在主动决定着要有何种体验。

智利的马图拉纳、美国的福斯特等主张放弃"生命系统可以被客观地观察、研究及从外部加以改变"的简单的控制论观点，主张将观察者置于被观察的环境中。他们认为大脑不可能完全还原真实的世界。因此，人们对每件事情的印象都要经过观察者的大脑加工才能产生。在这个过程中，大脑对事物的理解不同，人们对待事物的态度也会不同。这些观点受到了家庭治疗师的重视，从此建构主义认识论开始影响家庭治疗。

2. 建构主义对家庭治疗的影响

建构主义首次进入心理治疗领域是在乔治·凯利（George Kelly，1955）的个人建构理论中。凯利认为，人们是通过对环境的建构来感知外界各种事物并赋予它们相应的意义。人们先对各种事物进行组织和解释，然后在此基础上做出各种假设，以便指导他们的行动。这个过程就像透过镜片看世界。由于人们可能需要改变或抛弃已有的建构，所以治疗就变成了修正旧建构和发展新建构的过程，如同让个体试用不同的镜片，从而发现并采用最满意的方式来看世界。

建构主义在家庭治疗中的第一个应用是再定义技术。再定义技术是指将新的标签贴在旧有的行为上，从而改变家庭成员对该行为的习惯性反应。例如，给"行为不良"的孩子重新贴上"过分活跃"的标签时，这样来访者的反应就会非常不同。类似的，如果一对有一个十几岁经常反抗的孩子的沮丧的父母坚信，自己不是"无能的训练者"，而只是有个"叛逆的孩子"，那么他们对自己的感觉便会好一些。"无能的训练者"这个诊断会让家长觉得改变的难度很大，甚至永远无法取得胜利，而有一个"叛逆的孩子"这个诊断意味着家长需要一些技巧来应对一个执拗的孩子。这里的重点并不是说某一个描述比另一个更好，而是当一个家庭出现问题的时候，当一种定义使他们无法采取有效的应对策略时，可以重新定义这个问题，从而使他们能够找到更有效的应对方式。

20世纪80年代，建构主义促使家庭治疗的重点发生了根本的转变。系统论关注行为和人际交往的作用，而建构主义关注个体的认知及理解的作用。因此，建构主义不再关注人与人的交往模式，而是将治疗重点转移到探究来访者对自己问题的假设上。治疗目标也不是解释有问题的行为模式，而是通过开放的对话引导来访者对生活形成新的认识。古勒施恩和安德逊是这一运动的先锋人物。他们建立了"基于语言的合作系统治疗"，主要通过语言对问题进行解构。在这种治疗模式中，治疗师不认为自己是专家，也不认为他们知道家庭要如何改变。治疗师不是试图改变来访者，而是帮助他们发现新观点或者探索生活的新意义。在与家庭接触时，治疗师并不预先确立关于结构与功能的假设，而是只有好奇心。

20世纪90年代，家庭治疗开始出现整合的趋势，各流派之间不再互相排斥，出现了新的家庭治疗模式，即建构主义家庭治疗。建构主义建议透过行为，直接观察人们对经验的知觉、解释和建构方式，以及这些建构如何指导人们的生活。建构主义认为，看待事物的方式有很多种，很难确定哪种方式更好。另外，建构理论强调真理具有相对性。因此，在治疗过程中，治疗师不能认为自己的观点更客观。这在一定程度上表明，治疗师并不拥有客观权威的身份，他们也无知晓原因与结果的特权。Anderson和Goolishian认为，治疗师要收藏好自己的专家意见，为来访者提出自己的观点留出空间。在与家庭接触时，治疗师应当没有预先想好的观念，只有好奇心。治疗师最好记住：诸如"系统""陷入困境""三角关系"等有关家庭生活的隐喻只是隐喻而已，它们并不存在于一些客观现实中，它们是建构出来的东西。另外，值得注意的是，建构主义对世界的感知和理解是一种建构，这并不意味着没有被感知与理解的事物就是不真实的。因此，建构主义并不会为了达到治疗目的而随意捏造事实。

建构主义虽然促进了家庭治疗的发展，但有些人对它的一些观点提出了质疑。首先，有些人认为，建构主义否定或简化治疗师的专家身份，会带来一个不良后果，即没有专家身份的治疗师就是没有影响力的治疗师，治疗的效果也可能会大打折扣。其次，有些人认为建构主义者忽略了社会背景的作用。尽管建构主义没有故意钝化社会意识，但是与对来访者生活中真实社会环境的关注相比，许多建构主义治疗师确实更关注个体对自己状态的知觉。最后，建构主义是一种认知理论，而不是一系列技巧，即建构主义认为人们在家庭中所看到的是基于他们的偏见或实际发生的。总之，建构主义在家庭治疗中的局限限制了建构主义在家庭治疗中的应用。

（二）社会建构主义

1. 社会建构主义的由来

社会建构主义又被称为社会建构论，后现代主义理论对其影响甚为深刻。现代主义一般关注整体，强调社会以及科技从较不发达的状态发展到更先进的状态。而后现代主义一般是指对现代主义的批判，较关注局部，拒绝从宏观的角度对社会运动以及知识进行叙述，常尊重边缘人群。因此，现代主义是关于人类"进步"的哲学，而后现代主义则是一种"没有普遍真理"的哲学和文化观点。在后现代主义的影响下，社会建构主义对立足于本质主义、科学主义的现代心理学进行了猛烈的批判并试图从研究对象、研究方法和理论观点等各个层面实现对心理学的重建。格根在《社会心理学即历史》一文中诉说了社会建构主义在心理学领域的渊源。格根认为所有的知识都具有历史与文化的特殊性。因此，人们对人和社会的认识并非是一劳永逸的。

社会建构主义是对建构主义的扩展。社会建构主义认为人们所处的环境，尤其是语言与文化，为他们建构外在世界提供了重要的影响。因此，人们所看到的东西是眼前的事物、个体经验、所处的环境以及所从事的活动的综合产物，即人们是依照自己对外在环境的独特认识而对他们所感知的世界赋予意义后才形成了种种假设并付诸行动。如果需要改变，人们就需要调整自己的建构。

尽管社会建构主义是在建构主义的基础上发展起来的，在与建构主义存在共同点的同时也具有不同点，两者虽然都对知识是基于客观的这一概念进行了挑战，但两者有很多的不同。首先，建构主义认为个体是在自己感知的基础上与世界建立了联系，而社会建构主义则认为个体的感知是由他们所处的文化塑造出来的。例如，对于一个14岁男孩总是反抗他父母，建构主义认为造成这个男孩反抗他父母的原因不仅是父母对他管教不严，还是对父母权威进行建构的结果。即他认为他的父母不值得被尊重。社会建构主义则认为对父母权威的建构不仅发生在家庭内，还受到学校、工作环境、午餐、电话聊天、电影或者电视节目等更广阔的文化背景的影响。如电视中丝毫不掩饰困惑与冲突以及愚蠢与失败的成年人形象影响了男孩对父母的认知。其次，建构主义理论更强调个体主观思维的影响，而社会建构主义理论强调语言与文化的影响。依照建构主义理论的观点，个体的问题不仅是他所生活的客观环境造成的，还取决于他对环境的认知。而依照社会建构主义理论的观点，个人对环境的认知产生于与他人交谈的过程中。

总之，在后现代主义思潮和建构主义的影响下，社会建构主义家庭治疗对系统论提出了挑战，并反对早期家庭治疗师所持的简单的控制论模型。

2. 社会建构主义对家庭治疗的影响

在建构主义和后现代主义思潮的影响下，社会建构主义家庭治疗对系统论提出了挑战，将治疗变成了"解构"的过程。也就是说，要将来访者从根深蒂固的信念中解脱出来。解构在实践所起的作用可以在焦点解决治疗和叙事治疗这两个最有影响力的家庭治疗的新流派中找到解释。焦点解决治疗认为，在解决问题之前，无须搞清楚是哪里出了错，而解决问题的最好方式是去发现当人们没有问题了的时候他们都做了什么。例如，对于一个女人抱怨她的丈夫从不跟她交谈，焦点解决治疗师不关注他们的问题出在了哪里，而是会问这个女人，她是否还记得这些抱怨内容的例外情况。叙事疗法的治疗目标则是态度。叙事治疗师会帮助来访者重新审视原有的看待事物的方式，进而改变来访者的经验。叙事治疗经常使用外化的技术，将现有问题进行根本性的重构。但这种重构不是将问题重构为受问题影响的那个人的属性问题，而是重构为外在压迫者的问题。例如，对于父母认为不按时完成作业的男孩是懒惰或者拖延时，叙事治疗师可能会讨论"拖延"使男孩变得更好或者"拖延"使男孩变得更糟糕的一些情况，从而将男孩从负面的角色中解脱出来，并将治疗的方向转到如何将其解放出来。

社会建构主义认为，家庭中常见的行为模式并非每个家庭各自独特的动力机制所致，而是家庭中存在的更为广泛的社会系统作用的必然产物。例如，"管头管脚的"母亲或者"不闻不问"的父亲是由社会结构和意识形态中有关男女之间的关系通过塑造家庭生活而产生的。即使社会在进步，但与男性相比，女性仍然更多地以家庭为生活的中心，在照顾孩子方面承担更多的责任。这不仅是个人的选择，更主要的是个人所处的社会经历和实践规范的选择。再如，女性常被认为不具有竞争性，但更具同情心，更喜欢带孩子，于是便形成了"女性天生具有母性"的舆论氛围，进而引导女性做出选择。由此，一系列有关家庭生活的角色界定和信念就在一代一代间不变地传承了下来。

社会建构主义虽然促进了家庭治疗的发展，但批评者们认为社会建构主义者因强调个体的认知和经验，已经违背了家庭作为一个复杂的整体在起作用、而心理症状通常是家庭内部冲突的结果这一家庭治疗的基本观点；人们的经验和自身特征虽然是通过语言建构的，但只是一部分而已；因此，如果社会建构主义者长期忽视系统论的观点，并轻视家庭冲突，那么社会建构主义中就没有任何本质特征是系统所必需的。

社会心理学家 Kenneth Geigen（1985）也强调社会互动会使人们产生有意义的力量。他提出了以下观点：第一，所有真理都是经过社会建构而形成的，因此没有人能获得真理。这有助于来访者了解自己信念（包括自认为是天生的信念）的起源。第二，治疗是一个运用语言重建问题的过程。当治疗师引导来访者重新建构自己的问题时，问题便可能会被成功解决。第三，治疗是合作的过程。因为治疗师和来访者都无法获得真理，所以对事物的新认识只能在双方互相分享意见并尊重对方观点的谈话过程中产生。

四、依恋理论

除了有关家庭成员的行为会产生广泛的、系统的影响的理论观点之外，依恋理论也是描述亲密关系深层原因的理论，促进了家庭治疗的发展。20世纪50年代便提出了依恋的概念。然而，直到20世纪70年代时，鲍尔比（Bowlby）和艾斯沃斯（Ainsworth）才构建出系统的依恋理论。

（一）依恋理论的由来

鲍尔比（Bowlby，1973）提出，对于成年照料者产生依恋是儿童发展的一个主要方面。鲍尔比借用动物物种中幼仔对它们的母亲产生依恋的本能，研究人类的依恋行为。鲍尔比（Bowlby，1969，1973）对于长期同母亲分开的孩子的行为进行了观察，发现他们会经历三个不同阶段的情绪反应。第一个阶段涉及抗议。表现为不断的哭闹、主动的探索，以及拒绝让其他人来安抚自己。第二个阶段为绝望。孩子会变得被动且悲伤。第三个阶段则是冷漠。当母亲回到孩子身边的时候，孩子会刻意地不去理她，或者愤怒地拒绝接受她的关心。

鲍尔比认为，在抗议和绝望两个阶段，在人类婴儿和灵长类都可以观察到十分相近的结果，但在冷漠阶段却有不同的表现。这可能是因为相比灵长类动物而言，婴儿与父母之间存在一种纽带。这种纽带表现为一种生物性驱动力，即一种通过自然选择演变而来的趋近性。当受到危险的威胁时，与父母离得更近的婴儿更不容易被入侵者杀死。鲍尔比将这种纽带称作"依恋"。在依恋的作用下，孩子会在早年经历中发展出能否信任他人以及能在多大程度上对他人产生信任的一系列表征。依恋是贯穿整个婴幼儿时期稳定而有影响力的特征。研究发现，婴儿在12个月的时候表现出来的依恋类型可以预测：18个月的时候的依恋类型；18个月的时候的抗挫折能力、毅力、合作能力以及对任务的热情；学前儿童的社会竞争能力；自尊、共情以及课堂表现。

根据不同的依恋模式，鲍尔比将儿童的依恋类型分为三种：安全型依恋、焦虑型依恋和回避型依恋。安全型依恋儿童的特征是：能够容忍父母的离开，能够独立行事，以及能够产生对于其自身和所生活的世界的基本信任和信心。如果照顾者（通常指母亲）不能满足孩子的需求或者对孩子的需求没有反应，那么这个孩子就会对自己因有这些需求而产生羞愧感，即他们会怀疑自己有这样的需求是否合适，并为自己有这样的需求而感觉不好。焦虑型和回避型依恋是不安全型依恋。焦虑型依恋的儿童通常有过度保护和入侵式的父母。这样的孩子学到的是他们需求的适当性必须得到父母的认可。其结果是，随着时间的推移，这样的孩子会发现他们越来越难以知道自己的真实感受。而回避型依恋的儿童通常有情感不可及的父母。这样的孩子开始会尝试寻求照顾者的安抚，但在照顾者没有回应的时候，他们会放弃寻求安抚。慢慢地他们会学习到没有人会对他们的需求做出反应。为了免受拒绝的伤害，他们会试图消除或者不去感受那些未得到满足的需求。总之，焦虑型和回避型依恋的儿童缺乏安全感，而且并不期望其他人是可以信任的。这样的孩子独自处理问题的能力较差，而且会发展出一种矛盾的关系，表现为想与他人亲密但也会拒绝别人或者过分黏人。

（二）依恋理论对家庭治疗的影响

1. **依恋理论与家庭治疗的对比**

依恋理论之所以能被应用到家庭治疗中，主要是它们之间存在很多的相似性。第一，依恋理论和家庭治疗都关注亲密关系。依恋理论通过安全、回避、矛盾等概念阐释了关系的机制。而家庭治疗通过缠结、适应良好、疏离等概念描述了家庭关系和家庭功能的不同状态。第二，依恋理论和家庭治疗都认为系统内的行为模式不是线性关系，而是循环关系。

当然，依恋理论和家庭治疗之间也存在着区别。首先，两者的关注点不同。依恋理论关注关爱、保护以及安全感等方面的动力关系，以及情感联结的结构与功能。家庭治疗则主要关注角色、家庭结构、界限、沟通模式、权力关系等家庭动力。其次，两者强调的关系的复杂性不同。依恋理论注重两人之间的关系,而家庭治疗强调多于两人的关系以及家庭中不同子系统之间的关系。

2. 依恋理论在家庭治疗中的实际应用

鲍尔比认为依恋模式一旦建立,就会相对稳定并持久存在。越来越多的研究者认为,这些在儿时习得的依恋类型与成年关系中的依恋类型存在相关关系。另外,还有研究者认为,儿时的依恋模式往往会在同其他成年人的关系中复现出来,而且还会通过代际传递带到成年人同他或她的孩子的关系中去。基于此,可以得出以下观点,即夫妻如何对待对方其实反映了他们的依恋史。

焦虑型依恋的成年人常会有抑郁和焦虑的困扰,因为他们会习惯性地屈从于他人的要求和非常努力地取悦他人。当他们在成人浪漫关系中的情绪安全受到威胁时,他们会尝试通过疯狂地拉近与伴侣的距离从而不失去对方来恢复情感上的亲密。害怕被遗弃或者说"恐惧"能更好地传达这种情感如何强烈地影响他们的意识。回避型依恋的成年人在面对亲密关系中的不安全感时,通常会变得疏离和冷漠,努力做到不对自己的配偶有需要,这样他们就可以免受被拒绝的伤害。

依恋理论在夫妻家庭治疗中的效果最优。第一,该理论可以解释为什么健康的成年人也需要依恋他人。第二,该理论否定了动力学理论。动力学理论认为,夫妻间的一方在批评和抱怨时,常表达的是愤怒情绪,此时另一方为避免受到伤害,会采取防御或回避的方式进行应对。而依恋理论认为,批评和抱怨并不会破坏夫妻间的关系,只是在表达不安全感而已。总之,对于一些令人困惑的问题,依恋理论可以提供清晰的新解释,进而促进我们对问题的认识。

五、其他理论

(一)鲍文的理论

鲍文(Bovin,1913—1990)出生于美国田纳西州的 Waverly 小镇。1937年,他获得了田纳西大学医学院的医学博士学位。从 1938 年到 1941 年,他先后在纽约市的 Bellevue 医院和 Grasslands 医院实习。从 1941 年到 1946 年,他在美国和欧洲服兵役。在第二次世界大战期间,他的兴趣从外科转移到了精神科。通过对士兵的观察,他判定精神疾病是一个更为紧迫的和有价值的目标。最初,他专注于精神分析的个人取向,后来他尝试将精神分析理论扩展到家庭中。但他很快意识到精神分析的许多概念过于个人化,很难扩展到家庭的语言中。

从1946年到1954年，他的研究兴趣完全转向了家庭。当他在堪萨斯州托皮卡的蒙宁格基金会中从事精神病学和个人精神分析的研究工作时，在蒙宁格的领导下，他开始应用革新的精神分析方法治疗患有严重精神疾病的住院患者。在这个过程中，他对住院患者尤其是精神分裂症患者的家庭关系感到好奇。他认为母子之间的共生关系对患者的成长有重要影响，可能会引发精神分裂症。从精神分析的观点来看，患者母亲尚未解决的共生依附可能是导致患者精神分裂症出现的原因，即母亲自身还不够成熟，需要从子女那里获得帮助，进而满足她的情感需求。因此，鲍文开始同时治疗患者及其母亲。1951年，他开展了以附近村庄里的母亲以及与其生活在一起的孩子们的共生现象为重点的治疗（尤其关注患有精神分裂症的孩子们），并创立了用来解释这种共生现象的自我分化的概念。

从1954年到1959年，鲍文在马里兰州贝塞斯达的国家精神健康研究所工作。在一项研究中，他要求精神分裂症患者的全部家庭成员都住进医院，以便观察家庭成员之间的互动方式。他将母子共生现象扩展到了父亲，引出了三角化的概念，同时也发现兄弟姐妹在家庭问题的产生与维持上都扮演着重要的角色。

鲍文自1959年开始，直到1990年去世，一直在乔治敦大学任精神医学系教授，成为家庭项目的主任与家庭中心的创始人。他创立的家庭系统理论成为家庭治疗发展史中的里程碑，在精神分析与系统取向的治疗模式之间架起了一座桥梁，从中衍生出了许多新的家庭治疗流派。鲍文提出了八个相互关联的概念：自我分化、三角关系、核心家庭的情感过程、家庭投射过程、情感断绝、多代传承过程、同胞位置和社会情感过程。时至今日，这八个连锁的概念仍然是非常有用的，也被许多家庭治疗师所继承和发展并灵活地应用于他们的治疗实践中。

（二）客体关系理论

梅兰妮·克莱因（1882—1960）是一位出色的奥地利女性精神分析学家，也是儿童精神分析研究的先驱。她因将自己的儿子作为分析对象，而第一次踏入儿童精神分析领域。通过观察婴儿与第一个重要的客体（即母亲）的互动关系，她发现婴儿在对母亲形成印象时，不能仅凭真实的经验，还需要将丰富的幻想生活转变为经验。这些幻想被克莱茵称为无意识幻想，它们不同于意识层面的幻想。克莱茵认为从婴儿起，儿童就同时在幻想和现实中与外在客体进行联结。他们会将母亲的手、脸以及身体的其他部分纳入自己的精神结构之中。在她看来，婴儿时刻处于生与死这两种本能冲突中，即好与坏、爱和恨、创造和破坏之间。克莱茵认为，初生的婴儿已具有"好"和"坏"形象的构想。当婴儿吸着手指睡着时，他们幻想着正拥有母亲的"好"乳房的形象；当婴儿因饥饿而哭闹踢腿时，他们则幻想着抗议和破坏的"坏"乳房的形象。有时，饥饿的婴儿还会通过幻想奶汁的味道或者触摸乳房的感觉来暂时控制饥饿。当这些幻想中的事件上升到心理层面时，就会促使婴儿在心理上产生与肉体相同的感受。随着婴儿的发展成熟，与乳房联结的潜意识幻想会继续影响婴儿的精神世界，进而产生新的潜意识幻想。总之，克莱茵逐渐认识到母亲在儿童成长中的作用，提出了自己的客体关系理论。该理论认为，人类关系的建立与发展源自"客体的寻求"。"客体"是指成长过程中形成的对他人的一种心像或主观经验。例如，婴儿的"客体需求"是与照料者（主要是母亲）形成依恋关系。

费尔贝恩（Fairbairn）是苏格兰精神分析学家，也是客体关系理论的重要创立者之一。在20世纪40年代，他依据自己的临床实践经验，修正和发展了弗洛伊德和克莱茵等人的理论，创立了人格客体关系理论。在这一理论中，他使用客体关系和依恋两个概念阐释人格的发展。他认为，自我客体关系的成熟是人格发展的实质，而母婴关系是影响人格发展的首要因素。人的基本驱动力不是欲望的满足，而是希望成为关系中的一部分。根据客体关系理论，我们现在与别人的关系有一部分来自早期经验对别人所形成的期望，过去的经验并没有消逝，它们仍然在影响我们现在的生活。客体关系理论不仅对客体关系家庭治疗的产生与发展具有很大的影响，也对其他家庭治疗模式具有一定影响。

第二节　家庭治疗的起源与发展

家庭治疗发展的源头是在若干个不同的领域中同时显现的，但在发展伊始，相对而言，它们是各自独立发展的。早期的小组动力、儿童辅导运动、婚姻辅导等实践的发展逐步将家庭的各部分汇聚在了一起，后来又涌现了许多家庭治疗派别。这些使家庭治疗进入鼎盛时期，而各治疗派别的相互融合又促进了家庭治疗的发展并引领了其未来的研究方向。

一、儿童辅导运动

家庭治疗的先驱者认为，精神异常起因于人与人之间的冲突，以及个人内在的冲突，因此，治疗师同时治疗有困扰的夫妻或让家长与孩子一起接受治疗才有可能达到良好的治疗效果。

在20世纪以前,很少有关于儿童心理学或精神病学的研究文献报告出版。在20世纪初,随着社会对儿童权利与法律地位的重视,从事帮助情绪障碍儿童的专家发起了儿童辅导运动。精神科医师威廉·希利(William Healy)是儿童辅导的先驱人物。他创立了青少年犯罪的心理学解释体系,为儿童精神病学和临床儿童心理学奠定了临床实践的基础。他通过临床工作、撰写文章与出版著作等方式普及他对青少年不良品行的心理学解释体系,他认为心理干预策略是有效的。他提倡将青少年的人格和违纪行为归咎于家庭,并特别强调孩子与母亲的关系。他建立了一个新的制度,要求由不同学科的人员组成一个专业小组对儿童及其家庭进行评估。这种专业小组通常由精神科医师、临床心理学家和精神科社会工作者组成,他们通过面谈、心理测验和既往资料来检查和评估儿童,有时也会将儿童的父母纳入治疗。这些做法成为当时儿童辅导门诊的基本工作标准。在这种专业小组中,精神科医师负责临床诊断与治疗,临床心理学家负责发展教育与补救计划,社会工作者则与儿童父母接触进行个案工作,必要时他们也会与其他机构取得联系以帮助改善家庭环境。如果对儿童进行治疗,则儿童的父母(尤其是母亲)也要定期去门诊接受治疗。在当时的情况下,父母与孩子通常不能接受同一个治疗师的治疗。这种由两个治疗师分别进行咨询的合作取向成为当时儿童辅导门诊的主要工作方式。

阿尔弗雷德·阿德勒(Alfred Adler)是弗洛伊德最早的追随者之一,但他不同意弗洛伊德关于儿童早年的性冲突是其心理疾病的原因的观点。他于1911年脱离了精神分析运动,创立了个体心理学。阿德勒强调治疗和预防两者的重要性。作为心理动力学流派之一,个体心理学强调童年人格发展和精神病倾向的重要性。预防神经质(现称为人格障碍)或各种神经质状态(如抑郁、焦虑等)的最佳途径就是要培养孩子成为家庭的一部分,并让他们感到与父母是平等的。这就需要发扬家庭民主,发展合理行使权力的能力,而不是通过补偿。阿德勒极力反对父母体罚孩子,并告诫他们也不要纵容或忽视孩子。阿德勒在维也纳建立了儿童指导诊所,对儿童、家庭和老师进行咨询。阿德勒的方法是在乐观和信任的氛围下为患者提供鼓励和支持,帮助儿童缓解自卑感,学会建立健康的生活方式,发展儿童的能力并使他们成为对社会有用的人。第二次世界大战之后,儿童指导诊所或治疗诊所已经在很多城市中出现,为治疗儿童的心理问题及社会与家庭问题打下了基础。

儿童指导工作者逐渐地意识到，儿童表现出来的症状并不是真正的问题，而引起这些症状的家庭紧张因素才是真正需要处理的问题。因此，治疗者们最初采取了责备父母（尤其是责备母亲）的治疗方式。大卫·列维（David Lev，1943）认为，母亲的过度保护是儿童期心理问题的主要原因。在成长中被剥夺了爱的母亲会对他们的孩子过度保护。一些母亲非常专断，而另一些母亲则会采取过度纵容的方式。专断型母亲的孩子在家里非常顺从，但他们很难交上朋友。纵容型母亲的孩子在家里很不听话，但在学校表现良好。在这个时期，弗里达·弗洛姆－瑞希曼（Frieda Fromm-Reichmann，1948）提出了"精神分裂症母亲"这一术语。这一术语包括三种类型的母亲：专断型母亲、攻击型母亲、拒绝型母亲。当她们嫁给被动型男人时，她们往往会被认为会提供病态的教育方式，由此会使他们的孩子出现精神分裂症。

指责父母（尤其指责母亲）是家庭问题主因的倾向是家庭治疗发展历史上的错误，这一错误仍在持续存在。尽管随着研究的发展，这一倾向已逐渐被扭转，被新思想所取代。此后，儿童辅导运动的重点发生了转变，从认为父母是儿童症状的原因转变为症状根植于患者、父母和其他重要人物的相互关系之中。生病不是父母也不是其他人或自己造成的，而是相互之间的关系或互动出现了问题或困难所致。因此，父母不是罪人，患者也不是受害者。

二、婚姻咨询

（一）婚姻咨询与家庭治疗的关系

若将婚姻咨询界定为劝告别人或听取别人的劝告，那么非正式的普通婚姻咨询在婚姻之始就已经存在了。但是，由专业人员开展的正式的专业性的婚姻咨询形式大约出现在20世纪上半叶的美国。保罗·波普诺是一位出生于美国堪萨斯州的专攻人类遗传学的生物学家，他曾致力于将优生的观念通过婚姻咨询传播给家庭，并开设了美国有史以来第一家"婚姻诊所"，提供婚前辅导以及帮助提升婚姻的调适。

1931年，亚伯拉罕（Abraham）和汉纳·斯通（Hannah Stone）夫妇在美国纽约开设了婚姻咨询中心，开展了以医学指导为基础的婚姻咨询（包括性咨询），并于1935年出版了《婚姻手册》。他们的工作推动了婚姻咨询的发展，也促进了性功能障碍的团体治疗形式的发展。1933年，埃米·穆德（Emily Mudd）在美国费城开设了婚姻辅导站，并于1951年撰写了被认为是婚姻咨询领域的第一本教科书。1941年，很可能是受穆德的影响，从事婚姻咨询的人士成立了美国婚姻咨询协会。

尽管大多数精神分析学家仍然是弗洛伊德的追随者，但他们不与患者的家庭建立联系。然而，一些人开始打破这一规矩，尝试对已婚夫妇实施同步联合治疗。例如，精神分析师克拉伦斯·奥伯恩多夫（Clarence Oberndorf）在1931年改进了已有的理论，指出已婚夫妇会出现连锁性的神经衰弱症。因此，已婚夫妇共同治疗才会更有效。这一观点是对对于夫妻治疗感兴趣的分析者所持观点的潜在认可。再如，纽约精神分析学院的贝拉·米德尔曼（Bela Mittleman）认为，由于婚姻的持续性和亲密的本质，每个已婚人士的神经症的症状都和婚姻关系紧密相关。如果需要的话，将双方纳入治疗，重点分析讨论夫妻的互补模式是一种有效的，同时也是不可或缺的治疗方式。1948年，他首次在美国出版了关于协同婚姻治疗的论述。他建议夫妻应该接受同一个分析师的治疗，这样分析师可以重新考察他们对对方的非理性的认识。从精神分析的角度来看，这是一个真正意义上的革命性转变。精神分析师开始意识到，治疗对象的现实关系可能至少和他们的内在心理表述一样重要。阿克曼也认为，同时治疗已婚夫妻是个好主意，并提出将母亲和孩子请来一起治疗也会更有效。与此同时，客体关系理论成为英国精神分析师关注的焦点。亨利·迪克斯（Henry Dicks）和他的助手建立了家庭心理治疗小组，接诊由法院转介过来的闹离婚的夫妻，帮助调解他们之间的矛盾。在随后的几年里，越来越多的精神分析师进入婚姻咨询领域，探索婚姻治疗的方法与艺术。杰克逊和海利也应用沟通分析的框架论述了婚姻治疗，并将婚姻咨询纳入了家庭治疗的发展运动中。婚姻咨询与家庭治疗逐渐融合，并一起发展。

20世纪70年代，奥尔森（Olson）大力促进了婚姻咨询与新近出现的家庭治疗的融合，因为它们都注重婚姻关系。1970年，美国婚姻咨询中心顺应家庭治疗成员的需求，更名为"美国婚姻与家庭咨询员协会"，1978年，又更名为现在的"美国婚姻与家庭治疗协会"。1975年，"美国婚姻与家庭咨询员协会"开始出版《婚姻与家庭咨询杂志》、第一种临床社会工作期刊《家庭》，后来又出版了《社会个案工作杂志》和《社会中的家庭》。《婚姻与家庭咨询杂志》于1979年更名为《婚姻与家庭治疗杂志》。这些杂志或期刊都鼓励对家庭治疗进行跨学科研究。

（二）婚姻咨询与家庭治疗的区别

许多人认为婚姻治疗就是将家庭治疗套在特定的夫妻子系统上的特殊的家庭治疗。这种认识有一定的道理，但严格地分析，两者之间可能还存在一些差异。

首先，从历史上来看，很多有影响力的婚姻治疗方法出现的时间都早于家庭治疗方法。例如，认知－行为婚姻治疗、客体关系婚姻治疗、聚焦情感的夫妻治疗等。其次，从实践的角度看，相比家庭治疗，婚姻治疗更关注个体的心理和体验。整个家庭进行的治疗过程很嘈杂，尽管在这样的环境中有时间与家庭成员就他们的情感、希望和恐惧问题进行交谈，但不可能花很多时间了解每个个体的内在心理状态。而对夫妻开展治疗，可以更进一步地关注夫妻间的交流方式以及他们亲密关系的内在体验过程。最后，多数的婚姻治疗是短期的，而且是实际的，只针对夫妻所面临的问题进行指导和调解。大多数寻求婚姻帮助的人都想处理引起家庭平衡失调的危机事件。例如，夫妻间的不忠诚、离婚、孩子的教养问题、经济问题、性生活不协调、无效的沟通模式、权力和控制的冲突等。因此，他们都是怀着不同的经验、期望与目标来接受婚姻治疗的。此时，他们可能还想维持婚姻，否则他们根本就不会来寻求专业的帮助。

总之，婚姻咨询先于家庭治疗，对家庭治疗的产生具有一定的影响。在家庭治疗诞生之后，家庭治疗对婚姻咨询向婚姻治疗的转变与发展中也起了非常重要的作用。现在，婚姻治疗与家庭治疗的关系越来越密切，两者相互影响、相互促进。

三、社会工作

社会工作者对传统的公共服务事业做出了巨大贡献，也对家庭治疗的出现产生了重要的影响。在社会工作者这个职业创立之初，社会工作者便开始关注家庭。他们认为家庭是社会单元的关键部分，也是干预的中心内容。实际上，社会工作者在环境中治疗个体的核心内容在系统论出现之前一直在促进家庭治疗生态方法的出现。19世纪晚期，在英国和美国发起的慈善运动是社会工作出现的原型，社会工作者一直致力于提高社会中穷人和生活水平低下的一些人的生存条件。除了尽力帮助来访者满足衣食住行等基本的生活需要外，社会工作者也努力缓解来访者的忧伤情绪，并联合社会力量共同应对来访者的极端贫困。在社会工作者中，存在着一些友善的观察者，他们会到当事人的家里看望当事人，评估当事人的需要并提供帮助。这些观察者带着助手走出办公室，进入来访者的家中，打破了医患关系的人为模式。受这种工作模式的影响，家庭治疗者重新发现走出办公室、到来访者家里的重要意义，同时也发现家庭应该被当作一个单元来看待。

四、小组动力

早在1920年，社会心理学的先驱者威廉·麦克杜格尔（William McDougall）就出版了《小组的智慧》一书。在该书中，他对小组动力进行了初步的认识和界定。他认为，小组之所以能够持续和稳固，得益于以下原因。一是小组中每个成员的头脑中形成了小组观念；二是小组具有区分功能的界线和结构；三是小组对习俗和习惯的重要性的认识。

20世纪40年代，勒温（Lewin）更科学地界定了小组动力。他引入了格式塔学派中"整体大于部分之和"的观点。这一观点表明，治疗时不仅要关注和改变个体，更要关注和改变家庭系统，尤其要关注因害怕改变而造成的阻力。因此，勒温认为，在改变小组之前，一定要先"解冻"小组。在动摇小组已形成的牢固信念之后，小组成员会更容易接受和准备做出改变。在个体治疗中，"解冻"开始于寻求帮助之时，当患者接受自己是患者时，他便准备开始改变自己的旧习惯了。但在家庭治疗中，"解冻"预示着早期的家庭治疗者重视破坏家庭的固有平衡，在治疗实践中不如个体治疗容易。原因在于：一是"问题"成员的困境并未引起家庭中其他成员的不适感，因而他们也未准备做出改变；二是"问题"成员与家庭成员一起做咨询时，他们之间已经形成的规矩和习惯会阻碍改变。

威尔弗雷德·比昂（Wilfred Bion）是小组动力研究中的另一个重要人物。他强调，小组是一个整体，有其自身的动力和结构，并认为多数的小组脱离了它们的主要任务而参与到大量的对抗流失、依赖和配对模式中。将威尔弗雷德·比昂的观点运用到家庭治疗中可以看到以下场景：一些家庭害怕冲突，他们不断地在主要问题外围兜圈子，但就是不解决主要问题；一些家庭成员会利用咨询宣泄自己的情绪，他们更喜欢无休止的争斗而不是期望寻求折衷的方法；当家庭允许治疗者以解决问题的名义破坏他们的自主权时，依赖就伪装成为治疗；当父母中的一方与孩子形成联盟嘲笑和削弱另一方的力量时，家庭中就出现配对。

从技术观点来看，小组动力和家庭治疗有很多相似性，这些相似性使家庭治疗很容易借鉴小组动力的一些观点。例如，小组动力和家庭治疗都包括很多人，关系复杂且无固定结构。与个体治疗相比，它们更像现实的日常生活。在小组和家庭中，每个来访者都要面对一群人。因此，治疗师不仅要对来访者做出反应，还要对小组和家庭成员做出反应。总之，在治疗中，很多小组和家庭治疗者都尽量保持相对的分散性，以使小组成员或者家庭成员之间都能发生相互的联系。

五、团体治疗

团体治疗与上文的小组动力之间有重合，小组动力是团体治疗的一种形式。在第二次世界大战后，团体治疗顺应社会的需求发展迅速，并对家庭治疗的形成与发展产生了重要的影响。团体治疗的方式与历程为以整个家庭作为治疗对象提供了样板。

团体治疗起源于雅各布·利维·莫雷诺（Jacob Levy Moreno）提出的心理剧。莫雷诺是精神科医师、社会心理学家、思想家和教育家，也是公认的杰出的社会科学家之一。他认为在治疗过程中再现各种不同的人际情景可以引导出患者的心理障碍。于是在1910年前后，他融合戏剧与治疗技巧创造了心理剧。求助者在心理剧演出中通过音乐、绘画、游戏等热身活动，重新体验已有的思想、情感以及各种人际关系；伴随着剧情的发展，在安全的氛围中，求助者探索、释放、觉察和分享内在的自我，发泄自己的情绪，最终达到治疗的效果。1925年，莫雷诺将心理剧介绍到了美国，并于1931年提出了团体治疗的概念，从此团体治疗蓬勃发展。

20世纪30年代，受英国精神分析师克莱茵理论的影响，伦敦的维斯特克研究所对团体治疗非常感兴趣。他们的团体治疗主要关注此时此刻的问题，而不关注患者过去的经历，也不对过去进行分析与解释。此后，研究团体动力与组织发展的研究者之一，也是现代社会心理学、组织心理学和应用心理学的先驱之一的德国心理学家勒温提出了场动力理论，他提出的"解冻"等观点进一步促进了团体治疗的发展，曾影响家庭治疗几十年。

英国心理学家威尔弗雷·比昂（Welfred Bion）于1961年撰写的《团体的经验》一书，为团体心理治疗提供了重要的指南，并很快成为广泛应用的团体治疗理论的标准。毕昂强调团体是一个整体，有它自己的结构与功能。将这些观点移植到家庭治疗中，可以看到，父亲或母亲常与孩子结成同盟，以便挫败和打击另一方。

塞谬尔·斯拉夫松（Saumuel Slavson）是一位工程师、记者和老师。他于1943年出版了《团体治疗介绍》。该书是第一本关于儿童和青少年的团体治疗的书籍，得到了广泛的认可。在第二次世界大战期间，精神障碍患者急剧增加，而训练有素的治疗师不足，因此，疗程短、疗效好的团体治疗受到了人们的关注并迅速发展，成为非常重要的治疗模式。T-团体活动，也称为敏感性训练团体，应运而生。T-团体活动并没有一个明确的议程、结构或表达的目标。在调解员的指导下，T-团体活动鼓励参与者与小组一起分享他们的情绪反应（例如，愤怒、恐惧、温暖或羡慕）。重点是交流感情，而不是判断或得出结论。通过这种活动，参与者可以知道在与他人沟通中他们的言行如何引起情绪反应。T-团体活动的形式多种多样，例如，从最初聚焦于团体动力的小团体到以发展自我理解与人际沟通为明确目标的团体。

家庭是一个特殊的团体，相互之间的影响与团体中发生的情况类似。从精神动力学的角度来看，团体是家庭的再现，治疗师好像父母，团体成员就像兄弟姐妹。因此，这种团体治疗就变成了家庭治疗的原型。然而，家庭治疗与团体治疗有以下区别：第一，家庭成员之间的相互关系比团体成员要复杂和持久，家庭成员之间有过漫长的过去，也有联结在一起的未来，团体成员之间只是短时的相遇；第二，家庭成员之间有着共同的利益，也可能存在着利益冲突，而团体成员之间一般不存在明显的利害关系；家庭成员之间虽然彼此很熟悉，但又需要保持独立；第三，团体成员之间的联结比较松散，有更多的自由；第四，家庭中一定存在权力与地位的差别，总有一个最有权力的家长，但在治疗团体中，成员之间是平等的；第五，家庭成员在家庭中暴露自己比在团体中更难，因为家庭环境比团体更不安全。

六、家庭治疗的黄金时代

20世纪70年代是家庭治疗飞速发展的时期。在这一时期，各个家庭治疗流派共同进步，理论模型也非常丰富和完善，也不断出版了许多书籍和杂志。这些发展状况无疑将家庭治疗推向了鼎盛。

（一）心理动力模型

心理动力模型起源于精神分析。经过几十年的发展，心理动力模型的重点已经从单纯分析个体心理动力转移到分析家庭内的人际关系与个体经验间的关系。其代表人物有纳森·阿克曼和斯卡夫（David Scharff, Jill Savege Scharff）夫妇、詹姆斯·弗洛姆（James L. Framo）和科胡特（Kohut）等。

该模型突破了传统精神分析理论只关注个体及其内心感受，忽视人际间交互作用的局限，将治疗对象扩展至人际关系层面。它不仅关注个体及其内心感受，也关注家庭和群体的交往模式。在治疗中，心理动力模型强调治疗师在咨询过程中的中立作用。同时，该模型也延续了经典精神分析中的移情、投射等概念。此外，该模型也被应用于婚姻家庭关系的治疗中。然而，严格地讲，该模型只是精神分析概念和系统概念的一种简单的折衷，并非真正意义的整合。

（二）认知-行为模型

家庭治疗中的认知-行为模型代表家庭治疗领域的新兴学派，主要是将学习理论的一些原理应用于家庭治疗实践当中。从这一点看，该学派的基本理念是一些被大家所熟知的概念，比如条件反射、塑造、强化和消退。行为模型主要包括行为婚姻治疗、行为父母训练以及性的联合治疗。在班杜拉的社会学习理论基础上，还诞生了认知-行为家庭治疗。

（三）代际模型

代际传递理论主要是指鲍文的理论，前文已进行了详细的阐述，在此只简要进行介绍。从起源看，鲍文的理论明显偏离了个体的动力学理论。在其理论发展的40年间，他一直从事临床工作与研究。他出版了《临床实践中的家庭治疗》一书，共发表了50多余篇论文。总体来看，鲍文主要关注两个问题：一是个体从原生家庭的自我分化；二是个体的情感功能和理智功能之间的分化。

（四）策略派模型

哈利受到沟通理论和艾里克森的催眠理论的影响，建构了策略派模型，成为策略派模型最著名的代表人物。然而，哈利承认自己的理论构建离不开米纽钦和麦迪尼斯的帮助。除了哈利之外，米兰小组也属于策略派。在1978年，哈利出版了《反其道而行之》一书。在书中他描述了他们的技术以及这些技术在米兰家庭研究所的应用。由于团队成员对于治疗有意见分歧，米兰小组于20世纪80年代初解散。

（五）结构派模型

结构派模型注重家庭的结构或规则、界限、联盟等一些结构性元素的作用。该模型成为20世纪70年代非常有影响力的治疗学派，吸引了很多学生。就米纽钦个人而言，他应用结构派模型在治疗糖尿病、哮喘和神经性厌食症等慢性疾病方面取得了很大的成功。1978年，他在《躯体化家庭：背景中的神经性厌食症》一书中提到了治疗慢性疾病的一些具体工作。在书中，他指出，只有改变患者的家庭结构，才能真正地解决患者的问题。该学派的治疗师们把家庭看作一个整体，在治疗时，既关注家庭的等级结构，也关注家庭中亚系统的功能。

（六）经验派模型

大卫·基斯和威科特的《离婚迷宫》（1977），是《家庭治疗案例详述》一书的一部分内容。纳皮尔和威科特还出版了《家庭意志考验》一书。结合以上两部著作可知，经验派家庭治疗主要关注具体的个案。1976年，威科特还发表了一篇名为《理论与临床工作之间的障碍》的文章，其中表明了他选择经验和应用观点的原因。

七、家庭治疗研究的进展

家庭治疗发展早期，其先驱者以极大的热忱和信心承诺，诸多问题都可以通过人际关系得以疗愈。在家庭治疗的黄金时代，涌现了很多的家庭治疗派别。然而，很少有共同的理论与方法被家庭治疗师所认同。到了20世纪90年代，受到后现代主义思潮和社会建构主义的影响，信奉不同流派和观点的家庭治疗师才开始彼此接纳和使用对方的观念和方法。这样各流派间的界限逐渐消融，从而涌现出了折衷主义、选择性借鉴以及模式整合等理论，也涌现出了新的概念和新的治疗技术。

（一）理论发展呈现新特点

1. 理论发展的原因

从理论背景的角度看，社会建构主义尤其是后现代主义思潮的兴起，促进了家庭治疗理论的发展。现代主义认为，通过客观的观察和测量，可以揭示事物的真理；通过发现宇宙运作的客观规律，可以实现对环境的控制。但随着社会的发展，人们开始怀疑：绝对真理能否被掌握？之前很多已被证实的理论及假设是否正确？于是后现代主义关于没有唯一的真理、尊重多样性、多元化、非确定性等观点及态度也渗透到心理学领域，促进了家庭治疗的新发展。

从自然科学的角度看，混沌理论、复杂性理论等自然科学领域产生的新的理论与理念，开始强调事物与世界都是多层次的，有着复杂性的结构，并非只由一种单一理论就能解释清楚。这使人们相信，单纯的某种理论体系不是全能的，理论体系之间不应该相互排斥，而应该相互补充、相互借鉴。

从家庭结构的角度看，单亲家庭、同性伴侣和再婚家庭的增多，家庭结构日益多样化，文化的融合又使多元文化的群体和家庭日益盛行。家庭治疗师发现，没有哪一种治疗模型可以适用于所有家庭，可以满足所有家庭的需要。

从个体发展的角度看，个体拥有的想法、出现的情感以及表现出的行为都是生理因素、心理因素以及社会因素共同作用的结果。因此，只有对这些因素都实施干预，才能最终取得治疗的成功。

因此，越来越多的心理治疗师或咨询师不再只学习和掌握一种心理治疗理论与方法，他们开始接触多种咨询与治疗流派的理论与技术，并在实践中根据来访者的需要及特点灵活地将这些理论和技术进行融合。

2. 理论发展的表现

（1）折衷主义

折衷主义是由不同的模型和方法混合而成。持这种观点的家庭治疗师会学习非常多的治疗理论与技术。在治疗实践中，他们可以根据来访者的需要和不同的家庭问题来选择不同的治疗模式与方法。但需要注意的是，折衷主义不等同于简单的拼凑，有效的折衷主义是建立在对各种治疗方法及其背后的理念都有所理解和领悟的基础上的，治疗师能够根据来访者的需要选择合适的治疗模式与方法。而拼凑起来的折衷主义极易造成混乱，产生不良后果。一是，使用者未充分了解技术背后支撑的理论、理念，很难形成清晰的思路与框架，无法真正地使用好各种技术，而且在治疗中转换于不同理论支持下的技术之间，容易造成前后矛盾。二是，在貌似走不下去的情势下，容易过早放弃所持有的理论假设及技术，转而使用其他的治疗方法。尤其对于初学者来说，因沉不住气、担心等原因，更易转换方向尝试完全不同的治疗方式。殊不知，遇到阻碍往往是治疗师和来访者抵达了他们问题的核心的一个信号，这时需要坚持和精进原来持有的理论，而非放弃。

（2）选择性借鉴

选择性借鉴也称"拿来主义"，是指以某一治疗模式为基础与主导，在需要时会采用其他治疗方法中有用的技术。有效的选择性借鉴并不是技术的大杂烩，也不是没有一个统一的理论基础就把各种不同的方法、技术拼凑，而后在这些方法和技术中随意转换，而是在你所掌握的某一种治疗方法的基础上适当地运用其他方法中的技术。

（3）模式整合

模式整合是指治疗师利用现有模式之间的互补方面，创造出新的整合模式。主要包括三种类型：

1）综合理论涵盖模式：这种模式不局限于某一特定的模式，而是对现存的模式加以吸收，从而建立跨越各个理论界限的更高水平的理论，更加统一地运用治疗和干预技术。这种综合模式是建立在家庭结构更加多样化和多元文化群体与家庭日益盛行的基础之上的。它们将更为广泛的人类经验带入家庭治疗师的视野，为治疗提供了更多的选择和可能性。

2）联结两种不同方式的模式：这种模式是将一种治疗模式的元素与另一种治疗模式的元素相结合，形成一种杂交式的模式。策略与行为、心理动力与系统理论、体验式与系统理论等相结合都是这种模式的体现。这种模式的优点是既可以扩展某个单一模式的视野，又不会丧失焦点及治疗的稳定性。

3）专为特定的临床问题设计的模式：这种模式是针对特定的家庭问题，将不同治疗模式组合成特定的治疗方案。这种模式主要有两种具体的方法：一种是将事前使用的治疗模式应用于一直在关注与处理的问题。例如，结构式家庭治疗被用来处理神经性厌食症和容易波动的糖尿病。另一种是处理一些不是治疗师治疗实践中常遇到的问题。例如，在处理家庭的案例时，标准的处理方式是将家暴的配偶分开，让男人与其他同类人组成一组进行处理，而让被虐待的妇女进入一个支持小组。这种处理方式的潜在假设是男人应该为自己的行为负责，但是忽略了女性在其中的可能作用。这样家庭系统论与传统的家庭暴力处理方式之间进行了联结，潜在的假设是：男人应该为他的暴力行为负责，配偶之间的互动方式需要改变。因此，他们不单独会见每个配偶，也不将他们分开，而是与这对夫妻一起工作。除此之外，新出现的一种社区家庭治疗也可以归入模式整合治疗之中，它是把家庭治疗与社区心理学和社会工作进行了整合。

（二）新兴的家庭治疗模式

在后现代主义、社会建构主义的影响下，在各家庭治疗流派相互整合的大趋势下，也产生了新的家庭治疗的理论流派和治疗模式。例如，出现了叙事和焦点解决的后现代疗法。另外，心理教育家庭治疗和积极家庭治疗代表着家庭治疗的整合趋势，也越来越受到关注。最近20年来，由迪沙泽创立的索解导向家庭治疗的发展也十分引人注目。

1. 叙事治疗

在 20 世纪 80 年代，澳大利亚临床心理学家麦克·怀特夫妇及新西兰的大卫·艾普斯顿等人在家庭治疗的基础上提出了叙事治疗。该疗法是叙事理论、后现代主义思潮与临床心理学相结合的产物，在后来得到了快速的发展。叙事疗法可能是过去 20 年家庭治疗中最具创造性的发展。尽管家庭治疗师仍然在使用它的许多技术，但叙事疗法作为治疗的一种形式，越来越独立于家庭治疗。叙事治疗主要是咨询师倾听来访者讲述关于他们的成长故事，然后咨询师帮助来访者澄清他们是如何使用讲述故事的方式来组织个体的经验并赋予这些故事以特定的意义的；与此同时，咨询师帮助来访者发现他们故事中被遗漏的部分，并引导来访者重建他们的成长故事，从而唤起来访者的内在力量。

叙事治疗的基本理念是：第一，"问题"才是问题，人不等于问题。第二，每个人都是面对自己问题的专家，自己才是自己故事的作者。咨询师相信个体会再度对自己取得主权，会重新取得自我资源。第三，问题并不会百分之百操纵个体。因此，叙事治疗师主要的工作理念是叙事隐喻，而不是"系统"。治疗师通过这种方法探索家庭所展现的事物，以改变故事本身的相对性元素，而不是像传统家庭治疗师那样改变故事的关系。

2. 焦点解决治疗

焦点解决治疗首先开始于家庭治疗领域，整合了许多家庭治疗的概念和技术。然而，目前与焦点解决治疗相关的文献倾向于强调对个体而不是对夫妻或家庭团体进行治疗。虽然聚焦关系，但许多以焦点解决为重点的技术仍是家庭治疗实践的固定部分。焦点解决治疗的基本理念是：第一，并非事出必有因。"事出必有因"的基本假设认为，凡事都存在原因，找出原因貌似问题就得到了解决。但焦点解决治疗却认为，原因和结果间的关系很难确认。第二，"问题症状"有时也具有功能。问题不一定只是病态的或不好的，它有时候还有正向的意义或功能。第三，问题本身不是问题，不能采取恰当的方法解决才是问题。因此，焦点解决治疗主张关注个人和家庭，而不是聚焦于"问题"本身。相较于大多数家庭治疗，它更多地关注"当下"和"解决方案"。

因此，焦点解决治疗形成了如下治疗假设：第一，重新建构问题可以引发来访者的改变。第二，凡事都有例外，不关注"问题"而关注"解决"，以积极的视角关注来访者身上正向的资源，问题便可得到解决。第三，从正向的意义出发。焦点解决强调正向能量，而不是关注缺陷；强调成功经验，而非失败；强调可能性，而非限制。第四，来访者是有能力、有资源的问题解决者。总之，焦点解决治疗的目的是让家庭理解是什么让事情变得更好，让家庭不再因问题而困扰。通过解决式谈话，在家庭系统内创造改变的动力。

3. 心理教育的家庭治疗

心理教育的家庭治疗是一种折衷主义的治疗方法。它不起源于任何一种家庭功能理论，也不坚持任何一套家庭治疗的技术。该治疗方法常以经验和个体所处的情境为依据。它旨在向受困扰的家庭提供信息和指导，以便家庭能很好地掌握应对有问题的家庭成员的技巧和方法。该治疗方法会综合应用家庭系统理论、认知行为治疗、教育心理学和结构治疗等原理和方法进行治疗。

（1）家庭和心理障碍的心理教育家庭治疗项目

该项目最初应用于精神分裂症患者的家庭，后来又扩展到一般的夫妻或家庭。这些家庭希望获得更好的技巧或具体的策略去更有效地处理日常人际关系问题。传统的家庭治疗并不能真正预防精神分裂症患者病情复发。这些治疗方法是从家庭内部找原因，反而会常引发家庭成员的内疚感和防御。当他们尝试改变家庭动力时，如果失败则极容易导致患者病情复发。另外，对情感表达的鼓励也会对精神分裂症患者产生与积极预期相反的效果。

因此，安德森及其同事提出了一个以心理教育为基础的干预技术。这种干预技术强调治疗师和家庭成员之间通力合作，目的在于既降低与精神分裂症患者同住一个屋檐下的痛苦，又降低精神分裂症患者的高复发率。他们不是从家庭内部的因果交互作用去寻找症状的来源，而是更加实用地教他们掌握技巧。主要有单独会见一个家庭和多个家庭两种操作形式，每种操作都包括两个阶段。单独会见一个家庭的两个阶段为：第一阶段，患者精神分裂症急性发作时，治疗师介入家庭。在获得家庭合作后，治疗团队开始为期一天的"生存技能工作坊"。第二阶段，患者重新进入社会环境后，安排定期门诊会谈。这个过程持续一年或更长的时间，目的是让患者在出院后保持病情稳定。多个家庭操作形式同样包括上面两个阶段。主要是对前来就诊的多个精神分裂症患者的家庭（通常有五六个家庭）一起进行治疗，这有助于给患者家庭带来更多的社会支持。

（2）短期心理教育项目

该项目主要是帮助一些家庭学习如何预防问题发生。根据目的不同，形成了不同的心理教育项目。例如，关系增进项目、婚姻准备项目、婚姻丰富项目等。以关系增进项目为例，包括早期的心理教育项目、父母青少年关系发展项目以及夫妻关系发展项目。早期的心理教育项目旨在帮助父母更好地处理与患有情感障碍的儿童的关系；后来发展的父母青少年关系发展项目旨在促进父母与青少年关系的信任感、亲密感、开放性和满意度等；而夫妻关系发展项目旨在增进夫妻情感的亲密度。

4. 积极家庭治疗

诺斯拉特·佩塞施基安（Nossrat Peseschkian）创立的积极家庭治疗缘于积极心理治疗。积极心理治疗将精神动力学与行为治疗有机结合，是一种常以跨文化差异和以冲突为中心的治疗方法。"积极"一词强调治疗并非以消除患者的症状为首要目标，而是挖掘患者自身存在的能力和自助潜力。积极心理治疗强调个体实际能力和潜能以及心理社会因素的重要性，常从文化和历史的观点来评估心理问题。积极心理治疗过程中，会运用直觉和想象，常以故事作为联结治疗师和患者的媒介。该方法认为来访者是有自助能力的，消除患者的消极想象可以达到治疗的目的。

积极心理治疗的理念：第一，每一个人都有许多处理问题的能力，每一个家庭也都有处理自身家庭问题的能力。当我们把全部注意力从来访者和家庭的疾病转向其再生的能力时，真正的治疗就开始了。第二，每一种障碍和疾病都对来访者家庭及其社会环境产生一定的积极作用。看到症状的积极意义，才是看到事物的全貌，从而才能解决冲突。第三，积极的想象。直觉可以使人消除消极想象，缓解症状。许多故事、隐喻、寓言等，都可以跨越文化的界限，使来访者及其家庭有所领悟，促进冲突的解决。第四，冲突是由实际能力、宗教、文化、祖先、双亲和文化状况（学校、社会、道德规范）所赋予的。因此，治疗师要考虑到所有因素，必要时把个体心理治疗转变为社区心理治疗。

5. 索解导向家庭治疗

索解导向家庭治疗是由迪沙泽创立的，近年来已逐步发展为成熟的心理治疗模式，是后现代主义家庭治疗的代表理论之一。它是一套积极的、以行动为主的短程心理治疗技术，常以寻求解决问题的方法为核心。目前该治疗方法已被广泛应用于心理康复、儿童福利、家庭和社区服务、社区治疗中心、学校和医院以及监狱服务等。

这种取向的治疗师会帮助来访者及其家庭去积极关注自己没有症状或问题时的状态，也就是"例外"的情况。若这种例外情形越来越多，则距离"解决问题"也就越来越近。同时，这个流派很强调语言、叙事对心理活动的巨大影响。该流派认为"语言创造了现实"，让当事人用与以往不同的方式来谈论当事人的问题比解决当事人的问题行为更容易。另外，以积极的方式来描述和谈论当事人的问题也可促进当事人积极思考和积极行动，也就有利于当事人积极主动地去解决自己的问题。

（三）家庭治疗在我国的发展

以 20 世纪 80 年代作为分水岭，欧美的家庭治疗分为"现代主义"和"后现代主义"两大类。前者包括鲍恩式、体验式、精神分析、结构式和认知-行为等家庭治疗；后者包括策略派、索解导向、叙事以及整合等家庭治疗模式。除了系统式和结构式两个流派以外，策略式、体验式、索解导向的家庭治疗以及叙事疗法也都各自有其所强调的理论概念和治疗技术。另外，动力学（精神分析）取向和行为取向的家庭治疗与这些治疗模式的来源有着密切的关系。因此，在理论和技术上与上述理论所强调的内容和所使用的概念有许多相似的地方。

目前在西方，家庭治疗正发生着深刻的变革：一方面，大家已经从流派自身立足和被承认的欣喜中冷静下来；另一方面，随着应用范围的扩大，针对心理治疗和咨询等不同的应用背景，家庭治疗也在进一步走向专业化和科学化。近年来，在欧洲国家系统式治疗的应用范围越来越广。

虽然中国是一个非常重视家庭与家庭教育的国家，但家庭治疗在中国的起步相对较晚。随着社会的发展和改革开放的深入，家庭治疗于 20 世纪 80 年代中后期开始进入专业人员的视野。在此后的 10 多年里，西方的家庭治疗理论与方法逐渐被引进。通过系统的专业培训之后，中国出现了许多家庭治疗师。他们逐渐将所学理论付诸实践，使家庭治疗开始扎根于中国文化。进入 21 世纪后，家庭治疗的培训和实际应用更加蓬勃，也出现了一些有关家庭治疗理论与应用的研究。然而，我国专业人员在这一领域所做的主要工作是引进介绍和接受培训，具有研究性质的工作比较少。

第三章 家庭治疗的基本概念与基本方法

家庭治疗观证实了科学范式的改变，它不仅突破了过去传统的心理治疗理念，还带来了一套新的工作方法。

第一节 家庭治疗的基本概念

家庭治疗师从以个人为中心和病理取向的治疗模式中脱离出来，尝试抛弃个体治疗时设定的条条框框，把家庭拉入了治疗设置中——所有的这些"革命"，对当时的理论学者和临床专家来说，带来了观念的戏剧性改变，他们将此体验描述为"范式的改变"。

从精神分析到多世代治疗观点，从个体观到系统观，从人类潜能运动到成长取向治疗，从个体行为治疗到认知-行为家庭治疗……家庭治疗经历了丰富的发展，形成了有特色的基本概念。

一、资源取向与积极赋义

系统家庭治疗是以系统论、控制论观念来理解和干预家庭的一种心理治疗，它认为索引患者（index patient，IP）呈现的问题只不过是家庭成员相互作用的结果，其家庭本身才是真正意义上的"患者"。因此，改变病态现象不能单从治疗个体成员着手，而应以整个家庭系统为对象，通过会谈和行为作业等传达信息，以影响家庭结构、交流和认知特点（家庭认识论），改善人际关系。

这样看待心理行为异常，体现了家庭治疗在理论取向上的重大改变，尤其是后现代心理治疗理念的兴起，更加强调正向和资源取向，这些改变是针对我们习以为常的缺陷取向（或病理取向）而提出来的。

资源取向要求我们重新认识病理症状的功能意义及"患者"的健康资源，

开发其主动影响症状的责任能力，将个人和家庭导向积极健康的新的生活模式，而不再将有某些人际意义的行为视为纯粹的障碍、病态。

家庭治疗师认为，每个家庭都储备着许多有用的资源，他们本身并不缺少什么，但是，这些资源常被他们自己所遗忘，还有一些资源未被他们发现或开发。因此，在进行治疗时，治疗师应着力寻找和使用那些被忽略或未被发现的资源，并采取积极的方式让家庭知道他们已经具备解决问题的潜力——他们只是对此还有些认识不足或有所保留而已。

我们可以把来访家庭的资源分为三类：

个人资源：包括来访动机、教育程度、体格健康度、职业、技能、心理策略、信仰、偶像、内在英雄、人格特点等；

人际资源：如人际关系、地位、能求助的人、文化、团体等；

物资资源：钱、财产、收入、获得物质的途径等。

聚焦资源将使家庭治疗师可能为"问题"家庭提供新思路或新选择，也能帮助家庭发掘和扩展家庭内在的资源，使家庭成员感受到支持，改善并发展与自己亲人之间的关系。

还有一个益处就是，谈论可能性、成功、技能、优势和能力可以让来访家庭和治疗师都保持在一个良好的状态，容易激发出一些积极思维和改变动力。

资源取向的理念应贯穿治疗始终，即使在每次治疗结束前 5 ~ 10 min，治疗师要对这次访谈做一个简短的小结时，仍应保持资源取向，善于从家庭成员身上发现积极的资源，对每一位家庭成员的表现给予肯定性的评价，让家庭感到充满希望。

积极赋义是指治疗师以一种积极的方式帮助家庭从不同的角度看待事物，旨在为个人行为、特定关系和家庭系统的集体互动提出新的意义。积极赋义是由家庭治疗的米兰学派发展起来的，衍生于"重新定义"的技术，是米兰模式的主要干预措施。

积极赋义相对于家庭关于问题的最初观点而言，在三个基本方面存在差异：

1. 它揭示了家庭以前负面投射行为的动机，并将它们以正面的形式呈现，以积极的方式表达这些行为。

2. 对于以某种方式出现的问题，它提出一个合理的甚至可能是利他的理论，换句话说，它认为索引患者其实同时也是在为别人的利益才做某事，而不仅是为了他自己。

3. 它将事件、思想和行为放在一个关系框架中，予以情境化，强调与其他重要的家庭事件或家庭成员的相互联系性。

家庭治疗师倾听家庭成员的表达，从不同的更有助于家庭发展的角度来描述，贝特森称这个过程为"双重描述"，即如果治疗师只用一种描述方式，可能很难改变它，但是如果治疗师有两种或以上的描述或理解方式，就可以选择有助于家庭改变的那一种。一个新定义也许能够改变家庭的观点并产生一个更有效的反应。

例如，一对父母因为反复遭到十几岁的儿子的激烈反抗而感到非常沮丧，他们认为自己是"无能的家长（教育者）"，但治疗师在治疗中通过积极赋义让他们感到，他们只是有个"有着不同意见的个性鲜明的孩子"，那么他们对自己的感觉便会好一些。

再如，8岁的M被家里发现他多次偷母亲的钱去买东西送给一起玩的小伙伴们。积极赋义的解释是他非常看重伙伴之间的友情，为此不惜牺牲家里的财物；他很有想法且行动力强（只是可以和他探讨采用其他更妥当的方式）。

在积极赋义的过程中，治疗师在向家庭传达这样的信息，即情景是相对的，现象的意义也是相对的。用这种方式可能可以让人们主动产生改变而不觉得丢面子，帮助家庭成员从困境里找到资源，改变当前受限的思维方式，利用全部可用的技巧去解决问题。

二、循环因果

在家庭治疗出现以前，精神病理学的解释是建立在线性因果模型上的。线性因果观点认为，一件事情是原因，另一个事件是它的结果。它的视角只关注内容，如"孩子现在不愿与父亲说话，是因为恨他父亲那晚骂了他"，这是一种认为一个事件引发下一事件的单向"刺激－反应"观点。例如，在物理领域，像牛顿的世界里是用线性术语来弄清因果关系：即A引起B，B作用于C，C引起D。因此，一个有经验的台球选手从理论上可以精准预测到用多少力道和什么角度会引发怎样的结果——台球会沿怎样的曲线、在什么时间点、停落在什么位置。

贝特森（Bateson）认为，尽管线性因果关系认为一种力量只朝一个方向运动并在它的途径内影响客体的"台球模型"的观点可以很好地描述机械情形，但对于世界上有生命的有机体来说并不恰当，它忽视了对复杂的沟通和人际关系的解释，那种精确的一部分一部分的分析（例如寻求特定的童年创伤事件作为成人目前问题的起因）过于简单和武断，解释价值不足。

在家庭这个特殊系统内，任何行为都是对系统内其他互动过程的反应。某个家庭成员的行为是对其他家庭成员互动过程的直接反应，这些行为继而又与其他家庭成员发生互动。原因导致结果，结果又会自动成为另一个原因，这就是所谓的互为因果的循环。A 不引起 B，B 也没有引起 A，两者互为因果，解释不能在部分中被发现，但能在作为一个整体的系统（其交流模式、复杂关系和彼此的影响）中被发现。

通过循环因果的观点，贝特森帮助我们改变了精神病理学的思维方法，从某一件事情是由过去的事物引发的看法，转变到是由正在发生的事物通过循环反馈回路引发的观点。为了描述这种不同，贝特森使用了一个男人踢石头的例子。踢石头的效果可以通过测量踢的角度和力量的大小以及石头的重量来精确预测。但如果这个男人去踢一条狗，其结果就不好预测。狗可能用以下任何一种方式回应——畏缩、逃跑、咬人或玩耍——这取决于狗的脾气和它对这一踢的理解。根据狗的反应，男人会调整自己的行为，这又会继续作用于狗等。可见最初的行动引发一个循环序列，序列中的每个行为又继续反馈并影响下一个行为，所以可能的结果是无限的。同样也是 A 不引起 B，B 也没有引起 A，两者互为"因果"，解释不能在部分中被发现，但能在作为一个整体的系统（其交流模式、复杂关系和彼此的影响）中被发现。

如果说"内容"是线性因果关系的语言，那么"过程"就是循环因果关系的语言。任何一个家庭成员的行为都会影响其他成员和整个家庭；每个成员的反应反过来又会激起其他成员的反应，这些成员的行为反应又进一步激起其他反应，如此等等。在不断的循环回路或影响的再生链条中，这样一种回声效应反过来又影响第一成员。变化要求改变过程而不是去找出最初犯错的成员。

循环因果的观念对于治疗师非常有用，因为许多家庭前来治疗就是为了寻找他们问题的"起因"并明确谁该为此负责。根据循环因果论，治疗师就不要与家庭一起毫无结果地分析、寻找到底是谁引发了什么事情。因为问题是由一系列正在进行的行动与反馈维系的，治疗师不必回到第一个起因那里去改变整个互动的循环。就像父母询问打架的孩子"谁先动的手？"几乎能肯定听到的是"他（她）先打的我，我只是还手。"两个孩子都是正确的，又都是不正确的，这完全取决于在交流回路中父母从哪个点开始调查。在一个家庭里，这类链条大量存在，家庭系统内部会不断地沟通和交流，促进系统内各个部分和层次之间的循环互动。每个家庭系统的沟通包括发出和接收信息，这种信息交换的连续无限循环没有开始和结束，就像一个随时间移动的螺旋形圆圈。

在临床的家庭治疗中，治疗师经常可以听到家庭成员"抢着"告状这类故事。例如，青春期少女 H 与其母亲反复发生冲突。H 养了一只布偶猫，颜值高、很可爱，但是容易掉毛，家里的沙发布、桌角和地面上总能看到若隐若现的猫毛。H 的妈妈经常对此很不满，看到哪儿有猫毛，就随口要求 H 及时清理，但 H 似乎对妈妈的话不以为然，慢腾腾地久久不起身。H 的妈妈经常和她为此发生争吵，双方各执一词，H 歇斯底里地高声尖叫和摔门进卧室，妈妈闭嘴，在客厅委屈流泪，爸爸叹着气走到客厅里，边安慰妈妈，边敲门呼唤 H。在治疗室会谈中，妈妈说"我不反复提醒你，你就不会去收拾"，H 立刻反驳说"我不警告（尖叫），你都不会停止唠叨"。通过这个例子我们可以看到，这是母女之间周而复始的循环的互动模式，"谁先开始"这个问题一般不太可能被弄清楚，并且对解决人际冲突帮助不大。循环因果观点认为，问题是由持续的、相互作用的家庭过程引起的。在所有关系中，相互性才是根本的。

再看另一个例子。某个下午妈妈在客厅，老二（男孩）模仿动画片在床上上蹦下跳，不小心摔伤了胳膊。妈妈急忙打车将孩子带到医院检查，医院告知孩子是右手臂尺骨骨折，需要处理。妈妈在医院打电话给爸爸，让他去接老大（女孩）放学并让他回去照料家庭，爸爸答应了，但同时他想起第二天要去外地出差一周。爸爸就拨通了爷爷的电话，希望他能来城里照顾家庭以便他能按计划去出差。爷爷来了家里并为大家做饭，但爷爷因为长期住在农村并不习惯使用现代灶具将饭烧糊了。妈妈担心爷爷会不会将家里其他电器也烧坏，甚至担心会引起火灾。

在家庭会谈当中，如果按照传统的线性思路，只考虑事情发生的直接原因，则会出现爸爸责备妈妈对老二疏于照顾，妈妈怪爸爸自作主张叫来爷爷、干扰了家庭生活。然而，这种考虑因果关系的线性方法无法体现出该案例互动的复杂性。换个思路，关注事情发展的循环性而非问题的起始点，有助于深入了解家庭生活的本质，强调情境、避免责备和关注责任——所有的家庭成员都在家庭系统中发挥作用（都有责任）。

哥登伯格夫妇也将线性因果关系和循环因果关系的陈述进行了对比：

A. 线性：有问题的母亲产生有病的孩子。

含义：母亲的情绪问题在他人身上引起类似的问题。

B. 循环性：一个不快乐的中年妇女，粗心的丈夫由于感到被排斥在家庭之外而不断地与其争吵，于是她将自己对成年男性的情感维系在她 20 岁的儿子身上，而把她的处于青春期的女儿排除在外。这个女儿因而感到被拒绝和不被爱，于是不断交男友，其随便的性行为让其父母很痛苦。而儿子因害怕离家和独立，坚持认为他必须留在家中，因为他母亲需要他的关心。母亲为此感到难过，因为她的孩子似乎不像其他正常孩子一样，她还把他们的障碍行为怪罪到她称之为"缺席父亲"的丈夫头上。丈夫反过来变得恼怒和感觉被冒犯，他们的性关系也因而受到极大影响。孩子们用不同方式来对父母之间发生的冷淡做出反应：儿子完全从朋友那里撤回，并尽可能待在家里和母亲在一起，女儿则一个接一个地和男人交往但又很小心地避免同任何一个在情感上亲近，她不仅想吸引家庭对她的注意，还想引导她的父母为帮助他们痛苦的女儿而彼此走得更近。

含义：行为至少和交互作用背景有很大相关。在交互作用背景中，行为的发生又与内在心理过程或任何参与者的情感问题有关。

在这个例子中我们看到，在家庭背景中，每一个行动都会激起一个循环序列，而这反过来有助于改变原初的行为。家庭过程影响了个人行为，同时家庭系统内的个人用一种循环的方式反过来也影响了家庭过程。每个家庭成员在永无止境的循环中影响着家庭系统的其他成员，同时也被他们影响着。

三、三角关系

系统式家庭治疗理论除了对自我整合程度感兴趣之外，也重视个体内部或该个体关系的情绪强度。

在焦虑水平低、外部环境平静的时期，双向或两人系统可以进行令人满意的情绪交流。

然而，如果由于内部或外部压力，关系的其中一方或两方感到沮丧或焦虑，那么这种稳定情形就会受到威胁。当焦虑达到一定的水平时，其中一个或两个成员就会将一个脆弱的第三者拉入其中，情绪可能会"泛滥"到第三者身上，或第三者可能被情绪"编程"而卷入其中，形成了三角关系。

依照鲍文的观点，三角关系是人际间最小的、稳定的关系系统，是家庭情绪或关系系统的基石。与两人关系相比，它既更稳定又更灵活，并且在应对压力时有较高的耐受性。因此，三角化就成为两人系统压力之下试图达到稳定的一种常见方式。

有第三方卷入的三角化意义在于，可以将焦虑分散至三角关系当中，使前两者的焦虑程度减轻。例如，妻子因丈夫的疏远而使孩子产生过度卷入。造成这种三角关系的原因是能量的转移，这种能量的转移以不同的方式出现在婚姻当中。当妻子花时间和女儿在一起时，可以减少因为缺少来自丈夫的关注而造成的失落。但是，这也减少了丈夫和妻子共同培养能够分享的兴趣的可能性，并且损害了孩子的独立性。

当三角关系中的焦虑平息后，情绪可以回到平静期的两人外加一个独立他人的状态。可是，如果三角关系中的焦虑增加，三角关系中的个体可拉入另一个人或更多的人，直到很多人都被卷入其中，三角关系就扩展并连锁成一个更大的群体。例如，我们经常会看到的"夫妻吵架，娘家上场"的现象。此时，这样的三角关系可以超越家庭，甚至发展到包含社会机构或法庭。

一般地讲，家庭成员的融合程度越高，形成三角关系的趋势就越强烈，家庭中未得到良好分化的个体更容易被卷入三角关系中以降低焦虑。例如，在这样的三人结构中，家里不能解决父母焦虑的儿童可能会被贴上"被认定为病人"的标签，最小的孩子可能会成为父母焦虑关系的"替罪羊"。而如果家庭成员的分化程度越高，他就越无需通过三角化过程来应对焦虑。

除了为减轻不适之外，家庭还依赖三角关系来帮助保持成员间亲密和距离的最佳水平，同时允许他们能最大程度地避免焦虑。

例如，当父母争吵时，一个孩子被拉入三角关系中去平息冲突，这样就会减轻争吵者双方的紧张度。

又如，一个母亲因无法管教青春期的儿子而感到烦恼，她希望丈夫能帮上忙，但丈夫对她的求助反应冷淡、态度敷衍，埋头在工作里。随着母子冲突的升级，她向她大女儿诉苦，结果她女儿因为母亲而与该兄弟产生冲突。开始的母子冲突现在已经爆发为连锁冲突：母子之间、姐弟之间、母亲与父亲之间。

但三角关系并不能永远地减少紧张。凯尔和鲍文曾指出，三角关系至少有4种可能的结果：

稳定的二人关系可能由于第三者的加入而动摇，例如，婴儿的降生给和睦的婚姻带来冲突；

稳定的二人关系可能由于第三者的离开而动摇，例如，孩子离家，从而不能再在父母冲突时形成三角关系；

通过第三者的加入，不稳定的二人关系变得稳定，例如，婴儿出生后，有冲突的婚姻变得比较和睦；

通过去除第三者，不稳定的二人关系变得稳定（因第三者一直偏袒某一方，因而他的离开使冲突降低）。

某些三角关系可以减压，看起来无害，我们很难注意到它的破坏性。如很多父母都会在背后不时向自己的孩子抱怨配偶，"你妈妈总是乱花钱！""你爸爸从来都自己一人就做了决定！"这些抱怨看起来无伤大雅，但造成的问题是第三者的卷入使问题复杂化，这种拉入第三方的倾向性最终成为习惯，使冲突在某些方面变得更加曲折或冻结，原来两人之间关系停滞，形成三角冲突，长期结果会对婚姻中的人际关系造成伤害。

临床经验表明，有问题行为的孩子通常是得到了父母中某一方的庇护，可能意味着父母双方对规则存在分歧。如父亲是一个严厉、恪守纪律的人（认为对孩子要从严管教），而妻子认为要保护女儿、对抗丈夫的严厉（认为对女孩子要宠养、富养），所以妻子更像是与女儿结盟的朋友而不是有控制权的家长。有些家长彼此间的不和非常明显（但有些是隐藏的，不是这么公开），直面他们的冲突将带来痛苦，所以他们可能隐藏冲突，甚至向治疗师强调，现在的焦点是孩子不愿上学，自己的夫妻关系并不是治疗师需要关注的问题。

在家庭治疗中，当治疗师与一对夫妇会谈时，类似的情景也会存在——治疗师作为三角关系中的第三者出现。如果治疗师能同时与夫妻双方保持同等关系而不偏袒其中的任何一方，即很好地保持中立，那么这对夫妻就可能学着把他们自己既看成是独立的、分化的自我，同时又是夫妻。

四、边界

家庭可以按辈分、性别或功能划分出小团体，称为子系统（亚系统）。边界就是指个体、子系统或系统与外部分开的无形的界限，是一种情感的屏障和距离。它规定了家庭成员之间、子系统之间、家庭与外界之间的心理距离，用来决定谁是内部成员、谁是外人、谁能加入以及加入的规则；它维持所有家庭子系统的相互依赖性，同时又有助于保证每个子系统的自主性；它是维系家庭中个体或团体完整性的重要条件。通俗地说，边界就像是房间的门、单位的围墙或农村田地的篱笆。

治疗师可以通过使用如下的问题来探索家庭成员的分化和子系统之间的边界，例如，"谁为这个 15 岁孩子挑选衣服？""家庭中吃饭、看电视与睡觉都会有哪些习惯（规则）？"同时，治疗师可以观察一个孩子是如何来回答这些问题的。某些孩子会独立自主地回答问题；而另一些孩子则会在回答问题之前看看父亲或母亲，或是把问题推给父母。

结构派家庭治疗师萨尔瓦多·米纽庆把常见的家庭边界分为三种，并分别用地图符号表示（图 3-1-1）：

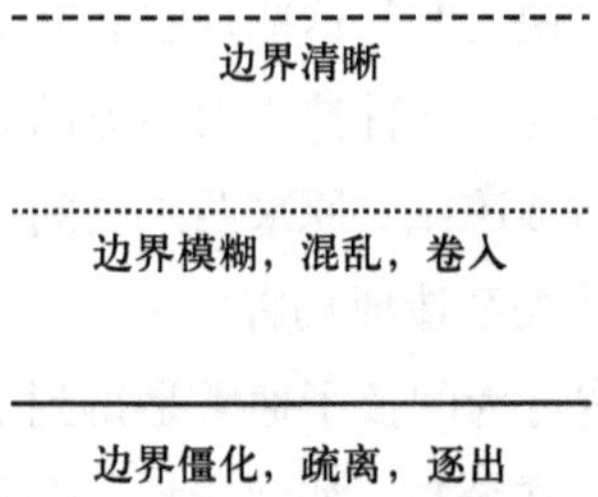

边界清晰

························
边界模糊，混乱，卷入

──────────────
边界僵化，疏离，逐出

图 3-1-1　三种家庭边界图示

边界清晰：既允许子系统中的成员在不受到干扰的情况下执行其功能，又允许成员与外界之间进行交流。这种家庭的特点是：以父母为权力核心，不同家庭成员长幼有序；有情感交流，又不互相牵制；共同解决问题，又鼓励独立发展。

边界模糊，混乱，卷入：家庭成员之间有很大程度的支持，但彼此牺牲了独立和自主。这种家庭的特点是：家庭内人与人之间或子系统之间互相侵犯和卷入，家人之间关系混乱和纠缠不清。

边界僵化，疏离，逐出：家庭成员孤立发展，完成自立，但缺乏情感交流，互助少。这种家庭的特点是：家庭成员之间关系薄弱，缺乏联结，呈现"一盘散沙"的现象。

一个功能良好的家庭，能够保护整个系统的完整性以及各子系统功能的自主性。

家庭治疗师应当帮助家庭在自主性与相互依赖性之间寻找有弹性的平衡，以最佳地推进家庭成员的心理成长，如面对边界模糊的纠缠型家庭，去强化边界，促进家庭成员的个体分化，根据孩子的年龄及在家庭中所处的地位鼓励其拥有相应的权利与待遇。如果孩子的个体自主性的发展在家里受到阻碍，那么治疗师就应当帮助这个家庭，强调让孩子拥有有所差异的权利，并且帮助父母根据每个孩子的发展阶段来给予特定的要求与奖励。比如，一个"房间别关门"的家庭，有边界模糊和纠缠，治疗师的方法就是把适合大女儿发展阶段的权利分配给她：她要关上自己房间的门。治疗师还告诉小女儿：在她长大一点后，她也应当像姐姐这样做。

在治疗室里，家庭治疗师可以以身作则地实施一些简单规则，来保护与促进家庭成员的个体自主性。例如，治疗师在会谈中引导家庭倾听一个家庭成员所说的话，并应当对他的话表示感谢；让家庭成员们彼此交谈，而不是相互谈论；让家庭成员们不替他人回答问题等。

当一个子系统中的成员占据或侵犯另一个不属于他的子系统时，经常会产生麻烦。因此，除了家庭成员个体的边界外，子系统的边界也应该被强调和保护。

确保父母子系统和配偶子系统能适当地和儿女子系统隔离是结构派家庭治疗工作的重心。他们认为，在家庭的孩子教养方面，父母子系统必须具有权威，孩子必须知道父母子系统设置的许可界限。例如，一个儿子被家庭一直以来灌输这样的观点——所有的问题都是因为他父亲的心理疾病造成的，所以他肆无忌惮批评着他父亲。治疗师对这件事表示很生气，指出这个男孩应当尊敬他的父亲。

夫妻子系统的边界也应当是足够清晰的，以保护夫妻不受孩子们或扩展家庭中大人成员们的侵扰。治疗师有时分配任务去鼓励夫妻子系统内的交流。例如，在"房间别关门"的家庭中，治疗师要求父母每天晚上把孩子从他们的卧室中"赶"出去一个小时，父母要关上门在他们的卧室里独处一个小时。在某些案例中，治疗师要开始与这对夫妻讨论性方面的问题时，会要求祖父与儿子暂时离开会谈室。

兄弟姐妹子系统也需要一个保护性的边界，来确保执行如下功能：提供机会给孩子们来学习合作、竞争及与同伴们相处的其他技巧。父母必须尊重孩子们的这种成长机会，不要主动帮助或插手干预。

治疗师可以有选择地给家庭中一些不同的子系统创建边界。他一开始可以先会晤核心家庭中的所有成员，当他绘制出一张家谱图之后，他就可以圈出一个范围，用来增加或减少治疗系统中的成员数目。有些治疗师偏爱只与夫妻或父母两人进行治疗会谈；而另一些治疗师则偏爱尽可能多地集合起一个家庭的社会网络来组织会谈；还有一些治疗师则偏好与多个家庭进行治疗会谈。

当围绕着一个子系统的边界得到加强的时候，这个子系统的功能就会增强，治疗师会在这方面做些努力，比如，治疗师会划出两个子系统的边界来——治疗师要求父亲单独与作为"索引患者"的那个孩子相处，来加强围绕着这二人组合的边界，因这条边界过去太弱了；治疗师还要求母亲多花精力去照看其他孩子，以削弱母亲与其他孩子子系统的边界，因这条边界过去太强了。

治疗师还可以对有的家庭的"僵化三人组合"边界提出一些特殊的挑战。如当一个通常包括父母与一个孩子的跨代交往模式被一个僵化的边界包住的时候，它就会产生功能不良的交往模式。治疗师必须重新划定边界：对夫妻子系统进行加固，这样夫妻才能单独协商夫妻间的问题；加强边界来保护第三个人的个体自主性；削弱围绕着"僵化三人组合"的边界，使子系统变得更加开放。

有时，父母会带某些成员（如孩子的表哥）参与某个治疗会谈，如何处理主干（扩展）家庭的重要成员非常重要。有时，治疗师可以联合被孤立的父亲及其孩子，而把母亲暂时排除在外，以发展出新的功能；可以把某个爱支配人的父母安排到一个单面镜之后，使之可以参与观察却无法实施对孩子的控制；也可以把年幼的孩子们带到一场治疗会谈中，让他们听听大人的冲突。治疗师在治疗时，在心里形成一张整个家庭的结构图，即使在集中精力处理某个子系统时，心里的目标还是家庭的整体性重构。

家庭治疗师认识到，所有系统都有相互依赖性，独立本身并不是目标，目标是要使边界具有适当的渗透度。在边界疏离的家庭中，治疗师要去降低边界的僵化程度，推动子系统之间的流动。

五、情境化

情境化是系统式工作方法的一个核心原则，由此也与其他强调个体的治疗方法形成了鲜明的对比。

德国的安德雷雅斯·弗利斯泽尔和瑞纳·史汶曾经提供过一个家庭案例，14岁的中学男生保罗，成绩很差，经常忘记写作业，有时还会逃学，和一些"坏朋友们"闲逛。保罗的父母在很多事情上都有意见分歧，他们对保罗在学校表现的看法和评价也大不相同。爸爸总认为情况并没有那么糟糕，可妈妈却对保罗很担心。

夫妻俩各自有着截然不同的成长背景、兴趣和爱好。保罗的爸爸是一家企业老板,当年在校时是一个差生,现在也不重视教育。他支持儿子对上学的态度。在某种程度上,他也非常理解儿子与那些"坏朋友们"的交往,他们让他想起他在那个年龄时结识的朋友。尽管他自己阅读和写作能力比较差,但他还是成为了一个成功的企业主。他更喜欢花时间和他的员工待在工地上。而保罗的妈妈是一家中型公司的秘书长,她读书时成绩很好,也一直重视教育和职业培训。她喜欢去影剧院。在她自己的原生家庭里,除她之外,所有人都是大学毕业。

现在,面对保罗这个来访者家庭,不同流派取向的治疗师可能采用两种工作方法:

一种是"个体式"工作方法:将问题追溯到保罗的性格特征上,例如,认为保罗懒惰固执、无心学习、咄咄逼人,还可能会追溯到他的生物及遗传背景。这种方法的观点认为问题总是源于个体。如果用这种方法处理,治疗师会给保罗提供一个个体治疗计划,来帮助他改变他的性格特征和学习目标。这可能意味着,在学校支持他,或对他进行密集的个体心理咨询等。

另一种是系统式治疗里的"情境化"工作方法:它指的是,在家族和非家族性关系的背景下去看待问题。依照这个方法,先画出保罗的家谱图,从中看到保罗父母的婚姻关系对他学校问题的影响。保罗的行为倾向于父亲,而父亲对保罗在学校问题上的默许态度也会强化其在学校的行为。而另一方面,保罗的行为又是对家庭中男性身份的认同。保罗可能会倾向于父母冲突中的某一方,这反映了父母之间出生背景的差异,母亲出生在一个教育良好的中产阶级家庭,而父亲则是蓝领背景。

当治疗师把保罗的问题放进家谱图里"情境化",通过分析整个家庭的动力和他的生长环境,他的行为就获得了理解。

在这个意义上,用系统的方法与父母或者整个家庭工作,将代替对保罗进行的个体心理咨询。其间,治疗师可以讨论父母双方家庭的教育和培训传统,也可以看到保罗父母组建的这个新家庭怎样处理这个事情,父母能否在教育方面达成一些共识,他们怎样处理这些由各自不同的家庭背景和价值观带来的养育观念的冲突。

表3-1-1中,我们再用情境化(系统式)和去情境化(个体式)两种视角的提问对比,来体现针对保罗的问题采用情境化的系统式治疗方法和采用个体式治疗方法的区别:

表 3-1-1　情境化和去情境化提问

情境化的问题	去情境化的问题
问保罗："当老师告诉你父母你又没做家庭作业时，家里谁表现得最紧张？谁表现出最无所谓的态度？"	问父母："保罗做一件他喜欢的事时，可以专心做多久？"
问保罗的父亲："对于你太太如何看待保罗完成家庭作业这个问题，你怎么看？"	问父母："保罗家庭作业完成情况怎么样？"
问保罗："如果看到你某科考试不及格，你的父母之间会发生什么？"	问保罗："你的各科成绩怎么样？"
问保罗："当你在家因为作业和功课深陷困境时，你必须做什么？"	问母亲："如果你要求保罗从厨房带四样东西过来，实际上他会带几样？"
问保罗："让我们假设你突然在学校里得到好成绩，家里谁对此最高兴？"	问父母亲："保罗曾做过智商测试吗？"
问保罗："为了让你的母亲高兴，你在业余时间一般会做些什么？"	问父母："学校老师是怎么评价保罗的学习情况的？"

　　将障碍、症状或者问题情境化是系统式家庭治疗的核心元素。系统式治疗的目标不是从个体的性格上找原因，而是去了解那个人的历史背景，去观察关系的结构和状态。将问题情境化还能引入循环的视角，这个问题与情境有关，但哪些因素反过来又会影响情境，例如，保罗在学校的行为也在稳定和加剧父母之间的冲突，这充分说明了系统和症状起到相互稳定的作用。

六、中立

　　中立是指治疗师所秉持的一种立场，即对每个家庭成员的信念和解释都表现出同等的兴趣且不做判断的这样一种姿态。

　　家庭内既往的互动机制容易导致家庭成员之间的成见或责备。治疗师在与家庭成员交流和谈论家庭问题时应当避免强化这些机制，从一开始就需要保持客观中立的立场。治疗师保持中立并不意味着消极或冷漠，而是通过不持偏见的倾听来展示自己中立的态度，同时又提出激发思维和聚焦关系的问题。

　　倾听所有人的观点，有利于家庭查明影响所有家庭成员的问题，如有的家庭成员，过去只习惯于持有某一种观点（如父亲既往认为"孩子成绩不好就是我妻子给惯坏的"），治疗师在治疗中带入中立这一立场本身就能导致其行为发生转变。

来访家庭的争论会被中立的治疗师接受（看成是有趣的信息）。在假设争论无益时治疗师并不介入家庭，而是可能提问："谁最喜欢争斗？"或"如果争论突然停止你们家里会失去什么？"

治疗师的中立可以分为三种类型：1. 社会中立；2. 对结果的中立；3. 对过程的中立。

1. 社会中立

指治疗师对家庭成员的观点，包括缺席者在内的观点，逐个进行一种序贯的、共情式关注。这种治疗姿态和立场不同于"不介入"，它意味着治疗师对每个家庭成员的独特问题好奇和感兴趣，他留给每个人一个空间，家庭成员的所有观点都被他认为是合情合理的，并且不加挑战地接受（即使不一定接受问题本身），在他眼中，没有哪个家庭成员的观点被认为比其他人更准确。米兰家庭治疗学派提出，如果家庭成员都觉得治疗师没有"站在他们的那一边"（相对于其他家庭成员），那么治疗师的立场就是恰当的、正确的。当一个人说出其观点时，其他家庭成员可能不断体验到治疗师与他们中的一个或另一个结盟，但却不会总与某一个成员联盟。中立要求治疗师与所有的家庭成员结盟，避免卷入到家庭联合或联盟中去。通过不卷入"家庭游戏"或不卷入支持某一方、反对另一方，治疗师可以获得灵活的杠杆以达到改变。

治疗师如何做到社会中立，如何逐个与每个参与者结盟——这需要治疗师总是善意地倾听；有时要为每个观点都提供空间；有时能够从来访者的角度看问题；只是理解但并非赞同它们。

如一位父亲经常采用粗暴的方式来教育自己 8 岁的儿子（如大声呵斥或随手给一个巴掌）。在他来看，他从小也被他父母这样教育，他相信"棍棒之下出孝子"，相信这是一种恰当且有用的管教方式。治疗师通过与这个父亲沟通他的观点、成长经历、原生家庭的互动模式来了解他，直到理解这个教育观念是如何形成的。在生活背景的情境化和代际观点下，他的这一教育方法在他的角度上能说得通。治疗师首先强调这个父亲的立场至关重要，同时温和地向他解释，不同的成长经历带来不同的教育理念，告诉他为什么体罚孩子会造成伤害，告诉他不打孩子这个立场代表了更现代的家庭教育理念和社会共识。治疗师注意不去创造一个对抗的情况，这一点很重要，但更重要的是呈现了两种教育观点，使它们在新环境下并存。

2. 对结果的中立

指治疗师对会谈讨论的一种或另一种解决方案是否被接受保持中立。

塞文尼-帕拉佐莉认为，治疗师不应太热衷于追求家庭的改变，相反，治疗的目标应是帮助家庭在其改变的能力范围内达成改变。他们还有权不改变。例如，某个家庭在几次会谈结束后，最终决定由母亲全职打理生意（她有很强的维持人脉的天赋），而父亲在家照料家庭。

中立的治疗师关注家庭系统是怎样运作的，他们假设家庭所构建的系统很有意义，此刻家庭就只能是这个样子。至于家庭应该怎样，治疗师不给建议，通过激活家庭自身的能力来解决问题。

家庭治疗方法发展到后来，像 Steve DeShazer、Innsoo Kim Berg、叙事取向、激进建构主义者都试图不惜一切代价，避免对治疗结果失去中立。对他们来说，找到正确的解决问题的办法完全取决于来访者家庭。

3. 对过程的中立

指治疗师对会谈频率、程度、发言时长、关注程度等方面，对在场人员保持公平和均等的机会。

治疗师需要注意，对于不同的家庭要使用不同的中立立场。有时有些家庭可能期望治疗师告诉他们该怎么办。在这种情况下，治疗师可能需要解释他为什么要对家庭成员提问，为什么要激发家庭自己来找到一个解决方案（对于其他家庭可能不必要解释）。治疗师也可能会说，保持中立和好奇心会提高家庭在治疗期间的参与度，因为他们可能会好奇下一个问题是什么。

七、症状的功能（意义）

在家庭治疗的发展早期，系统理论提供了一种解释，解释了为什么问题在系统中被制造和维持：因为问题有利于维持当前的平衡，而这一"系统的内稳态"受到外部和内部环境变化的威胁。这个观点认为，症状的作用通常是转移冲突或使家庭成员不再受冲突的威胁。Jackson 首先提出了这样的想法：一个家庭成员的症状是有用的，症状服务于家庭固有平衡功能。因此，一些症状出现后不会在波动过程中消失，而是变得稳定，他们把这种固有平衡的影响称为"症状的功能"，这一理论提醒治疗师透过对近期冲突的抱怨，去发现冲突后面隐藏的内容。

通常认为"症状的功能"有：

1. **维持旧的平衡**
留恋过去。
2. **转折阶段的适应性行为**
在混沌中变得有序。
3. **是问题的解决方法**
"无心"的智慧。
4. **是观察者的猜想**
对系统现状保持好奇心。

Ezra Vogel 和 Norman Bell 在一篇叫作《情绪障碍的孩子是家庭的替罪羊》的文章中指出，那些有情绪障碍的孩子毫无例外地都参与到父母紧张的关系中。父母的冲突转移到他们的一个孩子身上，这样，通过三角化就能保持一种稳定的关系，尽管这个孩子为此付出了巨大的代价。他们认为，孩子的某些偶然特点使他被选中来扮演不正常家庭成员（"替罪羊"）的角色。在此过程中，他成为令人担心的关注点。只要家长把他们的注意力都集中在这个孩子身上，他们自己之间的冲突就被忽略。

随着家庭治疗的历史发展，认为症状服务于功能的观点逐渐被广泛质疑，大部分心理治疗现在都走在积极的资源取向道路上，更重视提倡与来访者的合作关系。

尽管症状必然是为家庭平衡功能服务的这样的观点不尽正确，甚至可能是片面的，但在一些案例中还是值得考虑到这种可能性的。比如母亲的抑郁或孩子拒绝上学有可能被证明是有保护家庭或婚姻的功能。

第二节 家庭治疗的基本方法

治疗师在与家庭工作时，需要面临家庭发出的各种各样的复杂信息，每个家庭角色之间也存在着千丝万缕的联系，其中的关系"横看成岭侧成峰"。如果听整个家庭长篇阔论的描述，不但耗时，而且也无益于提炼必要的信息进行工作。

因此，治疗师需要一些评估、记录和提炼信息的化繁为简的方法，同时可以更好地结构化、探索家庭关系和引发改变。

一、融入

家庭治疗师在首次访谈或访谈初始的第一个步骤里，需要注意一个热身环节，即融入。他们试图营造一种让每个人都感到熟悉放松的氛围，他们还试图寻找一种最理想的接近来访家庭的方法，所以融入意味着建立联系，彼此相互了解。

为什么要充分重视与家庭初次接触或访谈初始时融入的重要性，而不能在访谈的第一时间单刀直入地从问题开始工作呢？

先来了解 Jaak Panksepp 的情感行为系统理论。Panksepp 认为，情感行为系统是神经系统的一部分，是天生的，由脑干控制，它的任务是试图区分对生存来说，哪些是好的哪些是坏的。如我们日常所看到的和感知到的所有东西都会被它迅速地评估"这对我是好的还是坏的？是危险的、威胁生命的，还是安全的。"人们具有一种天生的选择性注意，在感知环境的那个瞬间，不用仔细思考就已经做出了这些评估判断，并即刻做出一种适当的无意识的身心反应。

美国生物学家 Stephen Porges 对这些现象做了很多研究，提出了一个自主神经系统理论。他认为，检测现实环境安全与否的潜意识系统，在全天 24 小时无论何种情况下都在工作着。他的 Polyvagal 理论认为，人们的自主神经系统激活天生的情感行为系统，包含下列三种反应状态：

第一种是"固化""假死""僵住""屈服"；

第二种是调动、压力反应、攻击/逃跑反应；

第三种就是社交沟通或社会参与。

这三种反应状态分别由相应的神经和激素控制：

如果神经感知的结果是"生命威胁"，那么背侧的无髓鞘的迷走神经会激起"固化""假死""僵住"反应状态；

如果神经感知的结果是"只是危险"，那么交感神经-肾上腺素系统引起攻击/逃跑反应；

如果神经感知的结果是"安全"，那么腹侧的有髓鞘的迷走神经和催产素会激起社会沟通和社会参与状态。

治疗师在初次访谈或每次访谈的初始阶段重视"融入"的目的，就是使来访家庭不要处在"攻击/逃跑"反应状态进入治疗会谈，治疗师需要使自己和来访家庭处在"社会沟通和社会参与"反应状态再开始会谈，治疗师需要来访者家庭拥有健全的精神效能状态。

融入的目标是营造家庭的社交安全感。在一个新情境中，一旦我们与一个陌生人"搭上讪"，那么，进一步的接触就比较容易了。我们可以通过介绍工作场景和治疗师背景以及放松的互动、友善的声音、真诚的面部表情和积极的姿势来引发来访家庭的"社会参与"状态。帮助来访家庭慢慢适应这新情况，习惯治疗的情境，如治疗室、治疗师和整个环境——有时心理适应比身体适应要来得慢一些。

治疗师保持与来访家庭同步，倾听他们讲话，观察他们的非言语行为，他们坐在哪里，怎么坐的，他们如何用语言表达自己，他们用了什么词语。这样，治疗师才能适应来访家庭的风格和模式，让他们感到更熟悉自在。治疗师担当主持人的主动角色，对气氛的营造和谈话的进程都有着决定性的影响。但最重要的是，他和在场的每一个人都建立了联系，他关注资源和技能而不是问题。

治疗师保持着中立，和在场的每个人建立联系，表示出对在场的每个人都感兴趣，而不仅只与家庭中说话的那个人交流，努力让来访家庭理解治疗师，治疗师也理解他们。

从专业的观点来讲，治疗师一定要记住，治疗师初始接触的是各种各样的人。来访者不一定看起来是"有问题的"，在其他人眼里他们或许是有能力、有资源和有技巧的。治疗师把与每个家庭成员建立联系的起点降低，有意识地将孩子们也卷入进来，这样治疗师就能跟在场的每一个人建立起联系。

第一步可以是先寒暄一番，由浅入深，然后再谈些更私人的事情，问些能帮助双方相互了解的问题。这里的相互了解是指：不仅治疗师要熟悉来访者系统，来访者也应当熟悉治疗师个人和工作机构的背景。例如，治疗师可以花几分钟来闲谈，然后，开始塑造情境："你们今天来这儿路上顺利吗？开车要多长时间？这个地方好不好找？"

来访家庭本身与其问题不同，他们有工作，他们喜欢运动，他们有自己的爱好，以及其他治疗师应当了解的资源。每一个人，甚至孩子，都应被问及生活的积极方面、日常工作、兴趣和观点，最好是选择那些能够带来快乐的轻松话题。

例如，针对父母可以问："您是做什么工作的？您都有哪些兴趣爱好？您觉得小区里邻居怎么样？业余时间您都做些什么？其他家庭成员都有些什么爱好？周末一般做什么？"。

针对孩子可以问："下午你都喜欢做些什么？在学校里你最喜欢的科目是

什么？你参加体育运动吗？在哪里？你有要好的朋友吗？你喜欢去学校（或幼儿园）吗？你最喜欢玩的游戏是什么？谁是你最好的朋友？"。

接下来，治疗师可以提供一些信息，简短地介绍一下自己和工作机构，这些有助于来访者熟悉治疗师的工作和方法。来访者自己往往不会打听这些事情，治疗师可以告诉来访者：

治疗师的专业背景及目前情况；

治疗机构的目标、功能是什么，它与其他机构的联系是怎么样的，专业胜任力如何；

什么样的法律和规定会影响治疗师的工作（如保密原则），什么样的法律和伦理背景下治疗师需要向相关人员传达信息（如需要突破保密条例），其时又会如何与他们沟通等。

治疗师成功的"融入"会给来访家庭带来安全感。当来访家庭处在神经认知评估安全的状态时，他们就会有更多的社会参与表现，例如，这个时候治疗师可以看到咨访之间的连接是安全的：来访家庭是放松的；大家有说有笑；扶手向前；表达亲近；寻求眼神接触；微笑；提出问题；接受支持和供给；表达需求；不同的面部表情；认真探究；表达积极情感……使来访家庭感到安全和放松，其好奇和探索的情感反应系统被激活，就和安全的社会环境有了强烈的链接（依恋），有益于调节沟通压力和创造值得信任、轻松自在的工作氛围，也更容易找到解决问题的方法。

二、假设

随着时间的推移，家庭治疗的米兰团队不断发展了他们的观点，到1980年，他们发表了一篇里程碑式论文《假设-循环-中立：开展咨询的三项指导原则》，标志着他们的治疗思想从策略技术转为系统方向。假设、循环和中立这三种著名的干预技术也成为后米兰团队技术革新的核心。

其中，假设成为修正后的米兰团队家庭治疗的核心，也是这种治疗方法的第一步。

米兰团队认为，如果治疗师只是一个被动的观察者，没有准备好有待检验的假设便贸然开始家庭会谈，就会存在风险，家庭会将自己对问题的定义和解决问题的方法强加给治疗师，而这种定义和方法对当前问题而言可能是错误的，因为这样家庭就有可能继续维持旧有的"家庭游戏"。

米兰团队提出要建立假设，认为假设有着重要的意义，代表着治疗师关于家庭功能的治疗思想，是为他的工作确立了一个出发点。假设始于与家庭的首次联系，并贯穿于整个治疗过程，如果假设被证明是错误的，治疗师必须根据对第一个假设验证过程中收集的信息形成第二个假设。

进行假设有两个目的：一是建立起确切的方法论，来指导治疗师；二是使治疗师放下模糊刻板的"直觉"等特质带来的一些偏见。进行假设的真正目标是发生改变而非发现真相。

假设包括治疗师在正式会谈前所做的有关对家庭当前维持症状的设想，探索家庭怎样围绕症状或当前问题组织"家庭游戏"，指引治疗师提出那些能引出证实、修改、驳斥猜想的问题。

假设引导治疗师得到新的信息，有助于治疗师将信息结构化：治疗师通过构建假设将信息组织分类为相关信息和不相关信息，以聚焦并建立起恰当的干预。

假设包括的主题可以有：

（1）社会经济背景、生活环境。

（2）适应新环境。

（3）生命周期。

（4）生活史和代际观点。

（5）互动模式。

（6）边界和子系统的结构。

（7）氛围、情感反应和身体反应等。

Gelcer、McCabe 和 Smith-Resnick 曾提供过治疗师面对厌食症状怎样提出有关"家庭游戏"的假设的案例：

"一个母亲最近重新工作，其 13 岁的女儿开始节食减肥，并由于持续的拒食而产生厌食症状。这使母亲不得不放弃刚找到的工作，在家密切监督女儿的饮食习惯。父亲比母亲大 9 岁，支持妻子对女儿饮食的"侦察"和监督行为。置于家庭关系模式背景下，女儿的自我伤害行为可以被认为是一种设计精巧的尝试，受到父亲的暗地里支持，以使她母亲安心于母亲和妻子的角色。从另一种角度看，它也可以被看作是支持了母亲的矛盾心理：一方面找到了工作，另一方面她在尽最大努力将父亲更近地拉回到这个隐忧重重的家庭中。"

治疗师可以围绕下面的内容来构建假设：

（1）来访家庭系统中的关系（如丈夫突然出现的视力下降与他妻子 3 个

月来坚持要求离婚有关？他是否不想失去这段婚姻关系？）。

（2）来访家庭系统和治疗师间的一致性（平行过程）。

（3）症状/问题和来访家庭系统过程的关系（如父母远在外地城市做生意，1年前在那里又生了一个弟弟，并一直将弟弟带在身边，而留守在老家的两个姐姐近期相继出现了"考试焦虑症"）。

（4）来访家庭系统之前的旧有模式在现实情形里的重复。

米兰团队系统家庭治疗师认为，假设是一种不断地对家庭状况做出推断和推测的相互作用过程，它可以为进行系统式会谈提供指导。这种指导不分对错，而是作为一个有用的起点，有待于家庭和治疗师在新信息不断增加的基础上对其进行修正或抛弃。正如，有人说"你可以和假设约会，可以与之相恋，但不能与之结婚"。

通过假设，治疗师提出治疗观点，对家庭的沟通模式、症状的意义、家庭如何组织自身的问题、"家庭游戏"等进行概念化。据此，治疗师确定了自己积极参与者的地位，他未必知道所有答案，但他对家庭现实的独特看法可以使家庭成员打开重新考虑其生活的新视角。

三、家谱图

鲍恩（Bowen）认为，多代模式及其影响是核心家庭功能的重要决定因素。为了辅助治疗过程，他创造了一种以图表绘出至少三代家庭成员的方法来调查当前问题的起源——家谱图，图中每个配偶的家庭背景都被一一列出，每个个体家庭生物学的、血缘的和心理社会的构成都一览无余。

在早期的几次会谈中治疗师可以与家庭一起制作的家谱图。家谱图是一个有用的工具，它可以以显而易见的图形形式来描绘和观察家族史对家庭的影响，帮助治疗师收集关于家庭的历史和情感信息，也让家庭成员看到自己的家庭作为一个整体的图形表示，从而使治疗师和家庭成员在跨代背景中体验他们家庭情绪过程的起伏。

哥登伯格夫妇（Goldenberg & Goldenberg）提供过一份家谱图并应用其描述了代际家庭关系的案例。

"1988年，一对夫妇联系了一名治疗师，因为他们的儿子伊万有学习困难，还扰乱班级活动，经常被忽视。家谱图显示：伊万的母亲罗丽塔，是她的养父母在试图要一个女孩却生了三个男孩之后被收养的。罗丽塔在其养母死后不久仅 20 岁就结婚了。伊万的父亲斯蒂夫（Steve）在原生家庭排行老二，他父母在他进入青少年期之前就离异了，直到和罗丽塔结婚前，他一直和单身母亲和两个姐妹住在一起。斯蒂夫和罗丽塔，在他们 25 岁之前组建了他们自己的家庭，他们努力创造与他们的成长经历大不相同的稳定的关系。

他们现在有 4 个孩子（还有一个在出生时夭折了）的事实说明他们的家庭生活有较强的参与性，尤其是他们第一个孩子和第四个孩子的年龄跨度超过 10 岁。伊万的症状是由于为了补偿他们年少时被剥夺的东西，因而作为父母对孩子的过分保护吗？在过去几年里罗丽塔的怀孕对其他孩子产生了什么影响？当比安娜出生后，伊万在何种程度上感觉自己的最幼小孩子的位置被取代了？请注意，这里有多少假设是来自于家谱图有待于随后与家庭一起探索。原生家庭的融合-分化问题，核心家庭的情绪系统，父母的情绪阻断，同胞排行位置，还有鲍文的许多其他概念，看上去都与伊万的当前症状有关。当把评估会谈资料以家谱图的形式表现时，治疗师和家庭都更加能够理解与几代相关的、潜在的情绪过程"。

家谱图通常在第一次的家庭会谈中就可以绘制。从某种意义上讲，它永远不可能完整，因为在治疗过程中的新信息会引发对核心家庭和大家庭基本情绪反应模式的新的理解。

在治疗开始时构建的家谱图主要用于了解家族历史，使每个人都知道谁是谁。治疗持续了一段时间后，家庭与治疗师之间可能已经建立了良好的关系，那么家谱图可以显示出更多家族情感方面的信息。家庭的主要转折点（如重要家庭成员的意外死亡）可能是一系列家庭问题的开端，这些问题可能影响几代人。

家谱图是一种相对不带情绪的收集资料的方法，这些资料有助于理解家庭并把家庭与治疗探索过程联系起来。收集这些信息时，治疗师会注意到家族发展的模式，并且可能会指出一代人的事件如何影响到另一代人。莫妮卡·麦戈德里克和兰迪·格尔森是代际观点的支持者，他们指出，家庭模式倾向于自我重复，在上一代发生的事情通常也会在下一代发生，相同的、未解决的情绪问题会一代代重演。他们出版的《家谱图评估与干预》中包含大量的计算机生成的家谱图，有许多著名家庭的多代过程，从弗洛伊德到克林顿，从 T. 杰弗逊到罗斯福等。

治疗师也会借助家谱图帮助家庭成员反思自己对所发生事情的情绪反应。

"当初决定要和你太太结婚时,你父母对此的态度是什么?""当你的父母决定离婚的时候,你有什么感觉?你觉得他们两个谁最难过?"

在绝大多数情况下,家庭成员会发现,即使他们坚信知道自己的历史,但当他们看到一个更直接的以书面形式呈现的家族历史时,他们通常都会意识到自己对家庭和家族认知的不足。他们也可能会意识到他们的历史被其他家庭成员曲解了。例如,一个家庭成员发现他们与祖父母一起生活的时间比他们之前想象得更长,或者他们父母结婚的时间比他们以前想象得要短得多。有时,他们会发现自己疏远或切断了家族情感。

因此,完成家谱图可以帮助家庭成员重建重要的联结。治疗师可以利用这种意识或发现帮助家庭成员与他们的大家庭建立有益的关系,激励他们寻求有用的信息,以重塑对自己的认知。

构建家谱图时,一个充满好奇心的治疗师会提出"关系是如何产生的"问题,特别是对即将成为父母的成年人。治疗师会根据家谱图的信息询问他们的父母的行为、情感和相处模式,这可能会帮助他们产生更加完整的情感反应。如:

"你认为你的父母做了些什么造就了现在的你?"

"你猜想你的母亲/父亲离婚时经历了什么?"

"当你的父亲离开家后,你认为你和你祖父母关系怎样?"

"当你还是个孩子时,如果你生病了或不开心了,你会向谁倾诉?"

这些问题关系到个体形成依恋和构建他们亲密关系的方式,可以在治疗中询问他们过去的事件并将其用于当前的体验。

家谱图已成为一个广为使用的、传统的、描绘家庭结构的工具。即使在一些形式略微不同的家谱图中,所使用的符号也都是极为相似的,都可以为我们提供一个快速简便的参考。

家谱图符号使用方法如图 3-2-1 所示:

如果来访者家庭知道治疗师能为他们提供一个有序的家庭概况,他们通常愿意加入家谱图的绘制。绘制家谱图时,治疗师可以沿着一些辅助线索提问题,来了解家庭中重要元素和事件,如家庭基本信息、信念系统、资源和支持、工作和学习、社会文化、人际沟通与亚文化、躯体及精神疾病、文化传承和社会经济因素。根据反映的信息由简至繁可以分为基本家谱图、距离家谱图和细节家谱图。

首先，基本家谱图主要描述家庭成员的基本信息，如姓名、性别、年龄、死亡日期、婚姻状况、宗教信仰、职业、受教育状况等。

绘制家谱图时，用实线来表示两个人之间的关系，从上往下开始绘制家庭的各个代际，让人一眼就能看出哪些人属于祖父母、父母或孩子。

为了不那么复杂，可以按照"谁和治疗干预计划有关"的标准，选择只绘制出一部分祖父母辈和父母辈的亲人，否则家谱图的清晰度和实用性就会受到影响。绘制家谱图时，用虚线圈出（有时用其他的颜色）目前生活在一起的人。

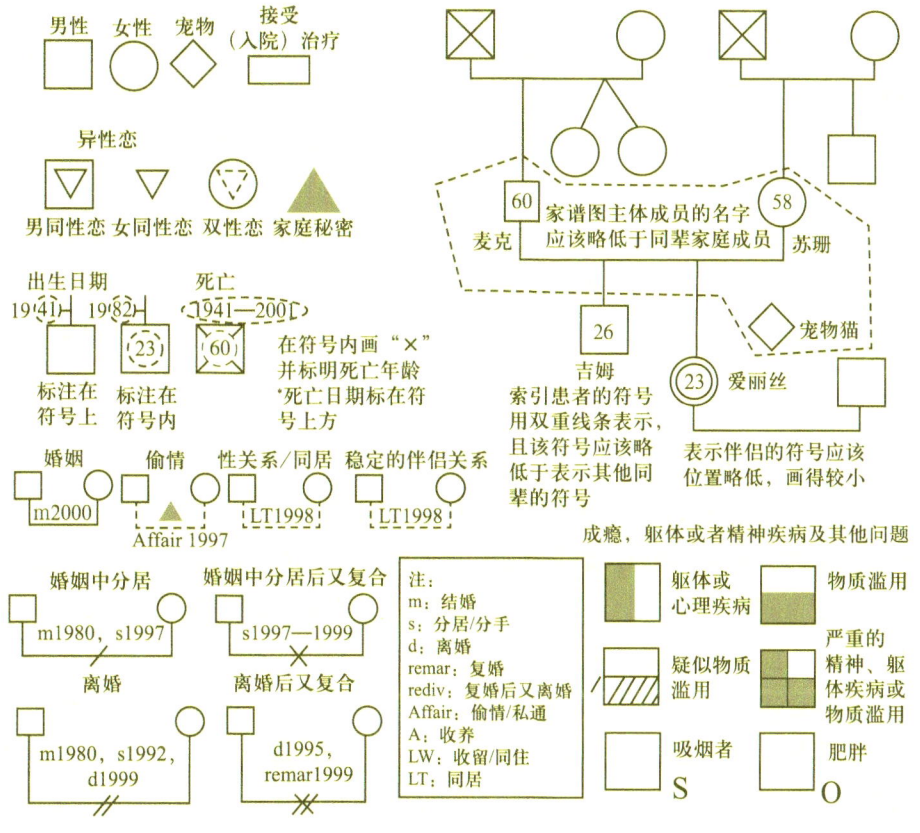

图 3-2-1　家谱图符号使用方法示意

由于现代社会的家庭构成越来越多样化，家庭常见由兄弟姐妹、继父母的孩子、同父异母的兄弟姐妹、收养的及亲生的孩子组成，在这类情境中，有几条建议：

从家里的孩子那代开始（从下往上），从左到右按年龄由大到小排列，先把目前属于家庭系统的成员放入，同父异母的孩子以相同的方式画到左边，同母异父的画在右边。后是连接，如上所述，把那些同父异母、同母异父的孩子与他们的父母连在一起，把这些兄弟姐妹的子系统与他们的父母系统连在一起。

过去和现在的伴侣关系可以画在夫妻关系那一水平上，将目前住在一起的伴侣用虚线圈起。再加入祖父母那一代和父母的兄弟姐妹（叔叔阿姨等），将和现在问题有关系的都囊括在内。

而距离家谱图是基本家谱图的扩展，它描述了家庭系统中的人际关系。这里所说的距离不是地理上的距离，而是心理上和情感上的距离。可以在图形上绘制锯齿状线条代表冲突，或双横线代表亲密，或三横线代表过于亲密纠缠，或虚线代表关系的疏离等，如读初三的大女儿从小留守在乡下，由爷爷一手养大，与亲生父母关系疏远，这些情感关系上的距离都可以在距离家谱图上体现出来。

所谓的细节家谱图是在基本家谱图的基础上，增加了更多的家庭成员的细节信息。家庭成员的健康问题（如重大疾病、慢性病或特殊残疾）、主要人格特征、不寻常遭遇、重要角色、家庭传统、信念、禁忌等都可以包括在细节家谱图中，但不要太过复杂。

四、家庭规则

家庭规则是与家庭治疗密切相关的一个描述性术语，指与家庭有关的大量的行为模式、标准和期望，是家庭在长期的生活与互动中所形成的教条或规范。

对于家庭规则，一种经典的描述形式是："当家里有人做……，反应或结果是……"。总地来说，规则规定了这个家里什么可以被允许，什么不被允许，同样也规定了典型的行为，它们通常和"应该""不许"等概念相连结。

家庭规则有可能是在家庭发展的第一个阶段发展起来的。费尔德曼和戈登认为，"在家庭形成的第一个阶段，实际上在头几个月内，家庭已经形成了特有的惯常关系模式，它可以融合成特有的同步的模式。在未来的几年内，这种模式很有可能为家庭交流互动风格提供了基础"。还有的说法认为，规则是一种遗传，是家庭从父母、祖父母和祖先那里继承而来。在以前那种情况下，家庭规则的存在对适应和保障当时的生活是非常重要的，这就是规则被后代继承的原因，而且他们往往不解释也不谈论这些规则。

家庭中的每个情境都形成了一套如何在此种情境下表现的期待。如在家庭中，"家和万事兴""家里大事必须听爸爸的""勤俭持家""不在背后议论长辈"或"和睦家庭不能有冲突"等。

家庭成员通常很快地觉察到他们自己在任何特定时间处于何种特定的情境下。正在行动的家庭成员已经首先构建了一种情境，比如，如果妈妈和爸爸在讨论如何装饰他俩的卧室时，孩子就会意识到这是"大人之间"的对话，小孩没有插话的必要。孩子很自然地遵循了这个家庭的一个规则，即不参与父母之间某些特殊的对话。

时间和空间同样也构建了一些家庭规则情境。比如，当一家人在客厅七嘴八舌地一起看电视。七点新闻联播将要开始，家庭成员知道要保持安静，因为父亲需要听清楚新闻联播。在这种情况下，假设"保持安静"这个规则是家庭成员共同默认理解的，那么如果有人发出声音就会被旁边的家庭成员提醒，让其保持安静。假如这个说话的家庭成员继续大声喋喋不休，整个家庭氛围会发生微妙变化，其他成员预感到父亲会生气，并认为当父亲生气时，远离现场是最安全的选择，于是其他成员在"不能惹爸爸生气"的家庭规则下，可能会相继悄悄地离开客厅。

我们处处都能观察到关于餐桌文化的家庭规则。如，孩子们习惯于坐好后并不开席，等父亲坐下了才开始动筷子；或遵循着"吃饭要有吃相""吃饭别吧唧嘴、不要讲话"的训诫；或只坐着夹取靠近自己这一侧的菜，不可以站起来夹取远处的菜等——否则就会挨骂或被大人瞪眼警告。

可以说，家庭规则是家庭成员共认的规则，同时更是个体在特定情境下通常的行为表现，比如，在"妈妈生气——爸爸生气"的情境下，有可能最小的孩子开始不听话，最大的孩子会教育他，然后所有的孩子开始争吵，这时候妈妈就会停止和爸爸争吵，而去处理孩子们的矛盾。互动链中的每一个元素都可以成为特定情境中的"规则"。

经常遇到的家庭规则常可以体现在以下这些方面：

私房钱、餐桌文化、性、身体接触、玩、食物、家庭秘密、烟、酒、药物、礼节、性别、感受情绪、成就、教育、信仰、金钱、说话或问话、家事分工、交友、睡眠、与邻里关系、政治、其他。

以上规定了家里的孩子如何支配零花钱，哪些家庭问题应该告知孩子、哪些需要保密，男女是如何分工的，父母在教育孩子时谁唱红脸、谁唱白脸，是否允许恋爱的孩子发生婚前性行为等。

家庭如何与外界社会联系的规则尤其重要。家庭与家庭外成员谈论一些家庭问题时，会不自主地受到规则的约束，如"不要管别家的闲事"或"万事不求人"，即使他们没有意识到或者难以说清楚家庭规则，他们的行为也仍然在受到"规则"的潜在影响。

家庭规则有时让我们从更高的抽象的水平来描述家庭生命中的周期性过程。例如，我们可以发现，"在这个家里，没有人会谈论痛苦或悲伤"，或"在那个家里，男人软弱而多变，而女人强势而爱控制其他人"。

家庭治疗师帮助家庭了解家庭规则的旧有意义是，在他们能改变之前，旧有的模式是需要被接受（被爱）的，如，去帮助妈妈理解和容忍爸爸的规则，反之亦然。使家庭为他们家个性化的规则而自豪，正是这些个性使他们的家庭与众不同。

如果有的家庭成员因旧规则产生了"受害者"的感受，如"女孩不用读书，只要嫁得好"，或"家务活只是女人干的事"，或"吃得苦中苦，方为人上人"等，治疗师可以邀请家庭探索，发现现有的不成文的、隐含的家庭规则，让家庭可以自行决定要保留什么或改变什么。治疗师对僵化不愿改变的家庭，可以通过扰动带来思考和改变；对混乱、没有方向感的家庭，可以一起探索更明晰的规则、秩序和设置。

西蒙（Simon）认为，"家庭规则如同未言说、不成文的规则，而从它被明确表达出来的那一刻起，就不会像以前那样影响行为了"。

治疗师可以帮助家庭整合弹性和统一性，寻找合适的规则。家庭根据家庭生命周期需求和社会发展潮流，选择更新（改良）或创建新规则，取代原先不适应的家庭规则，改变由此发生。

五、循环提问

提问是家庭治疗师的主要技术，家庭治疗实践的关键之一就在于如何使用问题。它代表了一种保持和来访者问题的接触、但又不指导来访者的行为或承担处理他们问题的责任的方法。米兰团队不断在家庭治疗实践中修正和发展他们的观点和技术，他们做出了一个重要的成就，率先将贝特森（Bateson）早期提出的循环因果观精心设计成强调反馈回路的提问技术，运用在家庭会谈中，形成了构建家庭关系的提问准则。

第三章 家庭治疗的基本概念与基本方法

米兰团队使用的主要问题被称为"循环问题",他们发展出的这种访谈方法,被称为"循环提问"技术,它力图把提问聚焦在几个方面进行探索:

(a)探索有关人际、关系观的差异(谁更亲近母亲,大儿子还是小儿子?);

(b)调查差异程度(从1到10个等级,你认为你妻子对孩子成绩的关注程度是多少?);

(c)研究此时与彼时的差异(她是在父亲搬出去住之前还是之后开始出现节食行为?);

(d)寻求家庭成员对假设性或未来差异的态度(如果儿子没有生病,你的婚姻今天会有何不同?)。

围绕这些提问,为的是探寻隐藏在家庭关系交互模式中的循环因果反馈链,并把探寻结果融合到系统性假设中去进行检验,这又形成了进一步循环提问的基础,使假设得到进一步完善,这种方法的巧妙之处还在于为提问者给出了选择,使来访者家庭很难拒绝回答。

可以根据策略和意图将循环问题分成特定的种类,通常可以分为四种不同的类型:

一种类型是让一名家庭成员评价另外两名家庭成员之间的关系或交往情况,探索关系差异。旨在引出和澄清家庭成员对混乱的家庭关系的观点,并将关于这些差异的信息以新问题的形式反馈给家庭。如,治疗师会问母亲"你的儿子与他父亲之间相处得如何?""假设我问您的儿子,他的父母关系如何,您认为他会如何回答?",或者问孩子"当你母亲哭泣的时候,你父亲会做什么?"

当家庭成员把自己与某人对同一事件或关系的看法进行比较时,其他家庭成员的观点可能对其更有启发性。这种三角式提问,通过告知第三人关于其他两人的关系信息,经常会让家庭学会以循环的观点而非线性的方式思考问题,家庭因对自身或内部关系的觉察和思考而发生改变,同时给治疗师提供了信息。

另一种类型的提问目的在于制造和明确差异,如通过等级和排序提问,让家庭成员对情境里的反应进行排序,属于循环提问的一种特别形式。如,治疗师问"想象一下,如果这个房间的一端代表'完美的婚姻',另一端代表'糟糕的婚姻',您会选择站在两个极端之间的何处?请您想一下,什么原因使您站到这个位置?您对您的妻子站的位置又是怎么想的?""对于女儿失恋这件事,家里谁最伤心?其次伤心的是谁?""今天来这里谁最乐观,谁最表示怀疑?",或者提出更一般性的问题"当这个问题解决了以后，谁最会感到如释重负？"

有时，还可以灵活应用象征性的辅助工具来增加来访家庭的想象力，更加生动地展现等级排序，例如，治疗师问"我这里有一把从 0 到 100 厘米的卷尺，想象下 100 厘米刻度处是表示十分委屈，0 刻度处是表示非常平静。你想象一下，如果你和弟弟吵架，他会站在什么位置？"

第三种类型的循环提问，是考察某一事件随时间而发生的变化。问题可以是关于过去发生的或者预期将来会发生的某一特定事件。例如，治疗师问母亲"父亲搬出去住后，孩子的行为发生了哪些变化？"，或者问父亲"如果儿子去上外地的大学，你和你妻子之间会发生怎样的变化？"

循环提问的第四种类型，是被用来委婉询问来访家庭目前不愿意回答的信息。例如，治疗师问丈夫："假设你的妻子今天在这里，他对于你们婚姻中存在的最大问题会怎样看？""假如有个小精灵，它被你们允许通过一个小窗口可以观察你们的家庭生活，它会怎么来形容你们的家庭？"

每一种循环提问都可以聚焦于现在、过去或者将来/假想的事件。治疗师不应局限于提出与分类系统完全吻合的循环问题。相反，不同类型的提问强调了构成循环问题的各种目的和方式，这些问题可以刺激治疗师的创造力。

作为米兰疗法的标志性技术，循环提问聚焦于家庭中的重要主题，所提的问题靠假设来指引，是假设给了治疗师的循环提问模式以次序和一致性。通过向多人循环地提出对同一关系的态度问题，有了这些信息，治疗师就能够更好地理解目前症状维持的行为序列，能够提出相应的策略或者探索出能够打破这些行为序列的方法。例如，"我很好奇，当丈夫听到妻子那样说时，有什么感觉？"

通过这样的循环提问，被贴上"精神障碍"的行为不但会被"软化"，还有可能把它放进关系背景中探索："对于家里谁来说，您女儿的病并不是一个问题？"或"如果他又出现了医生所说的强迫症症状，家里的谁会最先发现？"。

家庭成员在回答中会相互给出间接的反馈并以这种方式澄清彼此之间的推测，即他们"期待的期待"。西蒙（Simon）对这种方法所持的最基本观点是，在一个社会系统中，所有行为方式、症状和情感表达，不仅被看作人们之间发生的事件，而且在定义相互的关系和"期待的期待"上发挥着功能。人们的行为并非由他人实际的想法决定，而是受到人们所认为的他人想法的支配。因此，建议直接大胆地对关于他人的推测和猜想进行循环提问，这样的交流比详细询问当事人自身的感受会更有趣得多。

通过询问一个家庭成员对另外两个人之间关系的看法就可以产生信息。所以，有时人们也把这样的循环提问方式称作"关于在座的人的闲聊（闲言碎语）"，从一种关系引申到与第三人的交流。

循环提问技术通过聚焦于家庭关系联结的每个问题，指向的并非个体的症状，强调的是家庭系统中成员相互之间的联系，凸显另两个家庭成员之间的差异或界定他们之间的关系，这些差异揭示了不同家庭成员的多元观点和反复出现的家庭模式，反过来又反映了家庭关系观（表3-2-1）。

表 3-2-1 循环提问

类型	定义/功能	举例
关系差异	建立人际关系、子系统和联盟	你在家里与谁关系最好？ 你有心事时，最愿意向谁诉说？ 你没考好时，家里谁的反应让你最担心？
时间差异	如果问题有开始，那么它就可以有结束	谁先注意到这个情况发生？ 你们比过去更亲近吗？ 你们分居后他发脾气得更多还是你们在一起时他发脾气更多？
程度差异	如果问题可大可小，那么它也有可能终止	谁更担心你们女儿长时间洗手的问题？ 在从1到10的等级上，你们对儿子学习成绩的担心程度如何？
假想/未来	建立一种对行为的控制感	明年你儿子离家去上大学时，你猜想你太太的反应会如何？ 如果那次吵架后你当时就离开，他可能会做些什么？
常态比较	通过建立健康的参考框架来促进健康的功能方式	你和你丈夫比其他你知道的夫妇争吵更多吗？ 你的家庭与其他家庭相比关系是更紧密还是更松散？
观察者的角度	帮助个体意识到他们的反应行为和感觉是怎样在家庭交互作用的	谁认为这个情况是一个问题？ 你的父母怎样表达他们的爱？ 你的父亲可能得到谁的支持？ 你儿子会怎样描述你的管教风格？
假设引入	通过将工作假设植入问题中，帮助家庭趋向新的醒悟和问题的解决方法	你认为你害羞是不想与他人靠得太近吗？ 如果你为女儿长时间不停洗手而发脾气，那你的家庭会认为你不称职吗？

从本质上来讲，循环提问本身就是一种干预，促进了一个家庭成员的所思所行与另一个家庭成员建立联结。这些提问反复使用的基本通用假设是：事情之间是相互联系在一起的，它引出了人们之间的各种联系，揭示出影响现有问题的各种因素的相互作用。

循环提问也是重构的过程，它使得在糟糕的环境里看到好的地方成为可能。我们可以想象当问题突然不见时，那时会发生什么。例如，奇迹性问题就是一个很好的机会，通过问"如果有个仙女有根魔法棒，可以使你这个想法一夜成真……你能描述一下那会是怎样的场景呢？"

治疗师还可以通过循环提问，将问题与行为、意义和家庭成员间的情绪联系起来。例如，"当您感到伤心时，您丈夫是表现得更差还是更好？"

循环提问也可以帮助家庭成员自我探索，此类问题可让家庭成员自我反省，因此具有"反省性"。例如，"你是否觉得，相比于妈妈，爸爸关于你考研的看法对你更有帮助？"

有时，循环提问还可以有助于澄清相互之间的误会。

六、时间线

治疗师经常会将重点放在记录和界定家庭系统当下状态的信息上，例如，谁是属于这个家庭系统的？在家庭内的关系是什么？谁代表了哪些观点？但是，我们同时应该注意，家庭系统也会有过去和历史，这对我们理解家庭来说同样很重要。

关于家庭系统的历史，有以下三方面：

（1）家庭系统自身的发展历史：来访家庭案例的历史。

（2）问题的发展史和它随着时间推移的发展：特别重要的是有着慢性问题的家庭系统症状的历史。

（3）家庭系统尝试用自己的资源或专业帮助来解决问题的历史：以往尝试解决问题的历史。

治疗师可以借用时间线的方法来记录这些已有信息，用顺时方式呈现和视觉化以往做过的各种努力。它能够带来一种鸟瞰的视角；反过来这种视角又提供了一种更广泛的概况，并特别强调着关系。

时间线将信息按时间走向进行整理，主要用于记录家庭系统的历史、家庭系统的问题和之前尝试过的解决方法等信息，并帮助治疗师提出假设。帮助治疗师了解以下三个方面的相关问题：

1. 家庭的历史事件

哪些特别的事件影响了家庭系统及其历史？婚姻、分离、婚外恋、搬家、失业、家庭的新成员、出生、死亡、疾病、重要的人或照顾者状态的变化等。在这里我们应该只限于罗列一些最重要的事件。

在某些情况下，有些事可能会比其他的事更重要，因此也需要在时间线上标注出来。例如，当我们和未成年人工作时，需要了解在什么时间段孩子的主要抚养人是谁、有没有什么变换，在过去是否曾经与抚养人分离、为什么分离等。孩子的依恋史常对我们理解现在的情况起着至关重要的作用。

2. 家庭的问题或症状病史的发展

家庭里第一次出现问题的征兆是什么时候？有加重或是减轻，还是一成不变？有随时间变化波动吗？有没有出现新的不同的问题？有没有同时发生其他的变化呢？

3. 家庭的资源、经验及曾尝试过的解决方法

有没有一些成功的经验或是一段还不错的时期呢？来访家庭必须克服什么困难，他们是怎样获得成功的呢？是否有过就医经历或者寻求过什么帮助？来访家庭试图怎样解决问题，他们努力的结果又是什么？非正式的助人者（如亲戚朋友）提出了什么建议？专业的助人者又是何时进入和离开的呢？哪些已经做了，哪些还没有做？

由于它不涉及目前存在的问题，家庭成员可能没有什么动力去谈论过去的（失败）尝试，因此记录这方面的信息可能需要相当长的时间、耐心和兴趣。需要做的是持续的询问和主动的探讨——同时尊重来访者的限制和应对方式。这里获取的信息是非常有用的，但也不需要在一次咨询里完成或在咨询刚开始的时候做。

治疗师用上面的元素来设计时间线：

比较合适的时间线是将年或月的信息放在图的中间或上三分之一。

家庭历史上最重要的事件要放在时间线的上方。

围绕问题或症状的病史发展放到时间线的正下方。

图的下三分之一是用于表示资源、过去的经验及曾经尝试过的解决方法。

时间线描述示例（图3-2-2）：

时间线除了按顺序整理信息，并对已知信息做一个概述，它还可以暂时性地把问题情境化，把问题置于历史发展的背景下来考虑，目标就是确定家庭历史、解决方案的尝试和问题历史之间的连接，这反过来又开辟了解释和看待问题及其后果的新方向。

来访家庭历史事件							
	年份	»	»	»	»	»	»
问题或症状病史发展							
资源、经验及曾尝试过的解决方法							

图3-2-2　时间线描述

将问题历史放在时间背景的情境下这一概念，最早出现在家庭治疗的发展阶段，更重要的是它预见了与此相关联的生命历程和经过。卡特和麦戈德里克描述了人类在家庭生命不同阶段的主要任务：离家、找到伴侣、生儿育女、孩子上学、青春期、孩子离开家、变成爷爷奶奶、退休、死亡和丧失。以这样的视角来看，对每个阶段关键事件提出假设，问题有可能在扮演着一个有意义的角色，它有时候可以减缓或是阻止这个转折阶段。例如，在一个婚姻的危险期，即第一个孩子出生后婚姻的困难阶段，显示了这对夫妻没有找到平衡新旧角色的方法。这可以大大安慰到来访家庭并使他们获了一个新的视角，可能让他们不再愤怒和自责，重新认识到要改变和寻找可行的解决方案的必要性。

时间线的目的不是为了建立一个完整的线性因果关系（如"由于失恋的打击，不久她就出现了症状"），而是要描述一种循环因果关系：问题对系统的发展或解决问题的方式也有影响。时间线也能帮助治疗师对一段生活状况和障碍之间的关系形成假设，协助治疗师如何提供专业帮助。

来访家庭通常会喜欢和治疗师一起来完成时间线，当来访家庭开始按时间线来回忆过去那些往事的时候，它会触发那个时间段更多的记忆。治疗师都知道这种现象：当治疗师对过去的事情思考讲述得越多，它就会在我们的脑海里变得越清晰。启动旧的记忆可以激活各类联想——用时间线视觉化可以大大强化这个过程。

来访家庭经常对他们自己的过去有一个相对混乱的画面，和治疗师一起沿着时间线探索，可能会比以前更清晰和条理化。

对于一些慢性问题，来访家庭可能已经咨询了很多不同的助人者——他们记不得谁提过什么，或者有什么样的结果，因此与来访者一起回顾和反思这些信息，对新的治疗师来说是非常有帮助的；这不仅可以激活一些资源，同时也会避免绕进死胡同。

德国的安德雷亚斯·弗利斯泽尔曾提供过一个来自儿童和青少年中心的案例，关于一个青少年来访者的时间线示例：

"索尼娅，14岁，从不遵守规则。她总是离家出走，经常夸张地需要警察来搜寻——仅仅回来几天就再次消失。她在福利中心留下了大量的卷宗，也几乎不怎么待在学校。社会工作者对此已无计可施。他们尝试了很多办法，甚至将她关进全封闭的机构，从长远来看，这些都被证明是无效的。在督导小组里我们对这种情况也是一筹莫展。

这时，治疗师用时间线的方法了解到，索尼娅来自一个吉普赛家庭，早年有许多颠沛流离的经历。她的时间线显示了那些先前口头汇报过但未被意识到的信息：索尼娅一直所表现的都是以前她在家时候的行为。她随家人搬了许多次家，后来家庭解体，她辗转于很多个寄养家庭，还没来得及和那些地方及人们建立关系，就被转送到下一个家庭，她的家是由那些短暂照顾过她的人组成。

置于这样的背景下（情境化），一切就豁然开朗了，任何试图想给她提供一个不变的住所以及一个特定的照料者的尝试都是徒劳无功的。沿着这个资源，我们了解到她有一个姨妈——一个对她特别重要的照料者之一。这里就有了以下的建议：索尼娅被放入一个有着各种青少年设施的单间，再配上一个她非常喜欢的照料者。起初这个照料者不需要做太多，只要陪伴着她并供其所需。这个策略冒险很大（在法律的意义上也是如此），因此在开始前必须和法院和警方进行一次讨论。一段时间以后，索尼娅的状况趋于稳定，并开始表现出一些独有的兴趣，包括假期培训的可能。她在宿舍的时间越来越多，最后也回到了学校（在许多特殊教育的支持下）。她的症状也并没有完全消失，但是她的'旅行'现在确实越来越少，越来越短了。"

对许多来访家庭来说，拿一张白板大家一起工作，比仅面对面地讨论要好得多。这对很多青少年来说尤其如此，他们甚至可以听到父母回忆着当他们还很小时候的家庭故事，如当年家庭破产后父亲只身"跑路"躲债2年，或者因为违反计划生育政策生下最小的妹妹，家庭曾为此付出的经济和生活代价。

当治疗师和来访家庭一起看时间线的时候,要给对方一些时间来寻找和思考答案。这时,来访者常会发展出一些自己的理论以及只有在将其可视化才能够出现的情境。

除了在一张白板上绘制时间线的方法之外,有时可以采用更加有创意的雕塑的方法来呈现一系列的特别事件(里程碑、绊脚石、转折点等),展示出系统是如何发展的。比如,结婚、第一个孩子出生、6次搬家、第二个孩子出生、母亲恢复工作、爷爷意外去世和父亲的抑郁发作。有时要表示系统内的这些信息,可以在地板上画一条线(或用地板砖笔直的接缝、绳子、粉笔、胶带)来表示时间,将参与者记忆中系统发展的重要时刻及事件沿着时间线用符号或年份呈现出来,用纸片或者石头或小物件沿着线一路做标识加上去,从创立之始到现在形成一个记忆的轨迹。

然后让参与者沿着时间线走,在重要的点上做停留,反馈他们的感受和想法。最后从现在的点上回看整个历史,聚集印象和提出新建议。讨论系统内现在与过去之间的相互连接,并阐明其结果。

时间线还可以扩展到未来,这巩固了个人与发展和时间的关系。可以给未来某个时间点(如3年后、5年后)留出一个位置,以便参与者猜测和想象未来的景象:

未来某个时间点可能发生什么?

什么时间段内可以预见什么?

目标是什么?

会如何做出努力,塑造未来?

七、雕塑

当家庭成员把他们自己置于一种戏剧性的场面,使用强烈的、表达性的方法(手势、面部表情、句子、高度/距离的不同),揭示他们重要的感知和感受,我们称之为雕塑。它在系统理论中有着长久的传统,是家庭治疗里很重要的一种非语言、经验性的技术。

家庭治疗领域里,许多早期的杰出先驱、教师和治疗师为雕塑技术奠定了坚实的基础。特别是维吉尼亚·萨提亚塑造了以身体和动作为主要取向的方法,这在家庭治疗领域中迅速流行起来。

以雕塑的方式进行工作意味着不再用言语的方式来描述每个来访者,而更多是用身体和空间的方式。"雕塑"这个词特别贴切,因为它描述了治疗师就像一个雕塑家一样把一个人的关系用三维的方式呈现出来。雕塑可以是静态的、动态的，或像哑剧，意味着不再用言语的方式来描述每个家庭成员，而更多的是用身体和空间的方式去展现。

有时雕塑比用语言更有效，它们对治疗师和来访者来说都是有价值的诊断工具，同时也是有效的干预方法。用雕塑可以描绘出很多事情：

系统间的外部关系；

系统随时间的发展情况；

来访者的内在场景。

每个雕塑需要一个雕塑创作者来重现他自己所感受的事情。我们介绍三种以雕塑与家庭系统工作的方式，每种方式都赋予了雕塑外显的特殊意义：

1. 由内而外的雕塑

在这种方式中，要求家庭系统的某个成员给出他或她对现有关系的看法。治疗师决定选择谁做这项任务。他经常会选择那种看起来非常积极、具有极大的创新潜力或表达能力的成员。通常，青少年是不错的选择，或是那些没有过多卷入"黄金症状舞蹈"的系统成员。不过，有些情况下承担这个角色的最合适人选可以是实际的"症状承担者"。关于如何选择并没有固定的规则。

由内而外的雕塑鼓励家庭成员去接受、理解、感受和表达他们每个人自身的体验。这样的叙述效果可以通过给每个家庭成员提供机会去扮演不同的角色来得到强化，这样他们可能会改变看法并因此理解别人表达出来的感受。如果雕塑不符合有些家庭成员的个人体验，他们可能想修正雕塑，治疗师也可以就此引导他们讨论这些观点上的不同。

再次，治疗师必须强调看待系统关系的方法没有对错之分，因此雕塑也没有正确或错误之分，它允许观点并存而非相互排斥。

一旦创建了一个雕塑，创建另一个就变得更容易——最初的雕塑为家庭使用新的和不熟悉的媒介破了冰。

2. 由外而内的雕塑

这种情况下，治疗师亲身以雕塑的形式给家庭演示治疗师本人对家庭系统内关系的看法，它可以展示功能不良的家庭结构。萨提亚常喜用这个方法向家庭清晰地展示她是如何看待他们的沟通模式的。她经常这么向家庭介绍，然后就开始工作："我想给你们看些东西……"。

萨提亚说雕塑清晰地表现了她对家庭内正在发生什么的理解。她邀请每个人跟她辩论——如果他们不同意她的观点的话。

这类由外而内的雕塑属于结构法,可以用来呈现功能不良的家庭结构。比如,父母的一方与孩子的结盟、未解决的层级边界或父母子系统内部的分裂等问题,治疗师可以把他对家庭的这些发现用真实和让人印象深刻的雕塑方式描绘出来。

当然,很重要的是,需要清楚地说明这类雕塑呈现的是治疗师的观察所见,而非家庭不可改变的事实。

安德雷雅斯·弗利斯泽尔提供过一个用雕塑来工作的家庭案例:

一个离异家庭前来咨询,家里有两个女儿,一个13岁,一个8岁,咨询的原因是大女儿与母亲及她的新伴侣之间的冲突不断升级。大女儿现在的任务是在房间里找到一个合适的地方去象征他们在家庭系统里的位置。成员可以用手势、面部表情、视线做信号。所有的系统成员慢慢移动,同时对其他成员以及他们的位置、手势和面部表情做出反应。孩子们的父母大约4年前分开了。孩子们花60%的时间和母亲在一起,40%的时间和父亲在一起。第二次访谈的主题是孩子们对爷爷奶奶的探望。父亲带孩子们去他父母家,母亲对爸爸带她们去祖父母家的方式和频率持批评态度。父母让孩子们参与共同讨论。大女儿说她认为母亲的立场不对而且太夸张。小女儿说她并不在乎,有时对她来说探望次数是太多了,但她确实喜欢看到她的爷爷奶奶。当大女儿反驳母亲时,父亲的眼睛发亮了并面带微笑。然而,他自己的话很少,并对母亲的指责反应平静。母亲变得越来越无助,越来越有攻击性。

治疗师提出建议说,他想用雕塑来呈现他对这个家庭的看法:他让父母保持4m的距离。父亲交叉双臂。母亲朝前走一步,并向他挥动拳头。大女儿站在父亲附近,站在他的前面,在父母中间保护着父亲,双手挑衅地放在胯部,看着母亲。父亲和大女儿太近了以至于身体会有轻微接触。小女儿坐在离母亲1m远的地板上,稍微偏离父亲、母亲和大女儿的轴线,这样她能来回地看他们。

家庭成员在雕塑的位置上站了一会儿之后,父母同意这个场景典型地描绘了他们之间的许多互动。母亲的新伴侣一直站在她后面并支持着她。争吵没有发生在父母间,而是发生在大女儿和母亲之间,这也是很典型的。雕塑将部分互动模式转变为可见的形式让所有人都看得见:

父亲和大女儿间功能不良的联盟;

父母的冲突转移为母女的冲突;

父母子系统没有足够的团结。

来访家庭非常强烈地体验到雕塑中展现的模式,并可以在随后的日常生活中识别它们,同时,这也增加了他们尝试去打破模式的机会。

3. 同时性雕塑

在同时性雕塑中,没有一个指定的雕塑者,而是家庭的每个成员都参与,他们要同时做出反应。一个人的位置改变导致另一个人的改变,反之亦然。这个雕塑过程会持续一段时间直到系统达到平衡。整个练习的展现就像是整个系统在跳一个非常令人兴奋和有意义的舞蹈,这本身包含了成员之间的关系交流。

4. 制作雕塑

治疗师建议分6个步骤来做由内向外的雕塑(本章图片展现的雕塑由临床案例改编,由医生和志愿者扮演):

(1)首先确定从谁的角度来展示。同时我们必须与雕塑者一起商议好雕塑的内容是什么。

除了在场的那些人,可以用椅子或其他物件象征其他相关的人员。甚至有时生活领域、玩偶、嗜好、秘密、疾病或制度可以成为雕塑的一部分(图3-2-3)。

图 3-2-3 "抑郁状态"女生的家庭雕塑

注:①索引患者(女,初二学生)②母亲 ③父亲 ④友情 ⑤抑郁状态。

图 3-2-3 雕塑是由索引患者完成的。

她心情低落，生活懒散，学习低效、睡眠差，在医院被诊断为"抑郁状态"。她感到没睡好或者心情不好就起不了床，无法准时去上学，近半年来断续请假在家。父母都是公职人员，每天要打卡上班，无法在家陪伴。母亲紧张地关注着她的一举一动，母女之间反复因各种生活小事发生冲突。在她眼中，父亲就是家里的"工具人"，负责开车接送患者、包揽所有家务，在家里没有太多的话语权。她非常珍视友情，和几位同学的感情很好，周末经常相邀逛街聊天，和好友们一起时可以比较开心。她闭着眼不想看未来。引起治疗师注意的是，她把"抑郁状态"放在了身后，似乎她并不在意这个问题，而它对她的生活和未来也没有造成实质性的妨碍或影响。

（2）雕塑者可以指定人物之间的距离去表示关系的紧密程度。在同一步骤中，雕塑者还可以指定两个人物之间的视线（图3-2-4）。

图3-2-4　抑郁症女孩的家庭雕塑

注：①索引患者（女，大学刚毕业）②母亲 ③父亲 ④姐姐。

图3-2-4雕塑是由索引患者完成的。

索引患者患有抑郁症，表现为心情低落、懒言少语、什么事都不想做。父亲的生硬冷漠、母亲的软弱无力和姐姐的遥不可及，都让她在这个家里倍感孤独郁闷。

借索引患者的视角看到，母亲蹲跪的姿势表现出其卑微的家庭地位，对丈夫和患者的关注讨好。在母亲娘家有一条很重要的家庭规则就是"关系和谐比个人感受更重要"，所以当年母亲结婚时，娘家"陪嫁"的训诫是"带耳朵别带嘴巴嫁人（不要搬弄口舌而引起人际是非）"。婚后她白天看店，晚上照料家庭，对丈夫言听计从、夫唱妇随，母亲的情感压抑、生活沉闷、受了委屈时只默默流泪从不说出来。

雕塑还清楚地呈现出大女儿与"父-母-小女儿"子系统之间疏离而僵硬的边界，她远远地"游移"在家庭的边缘，和家里其他成员间显得生分。父母回忆起当初他们的生意刚起步、生活状况不稳定，无暇照料孩子，大部分时间将患者姐姐交由舅舅、舅妈照料。现在姐姐各方面很独立，工作生活都不需要家里操心，她对家里大小事情几乎只礼节性地过问一下，并不用心参与，对妹妹的"抑郁症"表示爱莫能助。

（3）治疗师可以引入"上-下"来表示影响力的大小。雕塑中的人们站或坐在椅子上，其他人跪着或半蹲或全蹲，或坐在地板上（图 3-2-5）。

图 3-2-5　强迫症少年的家庭雕塑

注：①索引患者（男，高一学生）②母亲 ③父亲。

图 3-2-5 雕塑是由索引患者完成的。

索引患者患有严重的强迫症，主要症状表现为强迫性对立观念，脑子里总是有相反的想法在争斗，他曾为了要不要点外卖而"对立思考"一个下午，当脑子里有一个想法"人生要善待自己，生活就要随心"正要下单点外卖，脑子里马上跳出另一种训诫的想法"想成功一定要自律，外卖又贵又不卫生"，他就赶紧关闭了手机的外卖栏，如此反复，深陷在两种对抗思想的势均力敌的"角逐"里难以自拔。父亲是军人出身，性格严肃古板、不苟言笑，对家人要求严格、规矩多，动不动就训斥、"上纲上线"讲大道理。患者回忆起曾和父亲共度的某个暑假，感觉就像是参加完一个夏天的军训般紧张、压抑和疲累。在患者眼中，母亲像个"怨妇"，感到婚姻不顺心、对很多事看不顺眼、整天絮絮叨叨、焦虑不安。父亲很威严，母子俩对其虽常有不满对抗，但总地来说很畏惧。

家里的每个人都随意指责和否定着其他人，家庭成员之间的边界疏离又模糊纠缠，家庭意见总是以分歧为多、充满冲突，气氛令人烦躁不快。

（4）加入面部表情、手势和姿势来表达关系的质量（图3-2-6）

需要鼓励一些参与者不要害怕表现出关系中的某些禁忌部分。我们应该询问"演员"——特别当他们表现批评的手势或身体姿势时询问他们是否愿意尝试这个姿势，避免某个人被冒犯，这点我们必须牢记。

图3-2-6 自伤女孩的家庭雕塑

注：①索引患者（女，大二学生）②父亲 ③母亲 ④自伤行为 ⑤性取向。

图3-2-6雕塑是由索引患者完成。

多年来，她起伏不定的情绪和反复出现的自伤行为（用利器划伤自己手臂的皮肤）让父母既心疼又头疼。在医院里，她被诊断为边缘型人格障碍。

在雕塑中可以看到母女之间在心理上的相互拒绝和否定，而父亲似乎置身事外，无奈又冷淡地看着母女之间的冲突。女儿的自伤行为看起来像是一个可以拿来与母亲对阵的武器，她的性取向是家庭对外的秘密，也是现阶段她的一个心理包袱。母亲认为女儿的整个情绪和行为表现"不可理喻"，感到厌烦，称自己"我很辛苦,心很烦,不想再看见她"。

(5)强化雕塑中情感的特质。如果我们想进一步提高雕塑的情感质量,我们可以要求那些雕塑的参与者提升他们的手势、姿势和表情的等级,甚至到一种夸张的程度。另一个可能性是要求雕塑者为每个雕塑指定一句自然冒出的话。每个人的话并不需要一致,雕塑者从一个人走向另一个人,说出他认为与那个人相关的一句话,"演员"们大声地一遍遍重复着它们。句子被一个个轮流说出来的效果,比起所有人同时说的效果,要好得多。

(6)给予家庭一定时间来感受雕塑。一旦雕塑的结构完全建立,治疗师要留给"演员"们一段时间去感受雕塑以及他们在雕塑中的立场。这包括每个人静默地站立不动几分钟,聚焦于自身心理和身体的体验和知觉。雕塑的一个优点是我们的五官和情感会完全卷入,"演员"的躯体体验是雕塑的一个更深的维度,如果治疗师要求他们闭上眼睛和倾听内心的自我,指导他们关注身体感觉,其对关系模式的感官知觉体验与情绪结果的连接常会引发对家庭系统的整体的更深的理解。

治疗师在陪伴雕塑者完成雕塑时,很重要的是搞清楚对方需要多少支持、指引、安排或自由发挥来释放他自己的创造力。在雕塑过程中治疗师应与雕塑者保持紧密,然后偶尔离开一下,与场景保持一段距离并观察雕塑者的行为。

治疗师建议雕塑者不时后退几步,将雕塑作为一个整体来看一下。此时,作为雕塑一部分的该雕塑者的位置,可以临时用椅子代替。

5. 雕塑后续工作

雕塑完成后,治疗师留给每个人对所创造的内容有足够时间去审视和理解,他的下一步是引导家庭对雕塑进行语言和非语言的评估和探讨,后续有很多的工作待完成:

(1)从不同角度来领会整个雕塑

给每个家庭成员机会从外面绕着雕塑走,采取不同的视角去审视,有意识地脱离自己系统内的位置并从外面来看待雕塑。在此期间,可以用其他人或椅子代替他们在雕塑中的位置。视角的变化提供了考虑和体验事物的新途径,并且支持他们找到新的解决方案。

(2)缓慢移动的"舞蹈"

雕塑里的成员可以根据现有位置上的感觉慢慢地进行任何动作。要求其他人对这些做出反应,但要缓慢行动不说话。因此,一场哑剧或无声的"舞蹈"

开始上演。它非语言的属性可以产生清晰和深刻的图像,连接和互动变得更好区分,它们本身就有无意识或半意识的性质,这样一来,成员就可能清楚了解决方案是什么,阻碍的力量是什么(从图3-2-7缓慢移动到图3-2-8)。

图3-2-7 "叛逆"少年的家庭雕塑①

图3-2-8 "叛逆"少年的家庭雕塑②

注:①索引患者(男,初二学生)②母亲 ③父亲 ④姐姐 ⑤爷爷 ⑥父亲的生意。

图3-2-7与图3-2-8的雕塑,讲述的是同一个家庭的故事:索引患者因为"早恋"和多次"出走"在农村的传统家庭里引起轩然大波。他的所有行为被村里人冠以"青春期叛逆"。

图3-2-7雕塑是由索引患者完成:父亲的臂弯里抱着巨大的抱枕,那是他

沉重工作负担的象征。他开着一个小食品杂货店，起早贪黑忙着养家糊口，却疏忽了对孩子的关心和管教。这个雕塑展现了家庭教育剑拔弩张的现状。尤其让人印象深刻的是，"批判"式的压力顺着多只指责的手轴线传导，齐刷刷地聚焦在男孩的身上。男孩面隅、背朝家人，一只手痛苦抱头保护自己、另一只手倔强地握拳向家人挥舞抗争。

图 3-2-7 雕塑完成后，治疗师让每个人缓慢地按自己想要的样子去移动，同时对他人的移动和位置做出动态的反应，就像无声的舞蹈慢慢上演，直到停下，此刻形成图 3-2-8 雕塑。

两次雕塑前后呈现出不同的信息，暗喻着家庭可以自主发生很多变化：爷爷自动走出了家庭的视线（隔代教育主动弱化），男孩的父亲放下了手里的工作，更多来关注孩子，父母指责的手都明显放低，男孩已经转身回家，并且和姐姐之间有了更多的连接——或许姐姐除了更多地支持和理解他，还可以成为男孩和他父母之间沟通的桥梁。

（3）愿望（理想）雕塑

在现状雕塑（图 3-2-9）的基础上，可以由雕塑者重塑理想（愿望）雕塑（图 3-2-10 和图 3-2-11），呈现他心中想要的理想关系的样子。治疗师可以在这里指出未来的事件或发展，分析未来的情景以及这件事可能会如何改变关系，和家庭探讨他们还需要改变什么来实现这个愿望。

或者，让其他家庭成员建议这个雕塑者，要想迈向自己青睐的位置应该要做些什么不一样的事。

图 3-2-9　离异家庭的现状雕塑

图 3-2-10　离异家庭的理想雕塑①

图 3-2-11　离异家庭的理想雕塑②

注：①索引患者（男，高二学生）②母亲 ③父亲 ④学业 ⑤母亲的工作

图 3-2-9、图 3-2-10 和图 3-2-11 讲述的是同一个家庭的故事，均由索引患者完成：

索引患者的父母多年前已离异，他跟随母亲生活。父亲独自生活，负债累累，到处打零工。近两年来他感到学习压力大但上课又学不进去，成绩有所下滑。对母亲的管教感到心烦意乱，容易和母亲吵架后冷战，在学校也没什么朋友。母亲为儿子的状态感到担忧，加紧了对儿子的全方位看管，并多次打电话叫来孩子父亲，要求他帮忙参与教育孩子，但结果却收效甚微。

图 3-2-9 呈现出他的家庭关系现状：母亲和他面对面挨得很近，母亲的视线紧张地落在他的脸上，而他的视线则落在前方的地上。他的手里抱着自己的学业，而母亲的手里抱着工作（母亲的职业稳定，工作表现优异，曾获得多项荣誉）。父亲被动无奈地跟在儿子的背后，低着头沉浸在自己沉重的债务烦恼里，无心关注母子俩之间发生的事。离异多年来，其父母未在一起生活，父亲其实并没有真正融入母子俩的生活，谈不上了解他们。

图 3-2-10 和图 3-2-11 呈现了索引患者想要的理想的家庭场景，反映了他的愿望（两图实为从不同角度拍摄的同一场景）：我们可以发现，母亲和他已经不面对面挤在同一轴线上，他可以抬起头无碍地看向前方的未来，而母亲也不再只是紧张地盯着儿子而是放松地看向了别处，母子之间留出了一些空间。父亲则拉开了与母子生活的距离，远远地坐在了儿子的斜对面（父亲和"母 - 子"子系统的界限变得更适当），他可以看见和了解到母子的生活概况，并且只在必要的时候给予帮助（如周日来邀儿子去骑行、聊天或带儿子去参加一些访亲活动）。

（4）对雕塑反馈

治疗师通过要求每个人表达，也可以给出语言形式的雕塑：

他在雕塑里看见什么（想法、印象、感觉、身体的感觉）？

雕塑与日常生活有多一致？

当看着雕塑时有没有什么新想法出现？

有时对家庭成员们来说，把他们的直觉经验用言语进行整理是重要的。治疗师若观察到某些未被系统成员注意的细节（如身体紧张、呼吸紧迫、动作延迟犹豫等），可以提出重要的评论，一旦这些意见被反映出来，对来访家庭有很大的意义，并且可以激励家庭自我探索。

在做言语评估时，治疗师应该把结果和过程转化成理性的分析思考，然后用语言表达出来。

在一些特殊情况下，治疗师还可以发挥创意，使用"社会原子"雕塑、空椅子雕塑、家庭格盘和小物件象征性雕塑（如手边顺手能拿到的硬币、石头、茶杯、回形针和玩偶等），同样能起到言语交谈之外的治疗效果。

八、演出（活现）

这是指治疗师把外在的家庭冲突带进会谈表演的一项技术，以便家庭成员能演示他们平时如何处理该冲突。治疗师能够得以从中观察冲突顺序，并且开始规划矫正家庭成员相互作用的方法和形成结构改变的方法。

这些方法来源于心理剧，治疗师请来访家庭描述一个特别的日常生活的场景，甚至是更激烈的冲突场景，都相对比较容易扮演，例如，具体的场景如何展开、各自如何体验这些情境、随后而来的分歧及处理……

结构式家庭治疗师米纽庆（Minuchin）认为家庭病理是由功能失调组的发展造成的。功能失调组是在对压力做出反应的过程中发展形成的家庭反应；一旦有家庭冲突，这些反应就会一成不变地重复出现。如一位工作压力很大的丈夫回到家，经常对他的妻子大声叫嚷，妻子反击，冲突升级并一直持续，直到一方弃权"撤离战场"。双方都感到问题并没有得到解决。在另一个例子中，一位母亲经常数落处于青春期的儿子，父亲支持儿子，小一点的孩子们抓住机会介入其中并且指责他们的哥哥。所有家庭成员都卷入其中，并且形成各种联盟；但是家庭组织仍然没变，并且功能失调组将在下一个令人厌烦的情境中重复出现。

通过使用演出（活现）技术，治疗师积极地创造一种情境，使来访家庭在治疗期间将他们的功能失调的互动"活现"出来（而不是仅靠口头描述它们）。

罗森伯格曾描述过一个典型的发生在治疗室里的关于"活现"的例子：一位母亲抱怨她2岁大的女儿乱发脾气，使她在祖父母面前、在公共汽车上和其他情况下倍感尴尬。但在早期的治疗会谈中，女儿一直表现很好（尽管她母亲坚持认为离开治疗室，她女儿又会发脾气）。在第三或者第四次治疗会谈期间，当孩子要口香糖时，罗森伯格看到了他的机会——他让母亲不要给她口香糖，因为午餐时间就要到了。

当这个孩子的啜泣声转向哭泣、哀求，到最后扑倒在地上和脱衣服时——并且当母亲考虑要屈服时——尽管现在处于震耳欲聋的哭闹声中，治疗师鼓励母亲不要动摇。半个多小时以后，孩子停止了哭泣；虽然母亲和治疗师都筋疲力尽了，但她似乎还好。然而，母亲在实际演出期间已经坚持了她对局面的控制，因此，认识到她是能够胜任的，并且比她预想的要更坚决。

根据结构式家庭治疗观点，孩子的问题行为用相互作用的术语被重新定义；代与代的界限被重新建立；其他有效的互动模式被引进；适当的层级顺序被理顺（母亲再次处于控制的地位）；并在此会谈后不久女儿也不再在家发脾气了，她其实很乐意看到她父母能应付她。

结构式家庭治疗师在处理家庭问题时担当决定性的角色，他们视治疗师本身为改变的最终工具，而不是任何技术、解释或者处方。在治疗上，他们主动挑战家庭僵化的、重复的互动模式。然后通过有意识地"解冻"这些模式，打破系统平衡，为家庭创造一个进行结构重组的机会。

有时，治疗师可以要求在场的人夸大某种特定的行为并将其表演出来，或者治疗师也可以引入一些荒诞的元素加入"演出"，如戏剧化的姿势、表情和夸大的距离。使用这类方法的前提是治疗师和来访家庭的关系良好，治疗师也愿意冒险和乐意使用此类方法。这种扮演方式借用"第三只眼"，让人和表达的内容之间产生距离，并使它变得具有"实验性"且"不真实"，使之前互动中的心理视角发生改变。"演员"不会再不知不觉地进入他们通常的问题产生模式，因为当下的互动发生在荒诞或可笑的背景之下。来访家庭常汇报说，一旦回到家，他们就会恢复到从前的行为模式里，但当他们一想到治疗室里"活现"中他们的做法时，连自己都会哑然失笑。

在"演出"或"活现"中，角色互换也能起到类似的效果，即来访家庭的某位成员被要求扮演其他成员的角色。这种方法可以帮助人们更好地理解其他角色并且体验一下"穿别人的鞋是什么感受"。这也是一个训练共情的绝好资源。

一般来说，这种治疗方法将推动家庭形成更清晰的界限，尤其是在家庭生活的转变上，增加了家庭相互作用中的灵活性，并且最重要的是，矫正功能失调的结构。

治疗师确实可以有效地使用这种方法，为我们的工作引入一些活动的、幽默的和趣味性的元素，整个过程的设计要聚焦于尝试新东西，我们必须不停地去问来访家庭（和我们自己），他们有没有从中收获些什么。

这个方法只有当治疗师和家庭之间已经建立起很好的信任关系的基础上才会有效。治疗师在使用之前应做出初步的评估，预判这个方法是否能高度契合来访家庭系统的特点，否则贸然使用容易引起家庭的负性阻抗或者退缩。使用这些方法时，必须避免给来访家庭留下我们在"教"给他们"正确的"东西的印象，这是治疗师最需要注意的地方。从这个意义上讲，比起纯粹的交谈方式，使用活现的技术对治疗师的要求更高，需要治疗师具备良好的、系统性的谦虚态度。

九、正常化

正常化技术首先要求治疗师具备"什么是正常表现"的有关知识，意思是说治疗师理解来访者的症状表现是与个体或家庭生活某一特定发展阶段相联系的正常行为的一部分。

例如，治疗师首先要了解关于家庭生命周期的理论。当一对父母正因与青春期孩子的反复冲突而烦恼时，治疗师将他们14岁孩子的情绪变化和更注重隐私的行为说成是"有青春期孩子的家庭生命周期里再正常不过的一部分"，经常就能缓解家庭的担忧。再如，一对有两个学龄前孩子的夫妻，他们因为全心照料孩子而无暇顾及夫妻情趣和个人爱好，对此烦恼，治疗师把这种现象正常化，告诉他们关于家庭生命周期里该阶段的特点，能帮助他们接受和理解而不是担心他们关系的变化。

当把一些事情正常化之后，治疗师经常能看到来访家庭立即表现出的平静。有时治疗师采用适当的"自我暴露"和来访家庭分享自己的家庭，在某个阶段也曾有过类似的问题，对方会在听到将症状有效正常化的故事之后，做出放松和释然的反应。

治疗师可以提供心理教育的资源，推荐有关心理发展方面的书籍或有关材料（如《与青春期和解》）、开展家长心理课堂、青少年成长营或心理自助小组对将问题正常化都非常有帮助。

在一些情况下，实施短期治疗也有助于家庭相信他们担忧的其实是正常的。在短期治疗之后，家庭可以重新评价在症状被正常化之后他们的问题是否已经得到适当的调整。

十、家庭作业

虽然家庭治疗对家庭会有帮助，但由于每次在治疗室里的治疗时间有限，而且治疗环境与家庭生活的实际情景有很大的不同，所以，如何能将治疗室中取得的工作成效持续地保持、不至于在家庭回家后这种效能就消失了；如何在治疗间隔期间让家庭治疗的作用持续发挥，让家庭在实际的生活中发生改变，就成为家庭治疗师所面临的问题。

而家庭作业就是治疗师为将治疗性干预效应延续至访谈后，留给家庭在治疗室之外，特别是在家庭情景中完成的具有治疗干预性的任务。由于症状的消长及家庭的变化往往是在两次治疗之间发生，所以，在治疗间期给家庭布置治疗性家庭作业就显得非常重要。家庭作业既可以巩固治疗室里的变化,也可以进一步促进家庭在两次治疗之间继续发生变化。

治疗师在结束访谈之时可以与家庭一起协商家庭作业,共同制订在下次来治疗之前须完成的一些任务。治疗师应该十分清楚自己期待看到什么结果,确保每个人在任务中扮演着特定的角色。如果有不积极的成员,治疗师应当指导他们观察积极成员的行为。

家庭作业应当切合家庭治疗的核心,设定的作业应让所有的家庭成员一起参与,让彼此知道对方做了什么,以及如何看待这些事情。作业内容要根据家庭的具体情况予以安排,有的可以出其不意,有悖常理,但愉快幽默,意味深长,旨在冲击功能不良的家庭动力学模式;有的可以直接指向靶症状;有的则似乎与当前问题没有直接关系,通过影响家庭的认知、互动行为而间接起作用。要注意,在布置扰动作用大的作业时,需要有良好的治疗关系作为基础,否则很容易引起家庭负性阻抗、中断治疗关系。

家庭作业可以是观察性的,也可以是操作性的。观察性作业的目的主要是帮助家庭成员对自己习以为常的行为方式进行觉察和反思。操作性作业就是根据家庭存在的主要问题提出一些针对性较强的操作性建议。治疗师可以建议过分保护的父母减少对孩子的干涉;也可以建议只关注孩子学习的父母增加对孩子其他方面的关爱。类似这样的作业可以帮助家庭发生改变。例如,在某家庭中,治疗师发现母亲对儿子表现出过分的保护和照顾,就可以建议母亲有计划地分阶段减少(如按 20% 递减)对儿子的照顾。

下面介绍几种常用的家庭作业:

1. 角色互换

根据家庭的具体情况,治疗师可以要求家庭成员在回家后,交换他们在家中所承担的角色,并按角色的要求行事。在布置角色互换的任务时,治疗师最好将家庭成员要担当的角色做相应的规定和安排,具体化到与当前问题有关的情境和事务之中。比如,在接下去的两周时间里,请喜欢挑剔和抱怨伙食的丈夫代替妻子亲自下厨;请对家务事无巨细都要亲自过问的妻子在这段时间里像丈夫那样不要管事,每天只管去游泳、做瑜伽和逛街。

2. 单、双日作业

治疗师要求患者在星期一、三、五(单日)和星期二、四、六(双日)做出截然相反的行为,家庭其他成员予以配合。此类作业主要目的是向患者和家庭传达一种信息，一种言外之意，引起他们对原有的退化、不合适行为产生领悟，并促进他们选择改变与进步的方向。例如，一位初三男生患有强迫症，害怕张口呼吸时会吸进蚊虫，害怕碗筷没洗干净会让身体生病，15 岁了还与母亲同睡一张床。治疗师这样布置家庭作业给患者，"你在星期一、三、五装任性的小孩或患者，什么都需要帮助和被满足，不然就发病给妈妈看；你在星期二、四、六就装懂事的 20 岁大人，完成作业、整理房间、拖地板、浇花，管理好自己。星期天随你愿意做什么，觉得当小孩和患者轻松舒服，就继续装；要觉得当小孩或患者无趣、没出息，就长大成 20 岁。"与此同时，治疗师也要求其他家庭成员观察患者在两种日子里的行为各有什么好处。再如，一对夫妻有个 9 岁的女儿，他俩平常总是为教育女儿练琴的事争吵，双方意见分歧、相持不下，家庭气氛紧张，孩子要么无所适从，要么钻空子。治疗师给夫妻俩一个家庭作业，如星期一、三、五由妈妈管女儿练琴，在星期二、四、六由爸爸管女儿练琴，星期天由孩子自己决定让谁管着练琴。

3. 记秘密红账

在临床上，我们见到有的家庭习惯采取缺陷取向的方式来批评家庭成员的行为表现。一旦患者出现不合适的行为，其他成员就会感到焦虑、担忧甚至沮丧，不厌其烦地向治疗师报告患者存在这样或那样的症状，而完全忽略患者没有症状或者症状较轻时的表现。此刻他们就像戴着一副有色眼镜，对患者的所谓病态行为过分关注，以至于他们看不到患者功能良好的方面。这种惯常的做法可称之为"记黑账"。

在家庭治疗中使用的"记秘密红账"的方法就是针对"记黑账"而设计。治疗师要求重要的家庭成员对患者的进步和良好表现进行秘密记录，但不准记不好的表现和症状。在下一次治疗会谈时交给治疗师，然后由治疗师选择适当的机会当着家庭成员的面分开宣读。同样，对有些家庭，也可以让患者暗中记录下父母的优点与进步。

这样做，让家庭思考和改变过去对患者的看法，促使家庭成员尽量地展现自己的优点，使家庭自己朝着共同期望的方向前行。一方面可以促进家庭的资源取向、家庭成员重新分配注意力，关注其他成员优秀的方面；另一方面也可以引导患者改变动机，促发其好的合适的行为。

4. 家庭游戏

对有的家庭，在良好治疗关系的基础上，治疗师可以建议以善意的游戏方式，直接对不合适行为或关系进行干预。治疗师可以要求家庭成员准备玩具水枪、自制黄牌红牌或橡皮筋，当观察对象出现不合适的行为时，其他家庭成员便对其行为者射击或弹击或举牌警告，即使对象是严厉的、有权威的父亲或母亲也要执行。

例如，患者抱怨说母亲唠叨得没完没了、让人不胜其烦，母亲则抱怨患者经常把她的话当耳边风、一声不吭。治疗师可以布置家庭作业说，"也许你们各有自己的道理，加上已经习惯了很难马上就改掉。可以考虑让你们互相帮助对方。现在我在你们的沟通上先定一个指标，比如，让妈妈最多可以重复3遍。如果超过这个限度，你就可以对她举起黄牌警告，如果她重复了5遍，你可以对她举起红牌叫停。如果她还是控制不住重复说，你就可以用水枪射她；反过来，如果你妈妈提醒了3遍，你仍没有回应她，她也可以用水枪射你，按约好的这样惩罚你。"

治疗师也可以根据自己的经验对每个不同的家庭布置一些新的、富有创意的家庭作业。布置家庭作业的总的原则就是要帮助家庭改变原有的僵化的行为模式或应对模式，尝试新的、灵活的应对策略，以适应不断变化和发展着的家庭生活。

其实，这种干预的重点并不在于做不做，而是在于从观念层面上去冲击家庭。通常情况下，大多数家庭在接受任务时已经发出了会心的笑；少数家庭认真地尝试过，对于终止某些行为有比较好的效果。

尽管一些家庭作业类似于行为疗法，或者由其改造而来，但是两者的处理方式并不相同。在家庭治疗中，虽然治疗师关注作业的结果，但他更看重作业为治疗系统所提供的信息。无论作业成功还是失败，都能提供关于家庭互动的重要信息，以促进治疗。

在设计这些作业时，治疗师要明确自己的目的，也要考虑到家庭的特点，不可千篇一律、生搬硬套。一般而言，家庭作业要与治疗访谈时采取的干预措施相关，旨在促进家庭内在关系进一步改进。

家庭作业可以扰动家庭现有的格局，带来新的不同的互动方式，协助家庭发展新的解决问题的策略和方式，家庭成员对此的体验也不尽相同，治疗师的探索和澄清会提供比作业本身更多的新意。

第四章 家庭治疗的适应证与过程

家庭治疗不仅是对家庭进行治疗，更是一门帮助治疗师更好地理解来访者，从系统思维的视角看待问题的实用技术。它可以被广泛应用到咨询实务工作中，帮助调动家庭的系统力量，串联起矛盾的维系链条，通过影响和调整家庭成员互动和关系模式之间的关系，治愈个人与家庭痛苦，使家庭建立新的良性互动平衡。

第一节 家庭治疗的适应证

家庭治疗作为一种治疗的方法能帮助治疗师为来访者或家庭做些什么？有哪些情况可能是治疗师不能做的？治疗师利用这种方法要走向哪里？治疗师的治疗目标是什么？对于这样一些问题，我们在治疗之前就应该有一些思考。

一、适应证

适应证是一个医学概念，是指某种药物或治疗方法所适用的范围。家庭治疗中的适应证，是指那些适应于接受家庭治疗的适用范围。20世纪中叶，莱曼·温尼（Lyman Wynne），作为美国非常有影响力的一位家庭治疗师，提出只要家庭中有人认为家庭"问题"不是个人问题，不能由一个人自己去解决以换来家庭和谐，这个家庭就可以接受家庭治疗。另外一位美国家庭治疗的先驱人物罗宾·斯其纳（Robin Skynner）指出，家庭中由于父母不能应对孩子的"问题"行为，而导致孩子成为"替罪羔羊"时，家庭治疗可以发挥效用。对于其他类型的精神病理问题，如心境障碍、精神分裂症等，家庭治疗可以作为辅助手段。

家庭治疗的适用范围很广泛，可以用于很多问题类型，没有绝对的禁忌证。具体来说，下面所列举的内容都可以使用家庭治疗。

1. 家庭中存在亲子矛盾,包括青春期发生亲子冲突但家庭内部无法自行解决。
2. 孩子发生不良行为但家庭无法阻止。
3. 家庭中有成员表现出"症状",且症状与家庭系统相关。
4. 家庭不重视患病成员的需要或表现出对治疗过分担心。
5. 在个别治疗中存在无法处理的个体冲突。
6. 家庭对个别治疗形成阻碍或个别心理治疗效果不明显。
7. 家庭成员存在与他人沟通交流困难的情形。
8. 夫妻冲突导致家庭危机或家庭成员之间存在明显的沟通障碍。
9. 家庭影响或阻碍个人成长。
10. 家庭中有反复发作、慢性精神障碍患者。

值得注意的是,在严重性精神障碍发作期不应首选家庭治疗,应以医学治疗为主。当家庭主要成员不愿意参与家庭治疗时急于或强行实施效果也不好。

二、治疗目标

家庭治疗的目标是要打破家庭中原有的并趋于稳定的家庭结构模式,阻断"问题"或"症状"建立的平衡环路,重构家庭系统,改变原有家庭不良功能结构,重建功能良好的反馈机制,增加良性互动,改变家庭成员交流模式,提高家庭解决问题和应对挑战的能力,从根本上消除症状或解决问题,促进家庭健康成长。

在家庭治疗中,家庭结构模式发生改变是家庭治疗的关键,也是家庭治疗具体而实际的目标之一。通过家庭治疗,家庭治疗师能够让"问题"家庭认识到"问题"或"症状"不是哪一个人的错,是家庭成员之间互动的结果。通过为家庭提供新的思路,帮助家庭发掘和扩展被忽略的内部资源,并充分利用这些资源,接受治疗的家庭成员通过感受和应用新发掘的资源,改善与发展自己与亲人的关系,学会有效应对复杂现实生活并做出合适反应。

在家庭治疗中,成员对家庭治疗理论的理解并不是特别重要。理论与原理并不影响家庭治疗效果。家庭治疗师重点要改变的是成员的行为,是彼此之间的互动关系。只有改变受到损害的人际关系,并建立起积极和相互支持的新关系,家庭治疗才能发挥良好作用。

美国学者约瑟夫·米库西提出,"只有当家庭成员(或个体患者)掌握了如何从自己的亲人那里获得他们所需要的解决问题的办法时,只有当家庭成员(或个体患者）不再指望单纯从治疗师这里获得支撑时，家庭治疗才是成功的。"

此外，对于一些特殊情况，家庭治疗的目标取决于患者目前存在的问题。例如：

1. 家庭成员患有精神分裂症或严重精神病

目的是帮助其他家庭成员了解这种疾病，并适应患者可能正在经历的心理变化。

2. 隔代抚养产生的问题

例如当父母与祖父母同住时，或孩子由祖父母抚养时：在这种情况下，目标是改善沟通，帮助家庭成员建立健康的界限。

3. 非典型的家庭（未婚父母、同性恋夫妇抚养子女等）

这里的目标并不总是解决任何具体的内部问题，但家庭成员可能需要帮助来应对外部因素，如社会态度。

4. 来自不同种族、文化或宗教背景的家庭成员

在这种情况下，目标是帮助家庭成员增进彼此的了解和发展健康的关系。

5. 一个家庭成员成为替罪羊

当一名家庭成员感到被排斥或从其他家庭成员那里得到的支持很有限时，其目的是促进对家庭内个人的同情和理解，并为他们继续接受治疗提供支持。

6. 病人的问题似乎与其他家庭成员的问题密不可分

在病人问题可能深深植根于其他家庭成员的问题的情况下，家庭治疗的目标是找出每一个影响和导致病人症状的问题，然后解决或减轻这种问题模式对病人的影响。

7. 混合家庭（比如重组家庭）

混合家庭可能会遇到他们所处环境特有的问题。在混合家庭中，家庭治疗的目标是增进家庭成员之间的理解和促进健康的相互作用。

第二节　家庭治疗的过程

一、准备阶段

（一）治疗师的准备

家庭治疗师在促进家庭关系的改变中发挥着至关重要的作用。家庭治疗师

在进行工作时，除了掌握一般的心理治疗理论与技能外，还应牢固掌握家庭治疗的理论和方法，并接受过相应的培训。此外，家庭治疗师对家庭间人际互动也要有足够的敏感和洞察力，要具备在治疗中发现家庭互动特点和维持问题因素的能力，并能找到一个实现或推动家庭转变的重要人物，也就是说，在治疗中，治疗师要能找到具有潜在治疗作用的家庭成员，这个人通常与被转变者的关系是最密切的。

家庭治疗师就像用灯火照亮家庭的光明使者，让家庭看见黑暗之中看不到的景象，并鼓励家庭克服黑暗下的冲突与紧张。在进行家庭治疗的过程中，治疗师要具备接纳、尊重、平等与诚信的品质，同时要保持中立立场，始终处理好自己与家庭的关系。能平稳游走于家庭成员之间但又不被他们三角化。家庭治疗师的过分投入反而会使家庭关系更加复杂化，使治疗师的治疗作用大打折扣。这种情况的发生可能是治疗师低估了家庭自身成长的资源与潜能，或是治疗师本身还不够成熟，缺乏治疗经验。在治疗时，治疗师除了接收言语信息外，还要善于观察家庭成员的非言语行为，并作为进一步探索家庭关系或问题的依据。

美国家庭治疗大师萨尔瓦多·米纽秦（Salvador Minuchin）指出，在家庭中治疗师是一个受到限制的变化者。治疗师无法做到完全公正或者公平，因为他们并不是政治观念上绝对正确的从业者，也不是伦理学家或逻辑学家，更不可能做到无所不知。在推动家庭变化这件事上，他们在整个过程中都会遇到强有力的来自家庭的抵抗，尤其是初始时期。因为改变是需要家庭成员的相互协作和共同运作的，家庭成员共同决定着相互关系的改变方式，以及这种改变的可能性和受限制的程度。为了实现良好的治疗效果，治疗师首先要调整自己以适应家庭的沟通互动模式，加入家庭，并发现家庭中能起到推动治疗的关键人物，在治疗关系的运作中充分发挥自己和关键人物的作用。权威、无所不知和无所不能的"神医"给家庭带来的往往是利益损害和痛苦，而不是改变和改变后的快乐。

要想成为一名对家庭关系有益，能推动家庭发生改变的治疗师，首先要做的就是接受培训。在培训中，除了学习家庭治疗的理论与方法外，还要了解自己的家庭，并需要在督导师的指导下通过家庭重塑的方法完成自我体验，让自己"回到原来的家庭，重走一遍个人与家庭的进程"。当然，也可以采用其他方式，比如给自己的家庭绘制一张谱系图，从谱系图中了解自己的原生家庭和现在的家庭，尤其要分析自己在原生家庭的成长过程，回忆自己哪些行为是从父母或其他家庭成员那里学习来的，自己的哪些方面与原生家庭有联系或者还有哪些其他的重要或有意义的线索。例如，性别差异、同胞关系、不公正和（或）不合理的现象、家庭冲突、家庭规则等。

在治疗过程中，家庭治疗师要作为一个敏锐的观察者和协助家庭解决问题的人，而不能是一位专家或者权威，同时要让家庭感受到这个信息。

准备阶段治疗师需要注意的问题：

1. 不要着急进行干预

首次接触的电话访谈主要目的在于了解来访者基本的信息和问题类型，不适宜在当时对来访者进行干预，或提出劝告建议等。有的来访者可能会滔滔不绝陈述问题和希望获得更多治疗意见，对这样的来访者治疗师应主导电话会谈并在谈话过程中占据主导地位，和电话来访者讲清楚这些问题需要放到第一次见面时再谈。

2. 明确而清晰地强调管理性事项

治疗师在关注来访者需要的前提下，应清晰而有效地强调治疗中的管理性事项。其中包括治疗的费用和支付方式，进行预约的方式，遵守预约和中断预约的有关规定，并可以通过电话告知家庭成员有关知情同意书和保密原则等方面的问题。

3. 处理好与家庭成员的关系

治疗师要思考某位家庭成员主动预约的出发点是什么，同时要做到能兼顾其他家庭成员的状态，与整个家庭保持一种和谐的关系。

（二）会谈前的准备

1. 家庭治疗的基本设施

家庭治疗的场所不应该设置在家庭成员的家中，而应该是具备单独、私密等特征的专业工作场所。治疗环境要保证安静舒适，房间面积最好为15至20平方米，可以容纳5～8人。环境布置整体简单得体，屋子中间可放置圆桌或茶几，以及型号统一的单人座椅，椅子可以均匀地放置在圆桌四周。为了进行督导、教学和保存资料，治疗室中最好能安装摄像机、单向透光玻璃等设备，同时可在治疗室隔壁设立录像监控和教学观摩室，进行录像操作和观摩学习或督导。

2. 记录工作的准备

在家庭治疗工作中，原始记录很重要。通过录音录像设备对当时治疗的情境进行记录或者由工作人员将声音转化为文字得以保留，这种方式便于家庭和治疗师回顾当时的治疗过程，同时也便于治疗师在治疗完成后接受督导。治疗师在观看录像记录时经常会发现治疗中很多不足和有待于完善的问题，比如家庭成员的某些语言或非语言信息当时没有捕捉到，很多问题没有完全澄清，错失了切入机会，某些问题换种方式探讨可能会有更好的效果等。对录音录像的回顾对于更好地完成下次治疗和促进治疗师的成长是很有帮助的。家庭成员在回顾录像时往往也会发现自己印象中的人或事和录像中的不太一致。比如，一位自以为说话得体的母亲会发现录像中的自己对孩子说话很不讲究且没有分寸和轻重。

3. 了解家庭对治疗的期望

对于潜在的来访者来说，决定是否要接受正式的治疗会是一个很矛盾的过程。潜在的来访者既敏感又脆弱，他们会认真思考是否值得冒险去接受治疗。如果来访者之前对治疗有过积极的体验，他们可能会对治疗充满希望。但如果来访者从未接触过治疗，他们就会变得焦虑和矛盾。在正式会谈开始之前，治疗师首先要了解家庭对治疗的期望。

一般情况下，家庭不到万不得已是不会寻求心理治疗的。在开始治疗之前，很多家庭已经被筋疲力尽、厌烦和绝望的感觉所包围。由于家庭成员对治疗的态度、期望和动机不同，不同成员前来治疗的原因也会分为公开和隐藏两种情形，而且很少会有原因一致的情况发生。如果治疗师忽略了这些问题，那么其不经意间的反应很可能会导致某些来访者认为治疗是不值得冒风险的，或者会使那些本来并不适合治疗的人留下治疗。在真正开始治疗之前，治疗师可以通过以下这些问题来了解来访者寻求治疗的动机、期望和焦虑程度：

"前来接受治疗的原因是什么？"
"对治疗的期望是什么？"
"对治疗有什么样的焦虑？"
"由谁或者什么机构介绍来接受治疗？"
"为什么现在想来进行治疗？"

准确评估家庭成员接受治疗的原因和动机非常重要。①不同家庭成员的治疗动机往往不同。例如，在夫妻治疗中，可能其中一个人有很强的治疗动机，但另外一个人则可能拒绝接受治疗。②家庭成员前来接受治疗的原因也是多种多样的，如：他们可能是由家庭中的权威人物强迫或命令前来接受治疗的，也有可能是由其他人的推荐而来。如果治疗者是由家庭中的权威人物推荐的，那么成员积极参与治疗的程度就会较高。③来访者先前的治疗经验也会影响治疗期望,好的治疗经验治疗期望也一般较高。通过对家庭成员治疗前动机与期望的了解与评估,治疗师就可以对未来治疗进程进行合理规划,以采取最适合的方式开展治疗。

4. 确定参与治疗的家庭成员

治疗师要在首次的电话接触中就提出关于全家都需要来参与治疗的要求。虽然现在很多的治疗师都已经不再坚持每一次的会谈都必须由全体家庭成员共同参加。但"治疗是整个家庭的事情"这个观念,还是应该传递给家庭的每一位成员。这样就可以保证家庭成员都能够参与到治疗当中,即使是那些认为与问题没有关系的成员。当问题与家庭成员之间的关系(如亲子关系)有密切联系时,与问题有关的家庭成员应该参与治疗。

下列问题的思考,能够帮助治疗师更好地做出决定。家庭内部所决定的希望去参与治疗的家庭成员是谁及决定的原因是什么?与问题有关的家庭成员是谁?家庭的交往模式是否与当前的问题有所联系?如果有,则参与治疗的成员应为此交往模式之中的所有家庭成员。除此以外,代际界限也是治疗师应该考虑的问题,即是否要让不同年龄的家庭成员全部参加治疗?其他家庭成员的参与能否对问题家庭成员的治疗有所帮助?抑或是会对其治疗产生阻碍甚至破坏?此类问题,均对治疗师确定参与治疗的家庭成员有所帮助。

治疗师可以依据上述问题灵活选择每次前来治疗的家庭成员,但切记要与每位成员建立良好的关系。

5. 形成初步假设

在首次接触来访家庭时,治疗师可以通过多种方式尽可能多地掌握家庭的基本信息,并据此对治疗形成初步假设。治疗师需要在初次会谈前设计好一些问题,方便会谈过程中信息的进一步搜集,以此来对初步假设进行进一步探讨、检验与修改。

治疗师可以根据自己以往类似案例的经验,以及对个体或家庭发展的了解、临床预感或直觉进行推测,并以此来提出开始阶段的治疗假设。此阶段的重点在于发现问题并提出假设,而非找到答案。并且,在初次会谈时所提出的假设要与家庭正在经历的事情,或将来可能发生的事情有一定的联系。

举个例子,一个8岁的小姑娘突然产生厌学的心理,性格也开始变得忧郁和孤僻。在此案例当中,治疗师要想提出假设,最有效的办法就是找出记录和总结关键性问题。当对小姑娘进行询问时,她只会哭泣并且有退缩行为。案例中的关键词为"突然",这个词表明了小姑娘态度和行为的转变都具有突发性。治疗师可由此推断,一定是有什么事情让她感受到了不愉快,甚至是对她产生了伤害,也就是小姑娘突然产生厌学的心理原因。而当询问小姑娘自己的行为时,她表示困惑,并且不知该如何回答,此时,治疗师能够产生下一步推断,必然是有什么事情的发生使小姑娘想要逃避。上述这些问题都可以作为治疗师进一步探讨的假设,当然也有其他可能性的假设:比如小姑娘在校园中受到他人的威胁、家中突然发生的某种变化,让小姑娘希望留在家里,学校恐惧症的形成或是抑郁症的初步表现等。

治疗师所做出的这些初步假设并不一定包含了全部的可能性,但却能够做到缩小关注范围,以此来排除其他可能性,也为后面的探讨指明了初步方向。假设一旦提出,治疗师就可以进行有用信息的筛选。这个时候,治疗师的同事及督导也可以为其提供一些可能的问题方向并进行探讨。

通过这些初始信息,治疗师能够在初步假设的基础上,对来访者进行评估并判断他们是否需要转介到其他地方,以及是否需要其他资源的帮助。

(三)知情同意书

要小心处理治疗时的录音与录像内容,这些均涉及家庭与个人的隐私。在使用任何记录设备和手段之前,都要提前向当事人阐明原因,解释清楚,不管是录像还是录音,仅供治疗与教学使用,不会对外传播。要征得他们的理解与同意并签订知情同意书。即使是这样,教学内容依然需要保密。此外,当事人有拷贝治疗录像带,甚至取走母带的权利。倘若当事人提出拒绝录音与录像的请求,治疗师应尊重他们的选择。比如:

治疗师:"如果你们愿意,我很想要把你们今天谈的话录下来。一是为了在下次治疗前我有时间再看治疗的情况,帮助我做下次的治疗。另外,你们也可以带回去自己看。治疗中发生的事情跟你们三个人都有关系,对你们也是有帮助的。你们愿意这样子吗?"

母亲:"愿意。"

父亲:"我们当然也考虑到负面影响的问题。"

治疗师:"负面影响是什么?"

父亲:"就是担心扩大影响,主要是隐私的问题。"

儿子:"我们也对它作为一个教学录像持有一定的顾虑。"

治疗师:"我会保证这个录像的绝对隐私性。"

儿子:"如果是这样,我就不担心了。"

(四)治疗设置

一般家庭访谈的时间每次都是在 60~90min,定为 90min 最为合适。考虑到治疗的理论取向以及每个家庭的情况均有所不同,所以对每次治疗的间隔时间也没有明确绝对的要求。刚开始时,每周进行 1 到 2 次即可,后期可以逐步延长间隔时间,改为 2 周 1 次或 4 周 1 次。治疗次数一般要求 6~12 次,然而实际上,能够坚持 8 次以上的家庭已经是极为少数,当然也有 1 到 2 次就有所效果的家庭。如果超过了 4 次以上家庭仍未产生变化,那么此时治疗师就应该反省与检查整个治疗的计划与过程,最好能询问专家督导的意见,探讨出阻碍治疗进程的原因,并及时对治疗的方向与方法做出调整。

家庭是家庭治疗的对象,所以它的进行需要全体家庭成员的共同参与。然而,在现实工作中,邀请到全部家庭成员共同参与治疗,的确是一件十分困难的事情。所以,有些家庭治疗是不可能按照治疗师的假设和计划按部就班地进行下去的。

当事人的家里和其他正规的场所,都不适合治疗师用来作为场地开展家庭治疗工作。

(五)处理自己的情绪

一些治疗师,尤其是刚刚参加工作的治疗师,容易产生紧张焦虑的情绪,会担心自己能力不足,无法与家庭一起工作,更无法有效帮助到家庭。应该如何开场?又应该如何与家庭建立联络?这些问题他们都一无所知,因此他们倍感焦虑。事实上,这种感觉十分正常,许多治疗师都经历过。如果没有正确地应对和解决这种问题,治疗师会因此产生更加严重的焦虑情绪,不仅如此,还会让他们产生挫败感,影响到他们的工作。

对于此类问题,治疗师第一应明确紧张焦虑都是正常的情绪反应;第二要相信家庭会主动协助我们与他们互动;第三要谨记良好的关系胜过优秀的技巧;第四需要提升自我的信心,相信自己;第五要以积极平和的心态面对这些问题,并从中获取经验。

二、治疗过程

(一)加入家庭

最开始进行的 1~3 次访谈通常被称为"初次访谈"(initial interview)。

在进行初次访谈时，最好召集所有重要的家庭成员参与其中，将一切可调动的家庭资源都动员起来，从而营造出一种开放的家庭氛围，起到建立积极的治疗关系和澄清诊治背景的作用。

初次访谈时，治疗师让每位家庭成员自行选择位置就座。首先，治疗师需要进行自我介绍，向每位家庭成员介绍自己的姓名、年龄、主要专业背景等信息，让家庭对于治疗师有更多的了解，从而能与家庭建立紧密联系，为后续与家庭成员逐个连接做准备。需要注意的是，自我介绍要根据家庭成员特征开展，不可千篇一律。在接下来的访谈中，治疗师逐个与家庭成员谈话了解情况，并了解该家庭组成和彼此辈分等关系，记录没有参加访谈成员的原因等。这个过程不仅是治疗师了解家庭基本背景资料的过程，也是治疗师融入这个家庭的过程。

加入家庭是治疗的开始，同时也是治疗的关键步骤。九层之台，起于垒土，一个好的开始对于成功起到关键性作用。但是，想要加入一个家庭绝非易事，哪怕是治疗师，对于一个陌生人，家庭成员会表现出拒绝和不愿意接纳的姿态。通常每一个家庭都会有一个"门神"一般的人物，阻止治疗师加入家庭，面对这种情况，治疗师则需要找准家庭核心成员如父母或其他重要人物，从而真正进入到一个家庭关系的深处。同时，治疗师可以采取一些家庭成员感兴趣的话题，来拉近治疗师与家庭之间的关系，营造出轻松愉快的氛围来消除彼此之间的坚冰，强硬的模式和统一的要求会让彼此之间的隔阂加深，让家庭成员与治疗师都感到不自在。

初次访谈时，治疗师需要消除家庭成员对治疗的各种疑虑，并向他们解释说明录音、录像等各项设备的作用以及治疗的基本设置，以提升信任度。在取得家庭成员的信任后便可以询问家庭中主要存在的矛盾以及问题，以及希望通过治疗取得哪些方面的改善等。

在治疗过程中，治疗师要在每一次接触与交流过程中留意观察每一位家庭成员非语言表达方式的含义，比如，他们的进场次序，落座位置的选择还有彼此的关系，谁和谁坐得很近，谁和谁又保持一定距离，谁和谁一直在沟通交流，谁和谁之间无沟通，除此之外，还要观察这个家庭的整体家庭氛围，是轻松还是拘谨，他们的沟通模式是怎样的类型，每位成员表达自我情绪的方式如何，彼此界限是否明晰。比如，父母与子女的关系界限是否清晰，有无缠结。还要注意观察家庭有无做出改变的可能性，比如双方在出现矛盾或争执时，双方或某一方有无调整或退步的可能性，还有家庭成员在面对治疗师给出的意见和解释时，有怎样的反应，判断该家庭是否具有某些意义上的韧性。

观察对于治疗师十分重要，治疗师可以通过观察获取许多有意义的信息与现象，对于加入家庭和开展治疗有很大的帮助。

（二）认识家庭

初次访谈还有一个重要任务就是了解家庭成员主要病情，患病时长，过往的救治与治疗经历以及都接受过哪些治疗与处理，转诊的经历等，这些对建立治疗关系和搭建家庭动力建设都很有益处。

家庭存在发展周期，家庭成员彼此的关系也很复杂，家庭成员数量越多关系就越复杂。在访谈中，治疗师需要注意收集这类信息，了解家庭构造，掌握家庭成员彼此之间的相互关系以及每个家庭成员在家庭中所扮演的角色。在熟悉家庭构造的过程中，治疗师可以应用家谱图来辅助记录各成员之间的关系，在图中记录该家庭的相关信息。通常情况下，我们绘制三代人的家谱图，这种结构示意图可以很清晰地向我们展示心理、生理和社会等各方面的信息，从而帮助治疗师全面直观地评价家庭模式，了解家庭结构与以往经历，方便治疗师更好制定诊治方案与评价家庭的治疗效果。家谱图有助于家庭获得更好连结，也可以成为治疗师与家庭建立良好治疗关系的技巧。并且，还可以通过家谱图重新定义和改变家庭中的某些观念，可见，家谱图可以成为家庭治疗的一种重要工具。

在绘制家谱图时，可采用生物家系图的绘图方式，用圆形代表女性，用方形代表男性，用各种图案和线条表示家庭成员彼此的关系与基本信息，在图中除性别、年龄等基本信息外，家庭的历史（社会、经济、政治和婚丧史）、家庭的组成形式、家庭的重要生活事件及其意义、家庭成员的相互关系和沟通模式、重要家庭成员的主要人格特征等也都可以在家谱图中表现出来。

另外还有一些常用的符号，见图4-1-1。

综上，家谱图是一种非常鲜明且高效地记录家庭情况的工具，在治疗中我们可以灵活运用家谱图加以辅助。

（三）家庭评估

初次访谈时，治疗师需要对家庭进行一定的评估，这项工作贯穿在整个访谈过程当中，一般而言，家庭评估主要从以下几个方面进行：

1. 家庭的沟通模式

在访谈过程中治疗师要注意家庭成员之间采取何种沟通交流方式，并评估家庭成员彼此之间是否存在不正常的相处模式，如讨好与责备等。同时，治疗

图 4-1-1　家谱图常用的符号

师还需要密切观察各家庭成员彼此之间关系的疏密程度，通过这个判断是否存在结盟关系，比如是否存在母亲与孩子的关系过分亲密，从而影响父亲与孩子的关系造成父亲被孤立的情况。

2. 家庭的结构

家庭治疗师要对一个家庭的家庭结构、家庭目前存在的情况与原生家庭之间的关系进行全面评估及分析。就要通过以下访谈过程。治疗师要弄清家庭成员对家庭的影响力、控制权和支配权等家庭权利或等级结构、谁是家长、谁是家庭真正说话算数的"掌权者"、伴侣亲子之间怎么相处及关系如何，家庭成员之间的界限是否清晰，还要了解原生家庭的结构、家庭代际关系及自身家庭中父母在其原生家庭所扮演的角色和地位。

3. 家庭生活周期

事物是在运动变化的，家庭也是一样，且家庭的发展更为复杂，不同时期面对的问题和挑战也是在发生变化的。治疗师在访谈过程中要了解其家庭目前所处的阶段状态，以此推断评估其家庭将来可能会面临什么样的特殊情况以及各方面任务和难度。

4. 家庭的维持作用

治疗师为评估家庭在"症状"或"问题"的增减或消失变化中所起的作用，应在访谈时注意每位家庭成员对待"症状"或"问题"变化的态度以及解决办法等，分析家庭与其增减过程中不同因素之间的相互关系，尤其重要的是家庭中是否存在让这种因素得以发展的原因。减少甚至消除这种因素有利于家庭关系的维系，有利于促进家庭关系向好的方面去发生变化，使家庭"症状"或"问题"消失。

5. 家庭解决问题的方法

对家庭处理矛盾及冲突的方式方法进行评估，治疗师需要在访谈过程中仔细观察每一位成员面对矛盾冲突的理解和态度、所采用的解决方式是否正确且有效、是否存在一些不适当的防御机制或超出家庭所接受范围的处理方法，家庭成员是否运用过行为治疗技术等方面的治疗方法解决自身所面对的问题。

6. 家庭的文化背景

社会文化很大程度上会影响家庭文化。治疗师在访谈过程中需要了解家庭的社会文化背景，比如家庭现有经济状况、文化水准、所在社会阶层、道德伦理观念、家庭内存在的风俗习惯等。

7. 原生家庭的影响

每个人都或多或少地受到家庭文化的影响，这种来自原生家庭的文化会进行延续，成为影响下一代家庭的重要因素，并有可能导致家庭不断重复上一代所具有的一些行为习惯等。所以，治疗师在访谈过程中需要注意评估原生家庭的情况以及家庭中这一代与上一代之间的关系和相互影响程度等。

（四）探索问题

治疗师会在访谈过程中，对当前家庭进行思考与分析，并在内心评估他们的表现，以此来做出初步假设。但还需要经过探索才能知道假设是否成立。可能我们在探索之后所获得的最新信息并不支持之前所建立的初步假设，这个时候我们就要及时地根据信息做出对应改变。在此过程中，我们应该始终保持着好奇与不确定性，时刻与家庭进行探讨互动。探索过程中的治疗师就像是一位按摩师，在与家庭的互动中找到让其"最痛、最需要按摩"的地方。

第四章　家庭治疗的适应证与过程

探讨性的访谈要注意说话技巧。要清楚地做到以下几个方面：

（1）一个家庭早已经形成了相对稳定的互动关系，这是家庭的历史性决定的，在会谈时要注意小心。

（2）家庭是一个生活共同体，家庭成员不论在身体上还是心理上都存在一定程度的互相依赖，并且已经达成了平衡。在挑战某个成员时，其他成员也会出现相应的反应。

（3）不要责备或批评家庭，要对家庭存在的问题给予理解。随便给家庭成员戴"高帽子"，进行指责或批评会破坏治疗关系，也会造成新的家庭问题。

（4）尽量使用日常的、家庭通晓的语言来讨论和对话，让家庭能够理解并愿意参与交流。

（5）在与某个家庭成员讨论时还应注意其他成员的反应，并及时改变交流对象或内容。要让每一个家庭成员都参与谈话，将某个家庭成员放在一边坐"冷板凳"是不合适的，除非有特别的治疗需要。

（6）在交流中，治疗师要善于发现对访谈有积极作用的家庭成员，并利用他们推动治疗的发展，促进家庭的改变。

（7）在合适的时候或情况下探讨家庭的历史。

家庭有自己的发展历程，有属于自己的家庭文化。每个人都生活和成长于家庭中，我们都被自己的家庭洗了脑，装上了刻有标记的运行"软件"。因此，我们每一个人都背负着各自家庭的文化传统。这种传统常以非常潜在的方式存在于家庭的方方面面，难以描述，但是，它却实实在在地影响着我们看事物的角度和应对方式。"龙生龙、凤生凤，老鼠的儿子会打洞"等习惯用语所说的就是这种现象。从某种角度说，我们实在无法摆脱家庭对自己的影响。

在治疗中，治疗师要探讨这种来自家庭的影响是怎样形成的。家庭规则是组成家庭文化最为重要的一部分。这些规则由很多的"规矩"和"习惯"构成，家庭成员都必须遵守，否则家庭就会发生冲突。家庭规则也与社会文化有关，并受其影响。规则趋于保持，目的是维持家庭的稳定。

在家庭生活中，父母对子女有着很多的期待，都希望他们的孩子成龙成凤。还有很多父母把孩子当作实现他们梦想或心愿的依托，并借此延伸自己的生命。例如，一些父母给孩子取名字时，常蕴含了自己对他们的期望，如"俊杰""富贵""世才""淑真"等。这种情况会导致一种心灵上的"连体生物"，在各个方面阻碍孩子的成长，最终会以某种不正常的形式表现，如亲子冲突或孩子出现心理障碍。

与家庭共同讨论家庭的历史和家庭问题，有利于治疗师认识家庭的成长过程和家庭成员间互动模式形成的原因，也有利于家庭成员理解家庭和家庭冲突，帮助他们认识到冲突的产生和维持是由大家共同完成的，要想改变现状有赖于全体家庭成员的共同努力。

1. **家庭的交互作用模式**

要对家庭成员彼此交流的方式与倾向有一定的了解。目前家庭中的等级结构（父子、母子），以及由此产生的代际界限的状况怎样。在家庭成员当中，是否产生了亚系统的结盟关系，比如：母亲与某个子女关系很密切，以此来左右家中其他的人际关系。家庭与外界的联系等。

2. **家庭在其生活周期中的位置**

本家庭目前处在何位置，估计有哪些可能的问题与困难。该家庭现在面临的独特情况是什么，能否从家庭生活周期中找到线索等。

3. **对治疗对象已有的疾病的诊断**

家庭起到了怎样的作用？家庭是否促进或减缓了治疗对象的"问题"或"症状"？比如父母强迫患儿进食，既可能减轻躯体的损害，也可能加剧患儿诱吐的行为。家庭对问题的不断变化起到了什么作用？

4. **家庭当前解决问题的方法和技术**

当有问题或其他矛盾冲突产生时，家庭成员一般会选择采用怎样的方法和技术来应对和解决。其效能如何？现有的防御机制是否存在不合理的地方。所存在的这些问题，能否通过引入一些治疗技术进行解决。

（五）促进变化

家庭治疗的目标是消除"症状"或是从根本上重建家庭结构。通过探讨，治疗师和家庭对家庭存在的问题会有一个比较全面的认识。在此基础上，治疗师要进一步做的工作就是带着家庭找到维持家庭问题或"症状"不变的因素，促进家庭发生改变。但是，这些因素在保持家庭平衡上具有不可忽视的作用，处理时需要小心行事。

这种促进改变的治疗性干预通常是通过治疗师与家庭对话来完成的，必要时可用一些相应的技巧，比如，重现家庭情景、循环提问、假设性提问、阳性赋义、角色扮演、家庭雕塑、改变座位等。在与家庭成员的对话中，治疗师要善于把握谈话的方向，不纠缠于过去，着眼于此时此刻，拓展家庭对于问题的视野，积极探讨和发展新的应付策略，促进家庭气氛向开放、民主、相互信任和尊重以及轻松活泼的方向转变。

我们知道"清官难断家务事"。因此，在这个过程中，家庭治疗师不能成为断案的法官。治疗师要帮助家庭探讨家庭问题或个人症状与家庭之间的关系，探讨家庭关系的格局，强调出现"问题"或"症状"不是一个人的错，让家庭认识到"问题"或"症状"与家庭成员之间的互动存在关联，促进他们发生改变。治疗师可以用循环因果的观念挑战家庭沿用的直线因果式的归因方法，也可以用角色扮演让家庭成员理解相互关系对他们的影响。一旦家庭对家庭事件或冲突的原因和评价发生了改变，那么由此而生的情绪反应和行为也就会随之发生变化，从而推进家庭格局的变化。

在治疗性会谈中，治疗师不要在治疗中追究"责任"，如"这是你们做父母的错""你这样不听话、不孝顺，难怪你父母要那样管束你"等。还要善于利用家庭呈现在我们面前的资料，选择合适的切入点。会谈时，治疗师应避免长篇大论式的"演说"和把自己的理解强加于家庭，如"多数家庭都是这样的……""我认为……"等。否则，因观念的不同，家庭会对治疗师产生反感，对治疗关系产生不良的影响。

（六）布置作业

虽然家庭治疗对家庭会有有益的帮助，但由于每次治疗的时间有限，而且治疗环境与家庭生活的实际情景有很大的不同。因此，如何将治疗室中取得的工作成效持续地保持下去，不至于回家后就消失了；如何在治疗间隔期间让家庭治疗继续进行，让家庭在实际的生活中发生改变就成为家庭治疗师所面临的一个问题。

不少家庭治疗师都采取了给家庭布置家庭作业的方法来解决这些问题，通过给家庭一些实用或好玩的家庭作业，让家庭在离开治疗室后仍然有事可做，使治疗室延伸到现实中的家庭。这种方法可以扰动家庭现有的格局，协助家庭发展新的解决问题的策略和方式。

在设计这些作业时，治疗师要明确自己的目的，也要考虑到家庭的特点，不可千篇一律。一般而言，家庭作业要与治疗访谈时采取的干预措施相关，要有促进家庭内在关系进一步改进的作用。不同的治疗理论，也可有自己相对成熟的治疗性作业。家庭作业可以是观察性的，也可以是操作性的。

观察性作业的目的主要是帮助家庭成员对自己习以为常的行为方式进行

反思。最常用的是"记红账"的方法,是一种最具有"资源取向"的作业。在临床工作中,我们经常见到许多家庭会不厌其烦地向治疗师报告患者存在这样或那样的症状,但是却将其无症状或者是症状表现较轻的状态完全忽略掉。此时,治疗师给家庭布置"记红账"的作业,要观察和记录患者无症状或者是行为表现良好的时段。如此一来,家庭常会突然发现患者还有很多积极的时候,从而让家庭思考和改变过去对患者的看法。这种方法可以促使家庭成员尽量展现自己的优点,使家庭自己朝着共同期望的方向前行。

操作性作业就是根据家庭存在的主要问题提出一些针对性较强的操作性建议。治疗师可以建议过分保护的父母减少对孩子的干涉;也可以建议只关注孩子学习的父母增加对孩子其他方面的关爱。类似这样的作业可以帮助家庭发生改变。例如,在某家庭中,治疗师发现母亲对儿子表现出过分的保护和照顾,治疗师可以建议母亲有计划地分阶段减少(如按20%递减)对儿子的照顾。

当然,治疗师也可以根据自己的经验和每一个家庭的实际,自己发展一些新的、富有创意的家庭作业。布置家庭作业的总则就是要帮助家庭改变原有的、僵化的行为模式或应对模式,尝试新的、灵活的应对策略,以适应不断变化和发展着的家庭生活。

(七)结束治疗

1. 每次治疗结束

对于治疗来说,每次的时间总是有限的,而且是有约定的,不可能无休无止。那么,治疗师该如何结束每次的治疗呢?

每次治疗结束前5~10 min内,治疗师要对这次访谈有一个简短的小结,提出自己对家庭格局和家庭关系的看法。在这个过程中,治疗师要有资源取向,善于从访谈的资料中提取对自己有用的信息,从家庭成员身上发现积极的资源,对每一位家庭成员的表现给予肯定性的评价,让家庭充满希望。与此同时,治疗师也可以给家庭提出一些有意义的值得他们思考的问题,让他们在治疗结束后继续反思。必要时,治疗师还可以结合治疗的需要给家庭布置家庭作业。在布置家庭作业时,治疗师可以与家庭一起商量,让每个成员都能接受并积极参与。

2. 最终治疗结束

最后一次治疗的结束不应该是突然的,即治疗的结束既不应该让治疗师惊讶,也不应让家庭惊讶。在好的治疗中,对治疗持续时间的预期应该是公开的。每个会谈都是有期限的,治疗师有必要在首次会谈时就告诉家庭,因为时间限制会推动他们努力合作而且有助于他们选择和集中于最急迫的问题。如果治疗期限是随过程而定的,并随问题和家庭的性质而变化,也应该直接告诉来访者让家庭清楚地知道。

好的结束,就像好的开始和过程一样,需要特有的临床敏感性。

(1) 结束时刻

治疗一般是在成功达到治疗目标之后结束的。尽管有时来访者会提起结束治疗的话题,但是一般是由治疗师发起讨论结束治疗的时间(Fischet, et al.1985)。如果治疗师能够清晰地确定治疗目标并且对其操作化,那么就很容易确定结束的时间。如果治疗目标不易确定或者无法操作化,治疗师可以依靠一些其他的指标来确定结束的时间。当来访者不知道再和治疗师说些什么时,这通常是治疗需要结束的一个信号,如果来访者和治疗师在咨询时间内花很多时间进行非治疗性的谈话或闲聊时,治疗也应该结束了。

结束家庭治疗时可能遇到的一个问题是,并非所有的家庭成员都准备好了结束治疗。最有效的方法是等所有的家庭成员都对结束治疗充满信心时再结束治疗。还有一种情况是家庭成员有不同的治疗目标。来访者对治疗抱有不同的期望,治疗师需要帮助家庭成员相互妥协,达到一致的治疗目标。

(2) 结束治疗的方法

应该把结束治疗看作是一个过程而不是一个事件,结束治疗并不仅局限于最后一次治疗而是从更早就开始的一个过程。如果来访者的社会支持系统不够强大,那么治疗师就要预料到来访者可能会和治疗师发展强烈的依赖关系,来访者可能在结束治疗时更加敏感并且产生失落感,治疗师要在治疗期间就有意识地帮助来访者建立更强大的支持系统。如果治疗师将结束治疗看作一个过程,结束治疗就会更加成功。

有两种结束治疗的基本方式。可以给家庭一个选择,治疗师只需要坚持执行就可以了。

1) 预设离别法

坚持以相同的频率会面,但是设定一个日期,可以是几周后或者几个月后,作为结束的时刻。一般那个日期是治疗师和家庭一起商定的,可能是某个方便的日子,比如说暑假或者新学年的开学。"预设离别"的方法能起到心中有数的效果,对于家庭来说更清晰、更确定,但也可能增加焦虑。

2）逐步消退法

开始延长两次治疗单元间隔的时间，用较长的一段时间来调整会谈的节奏，每周一次然后是每月一次，两个月一次再后来是三个月一次，如果需要的话最后六个月一次。"逐步消退法"可以给来访者一些时间来巩固在治疗中取得的进步，让家庭有机会看到他们自己确实能处理自己的问题了，因而会减少焦虑。但是"逐步消退法"也可能让人觉得目标不那么明确，或者因为拖拖拉拉可能会突然冒出来其他的一些发展性的生活事件，引发继续下去的需要或者使治疗效果急转直下。

（3）结束治疗时的任务

在结束治疗时，治疗师需要注意三点：

帮助来访者巩固在治疗中的进步。结束治疗前应该强化来访者在治疗中学习到的新技能、行为和思维方式。

鼓励来访者，让他们对自己的能力充满信心，去应对他们将来的问题。使来访者和治疗师之间的力量得到平衡，减小来访者对治疗师的依赖，增强来访者的自信。

处理好治疗结束时患者心中所产生的失落感。很多的来访者都和治疗师之间建立起了相对亲密的关系，所以在治疗结束时他们会感到失落。这种情况最常见于个体咨询中，但在家庭治疗时也会出现这样的情况。那些社会支持网络不够强大的来访者常会产生失落，治疗师需要了解并且应对这种失落情绪。

（4）结束治疗时的特殊问题

治疗结束时出现的特殊问题有：

1）治疗师是否接受来访者的礼物

一些治疗师认为，在任何情况下他们都不应该接受来访者的礼物。也有一些治疗师认为，可以适当地接受来访者一些并非十分贵重的礼物。不接受任何礼物的好处在于不用判断礼物是否太贵重而决定是否接受。但不接受任何礼物极有可能对来访者的情感造成伤害，尤其是当他的礼物包含一定特殊意义、象征意义的时候，治疗师需依照原则做出自己的选择。

2）来访者想与治疗师保持治疗之外的关系

一般的建议是应该避免这样的情况发生。如果治疗师和来访者在治疗结束后还保持关系，来访者需要继续接受治疗的话，治疗师可能会受到与来访者的双重关系的影响。因此，避免结束治疗后与来访者保持关系的主要原因在于，当来访者需要的时候可以继续接受治疗。

3）来访者不想结束治疗，他们希望以较低的频率继续接受治疗

一些治疗师把这种要求看作是来访者过分依赖治疗师的信号。有些治疗师则认为这样的安排是合理的，对一些来访者是必要的。一些治疗师也提倡延续治疗来巩固治疗效果。当来访者要求继续治疗时，需要仔细评价这一要求背后的动机。这一要求可能确实是一种依赖的表达，特别是有些来访者提出要更频繁地见面时。治疗师需要帮助来访者发展他们的支持系统以减少他们的依赖。当然，要求继续治疗并不一定都是依赖的表现。一些来访者希望能定期地见治疗师来帮助他们维持健康的家庭关系。对于这样的来访者，他们的确想要继续成长。治疗更多的是教授指导而非起到解决问题和危机的作用，可以帮助来访者继续更好地成长。

三、其他需要注意的

（一）处理取消预约与脱落

1. 处理取消预约

与我们生病去医院看病吃药一样，坚持治疗才可以让药物针对病情发挥最大作用，对于康复治疗产生重要效果，而不规律的用药或者中断用药则会使治疗效果大打折扣。

家庭治疗同样是一个持续性的过程，最好保持每周一次，每次 50 min 的频率，稳定而持续的家庭治疗，对更好了解家庭问题的病灶，分析心理问题的根本原因以及针对地给出相应的解决途径都是有很大好处的。

在家庭治疗过程中，有任何家庭成员因为外在因素缺席治疗都会对治疗效果产生很大影响。

取消预约的原因及应对策略：

（1）状态不好，不想做治疗

这是大部分家庭成员想要请假或拒绝家庭治疗的原因。实际上，越是在这种状态不好的时候，越应该积极参与家庭治疗，家庭治疗的本质就是家庭成员共同解决家庭或某一位成员存在的心理问题，全家人可以齐心协力地帮助存在心理问题的成员找到正确且适合自己的解决方式，以排遣个体所产生的心理情绪。这些时候往往是一个重要契机，可以让个体更加深入探讨和尝试理解自己，也是察觉家庭结构、发挥家庭凝聚力的好机会。

（2）通过请假或取消咨询的方式逃避改变的痛苦

家庭花了金钱、精力和时间，最想要的就是家庭现有状况能好转起来。比如说：牙齿出现了问题，我们去看牙医时，当仪器钻进口腔，碰到牙齿，我们会不自觉地抗拒和退缩，在治疗过程中有时会因为疼痛有放弃治疗的念头。同理，家庭治疗的效果深入到一定程度时，在所难免地会触碰到家庭成员的痛处。当然，抗拒、回避可以使自身暂时避免痛苦的侵染，但这并不代表痛苦的消散，也并不代表在以后的生活中家庭成员不会再次受到痛苦的侵扰。因此，最好的方法就是"斩草除根"，敢于面对，勇于解决，痛苦才会消失，自身才会成长。就像坏掉的牙齿，时好时坏，不拔掉牙齿也不会致死但牙齿疼痛会影响我们的正常生活，俗话说"牙疼不是病，疼起来要人命"，人所面临的痛楚也是如此，只有完全清理，拔掉那颗坏牙，才会痊愈。

（3）觉得家庭治疗没有效果，想取消治疗

心理治疗师在大众眼里也属于医生。因此，家庭在治疗过程中，会受到传统的药到病除观念的影响，他们更希望告诉治疗师家庭存在的问题，从而很快得到解决，痛苦也得以消除。家庭成员会认为治疗师能马上解决存在的问题和同时解决所有家庭成员的问题。

心理学上普遍认为，个体和家庭的成长，受到先天、后天和环境不同程度的因素以及自身主观能动性的影响共同导致形成个体性格、情绪情感特征、行为特征和个性状态。家庭的互动和问题困扰，不是一朝一夕形成的，解决问题的过程也需要在漫长的时间里得以沉淀。

（4）想维持既得利益，从而请假或取消咨询

改变是不易的，维持症状的平衡是必要的，蓦然改变只会让成员更痛苦。

案例：一位60来岁的老先生，我们暂称他为L先生。L先生在60多岁的高龄患有抑郁症。原因是身为高管的他如今却只能离职在家，在与治疗师深入交流的过程中，L先生表示，退休在家的生活并不是快乐的，没有人关注他，没有人时常看望他，他感觉到自己没有了价值，生活没有了意义，从而渐渐患上了抑郁症。在他生病的过程中，他的家人朋友开始关心他，这使他感到快乐。由此治疗师判断他的抑郁症治好了，但随着心情的好转，他又失去了他亲人以及朋友的关心照顾。抑郁症让L先生得到了自己想要得到的，而抑郁治好后他所想要得到的却又失去了。

面对此类情况，家庭治疗的作用在于帮助家庭成员能够适应现在的生活。

每一位家庭成员请假或取消咨询的原因都不尽相同，家庭治疗师一定要了解每一个原因，不放过任何蛛丝马迹，态度真诚地询问家庭成员取消预约的原因，从而促进治疗效果进一步加强。

2. 处理脱落

（1）治疗脱落的界定

家庭治疗效果受治疗关系、治疗师的心理学知识、治疗技术的运用、治疗方法被患者接纳程度、治疗阻抗等多因素的影响。家庭治疗有别于其他心理治疗方法，它的运用既不同于又整合于精神分析治疗、认知行为治疗、催眠治疗、暗示治疗等的系统观、控制观、策略观。仅从名称上就给人以崭新的认识，如"循环提问""中立性""症状处方""悖论干预"等正是家庭治疗的魅力所在。

一般来说，家庭治疗是按照以下顺序来进行的：门诊预约治疗→填写家庭情况表→安排治疗时间→首次访谈→后续访谈→治疗结束。结束每一次的访谈之后都要针对性地布置一些干预性的家庭作业。

脱落（drop out）的原义是"放弃、不参加"，治疗脱落就是主动放弃治疗。是被治疗者对治疗的主动放弃，是造成药物治疗中断的主要原因之一。现将脱落定义为在约定的、业已开始的家庭治疗过程中治疗关系的中断。形式上多表现为患者家庭主动提出放弃治疗、不能按时参加治疗、认可问题已经解决而无需继续治疗等。

（2）家庭治疗脱落的原因

1）不理解治疗用技术的含义

家庭治疗常用的技术有"假设提问""循环提问"和"中立性"，是由米兰治疗小组提出的三项基本原则。虽然有些假设会给家庭带来极大震动，但从字面上可以理解到该假设的不可能性，而从理性角度认识假设的结果。

循环提问虽然在治疗中可以化解由于直接提问或直接评论带来的阻抗，但在治疗初期会因为所提问题的不固定性和指向不明，引来家庭成员对治疗师提问不理解，导致对治疗的困惑或使治疗关系中断。

在系统性家庭治疗理论中有一个主要观点和操作性治疗方法是中立性，强调给家庭扰动及扰动给家庭带来的反应，并不是特意强调治疗师的观点、与哪个家庭成员存在结盟关系、治疗师的情感倾向等。一般来讲，在治疗过程中，家庭成员都希望得到治疗师的支持或者自己的观点被治疗师认可，将治疗师视为自己的同盟者。家庭如果将治疗师视为冷漠、毫无人情味的"中立者"时，他们就会从情感上拒绝治疗师，与治疗师达不成相互配合，治疗依从性必然受到影响。在这种情况下，治疗师往往处于两难状态，一是难以保持自己的社会中立（social neutrality）去判断家庭关系及其社会功能；二是在解决问题时难以把握变化的中立（changing neutrality）。当治疗师的中立遇到家庭强大的价值观念时，就会朝向不中立方向发展，同时还会产生强大的治疗阻抗，很容易导致治疗失败。究其原因是：让家庭在领悟问题的基础上解决问题往往很难；向家庭解释治疗方法反而会造成不中立而导致治疗中断。

2）治疗方式

家庭治疗也就是将家庭作为整体进行的心理治疗，改变患者的病态现象就是让家庭中固定存在的游戏规则发生改变，改变家庭关系系统、交流模式和认知模式，通过这些方法来达到治疗目的。由于对治疗方式不理解而导致治疗脱落的原因：认为家庭治疗就是医师上门治疗可以接受，而一家人兴师动众到医院去进行心理治疗则难以接受；认为谁有"毛病"治疗谁，家庭成员多不愿意参加治疗，即使同意治疗也会借口工作忙、事务多等不去治疗。从家庭动力学角度来说，当个体的现实构想与整个家庭建立的现实构想不协调时，每个个体所表现的行为模式或行为结果，则是相互不融洽、互不接纳。在现实关系中则会表现为不容易变动的、僵化的所谓"硬性现实"关系，相互交往、协商的余地不大。

3）疾病的因果观

因果论的辩证关系，在人们的头脑中可说是根深蒂固，"种豆得豆，种瓜结瓜"是不可辩驳的真理。流感病毒引起流行性感冒、肺炎双球菌是引起大叶性肺炎的罪魁祸首是不争的事实，是体现直线式因果关系的典型范例；家庭治疗的技术运用恰恰是放弃这种直线式因果关系理论，所崇尚的是互为因果论，重视人际间相互作用对"疾病"发生、发展及其治疗的影响。因而，抱有直线因果观的人很难理解家庭治疗。持此观点的家庭不适宜进行家庭治疗，物理治疗（药物治疗、电休克治疗）更为合适。

4）治疗的持续时间

家庭治疗的手段是以整个家庭系统为治疗对象，通过访谈发现系统中存在的各种关系问题，以语言技巧和行为作业传达信息，使原来维持疾病的关系被打破，疾病赖以存在的基础就不复存在，疾病就会痊愈。从原有平衡关系被打破到建立新的能渗透到个体思维和行为模式中的平衡关系，需要一定的时间；时间太短，所建立的平衡关系就不稳定，治疗效果就不好，因此，治疗时要避免这种"短期效应"。家庭中父母和子女之间往往会存在着影响相互交流的关系，而且这种关系有自上一代向下一代传递的特点，家庭治疗的关键就在于打破这种不良的相互交流关系，促进个体的分化和发展。

Maccoby（1980）曾对家庭治疗的疗效进行过评价，他认为治疗效果的出现不仅是个体学会了或者具备了某种行为，更重要的是与人发生关系时思维、情绪、适应性的变化。因此，作者认为，家庭治疗的效果不应该是"即刻效应"。

家庭治疗作为一种有效的心理治疗方法已经为多数家庭所接受，在应对青少年和儿童的情绪问题、行为问题的效果更好。Gurman 和 Kniskern（1991）对经过家庭治疗的家庭随访发现，70%以上的家庭较治疗前有明显改善，这种改善体现在患者的病态行为和不良家庭关系上。在青少年和儿童的成长中，家庭环境和家庭关系是关键的因素，儿童期的各种心理问题的发生都与家庭环境、家庭关系有直接联系。家庭治疗对解决由家庭关系引起的问题是不争的良好选择，治疗师只要能在治疗中不断完善自己的技术，从脱落的治疗案例中不断总结经验和教训，家庭治疗肯定能减少脱落率，对家庭发挥更大的效能。

（二）处理秘密问题

20世纪50年代的社会学家Goffman、Simmel等最先关注到除个人秘密外，每个人的家庭里面也存在一些秘密。从发展心理学的角度来看，儿童向父母隐瞒秘密标志着个体开始独立于父母，儿童自我意识得到发展，有利于个体化进程，父母或者兄弟姐妹之间也会由于各种原因而保守秘密。随着心理治疗尤其是家庭治疗的发展和应用，治疗师发现自己在治疗过程中常不可避免地触碰到家庭不为人所知的一面，如何认识家庭秘密、如何处理家庭秘密的保守和披露等问题成为治疗师和心理学家关心的议题。

1. 家庭秘密的定义

Karpel认为秘密包含两个人或多个人之间互相隐瞒或者有区别地分享的信息，在此基础上Bok将家庭秘密定义为一个或多个家庭成员对其他人有意隐瞒的信息。对信息的有意识隐瞒是保密的体现。秘密无处不在，而隐藏在家里的秘密对于家庭成员的心理健康常具有重要影响。秘密和隐私不同，后者更多强调每个人都有属于自己的私人空间，不同家庭不同成员对秘密和隐私的定义有所不同，如同样一件事对一个家庭成员来说是隐私，对另一个家庭成员来说却是秘密,这主要取决于文化价值观和个人判断。Bok 认为刻意隐瞒是秘密的特性,并且个体试图为秘密不被泄露而付出努力。Karpel 则认为隐私和秘密的信息的区别在于,与不知情者密切相关的为秘密,不相关且对当前关系没有重大影响的可称作隐私。Papp 也提到,区别隐私和秘密的一个途径是看信息与不同家庭成员的相关性,Imber-Black 进一步支持这个观点,认为隐藏的信息对另一个人的人生抉择和个人幸福有重要影响的是秘密,两者之间的区别受时间、文化和社会政治影响。

综合各种定义后将家庭秘密定义为:家庭成员之间刻意地互相隐瞒或者有区别地分享的信息,这种人为努力造成的信息不对称可对家庭成员的心理健康产生重要影响。

2. 家庭秘密的类型

秘密的种类繁多,许多研究人员尝试从不同角度描述家庭秘密的形式和分类。Pincus 和 Dare 最早对家庭秘密的类型进行了区分,把家庭秘密分为了基于现实事件和基于幻想产生的两种类型,前者包括家庭成员之间或者家庭成员与非家庭成员之间试图隐瞒的事件,如外遇、酗酒、吸毒等,后者又可称作"家庭神话",可以作为家庭成员共同的态度和信仰。依据秘密所涉及的对象,即秘密持有人、秘密所指者和不知情者,Karpel 将其划分为三个类型:个人秘密、家庭内部秘密和家庭共享秘密。个人秘密指一个家庭成员向其他家庭成员隐瞒的秘密,如丈夫的婚外情(其他家庭成员均不知道),家庭内部秘密指家中至少有两个人知道的秘密,如父母双方知道孩子是领养的但孩子不知情,家庭共享秘密是指所有家庭成员都知道但不对外人透露的秘密,如父亲的家暴、酗酒等行为。Karpel 的这种划分得到众多学者的认可,之后研究者大多基于他的分类来研究家庭秘密。如 Vangelisti 进一步研究了家庭保守秘密的类型和频率,根据保密主题信息的类型将家庭秘密分为:禁忌话题(被家庭乃至社会所谴责的事,如虐待、性取向等)、违规的(打破规则的事,如非法同居、性犯罪等)和常规秘密(不一定是错的但被认为是不适合讨论的事,包括宗教信仰、薪资等),研究发现禁忌话题更多是全家共享的秘密,家庭内部秘密的禁忌话题也比个人秘密多,而违规的秘密更多属于个人秘密。根据保密的结果,Imber-Black 又把秘密划分为甜蜜秘密(无害且对关系有积极作用的,如为求婚准备的秘密惊喜)、基本秘密(可以促进个人发展的如创伤经历等)、有害秘密(一般为负面的秘密,有些甚至会对关系产生致命影响,如婚前堕胎行为）和危险秘密（对身心有直接危险的，如家庭暴力）。

对家庭秘密的不同分类，能够帮助研究者和实务工作者更好地了解家庭秘密以及秘密对个案生活和治疗的影响，为家庭秘密的深入研究奠定了基础。

3. 保有家庭秘密的由来和目的

人们往往是带着一定的目的去保守秘密，家庭秘密对于整个家庭而言具有保护性、支持性的作用。从公共形象管理的角度来说，Goffiman 认为：秘密可以使有损个人公众形象的信息没有被公开，因此可以保护家庭成员不受社会的反对或排斥。Karpel 认为秘密是为了保护知情者也就是拥有秘密本人与不知情者之间的平衡，及他们彼此之间界限的稳定。Reiss 指出秘密可以使每位家庭成员之间更好地保持独立性，确保家庭结构不遭破坏。Vangelisti 探究了家庭成员认为秘密有何作用，概括出家庭秘密存在的必要性包括增加家庭成员之间的凝聚力、避免家庭成员受到负面评价、维系家庭成员之间的亲密关系、保护隐私、对家庭以外的人起防御作用和避免沟通问题。例如，许多人为了不伤害与对方的关系而选择不把秘密告诉他；小时候遭受过性虐待的成年人回忆说，对负面评价的恐惧是他们对虐待保持沉默的一个重要原因；人们对自己是否能很好地在交流中讨论秘密的怀疑也是保密的原因。Vangelisti 在他的研究中进一步挖掘了秘密的功能与其形式的关系，发现隐私方面的秘密更多是个人秘密或全家秘密，而为了维系关系的秘密更多是家庭内部秘密，为了防御的秘密更多是全家秘密而不是个人秘密。还有学者则认为保密具有发展功能，可以增进青少年情绪自主感以促进个体化进程。

4. 保有家庭秘密的消极影响

秘密的存在对家庭也有显而易见的消极影响。Karpel 从不同层面分析了这个问题：一方面家庭成员的不公开交流会导致家庭成员所持有的信息不统一，这样容易导致欺骗、信息歪曲和神秘化等不同程度的负面影响。另一方面，信息持有者在谈及相关话题时会因为害怕秘密泄露，而表现出不自在的沟通方式，容易出现不安、紧张等焦虑内疚的负面情绪，而不知情者会因为信息的不统一产生自我怀疑，家庭成员之间互相不信任彼此，关系资源也会遭受损失；在实践层面上，意外或破坏性地泄露秘密甚至会带来危险。家庭秘密会影响家庭关系和家庭互动，秘密在保密人和不知情人之间建立或加强了界限和联盟，如母亲告诉女儿自己想要离婚的想法并要求女儿不告诉父亲，女儿和母亲建立了联盟关系，却把父亲隔绝在外，对一方亲近的结果势必会导致与另一方的疏远，家庭中的三角关系或重新形成或被破坏。不同主题的秘密对家庭的影响有所不同。家庭会保留一定的传统或仪式性的秘密，如不会讲给外人的故事或笑话，兄弟姐妹之间的秘密基地，父母悄悄给孩子准备的生日礼物等，保守传统、仪式性或常规的秘密的影响可能远不及保守禁忌相关的秘密的影响大。Bradshaw 认为"我们不知道的会伤害我们"，家庭秘密在起一定的保护作用的同时，对知情者和不知情者的生理和心理状况也会造成一定负担和伤害。因此，有研究表明，公开秘密的积极影响大于消极影响，比如，通过自我暴露进行创伤经验分享对身体健康有益，在一定程度上也利于减少悲伤情绪。但是一旦把秘密公开，保守秘密所带来的好处亦不复存在，秘密被公开之后并不能保证得到完全积极的反馈，临床操作中尤其需要谨慎对待。

5. 公开家庭秘密的风险

首先，个别家庭成员的私自泄密行为可被视为打破与家庭群体之间的联结的举动，包含对家庭其他成员不认可的风险。其次，对家庭中的不知情者公开家庭秘密会对个人及其人际关系产生重大影响，所以研究者开始关注人们在什么情况下公开秘密。Kelly 和 McKillop 认为个体在决定是否公开秘密时应该考虑后果，如公开对象是否值得信任，知道秘密后遭受负面评价的风险。Vangelisti 和 Caughlin 探究了秘密的主题、功能及家庭关系满意度对秘密披露可能性的影响，认为公开家庭秘密的倾向与秘密所起的作用、家庭满意度感知以及家庭成员是否愿意公开有关。例如，人们认为秘密能保证他们的关系不会受到负面影响的就不倾向于公开秘密，家庭满意度与人们公开秘密的倾向呈负相关关系，但人们更有可能向心理上与自己接近或相似的人公开秘密。某些主题的秘密虽然更常被提及，但与公开秘密的倾向性之间关联性不高，而家庭成员对话题亲密程度的感知和公开秘密的可能性之间存在显著关联。Vangelisti 等人进一步归纳出在考虑是否公开家庭秘密时使用的 10 个标准，如关系安全、重要原因、公开秘密的需要、话题适宜性、家庭成员归属等，其中个人对家庭秘密的感知、将家庭秘密视作负面影响的倾向、与公开对象的关系质量是人们最常用的几个标准。J. P. Caughin 等人在一项纵向研究中追踪了个人保守秘密的原因与最终是否公开秘密的关系，结果发现他人评价、维系关系、公开秘密者的沟通能力和注重隐私这几个变量可预测人们是否会公开秘密（越不在意这些越会公开秘密）。此外，父母的教养方式对儿童及青少年向父母公开秘密的意愿也有影响。

（三）应对危机干预

家庭危机（family crisis）：是因某种决定性变化而造成家庭成员在心理、感情上难以承受，习惯、行为不能适应的状况。当各种压力作用于个人或家庭时，就会产生相应的影响。家庭对压力的认知和对压力的处理能力，决定了家庭应对压力的调适能力。如果家庭面对压力事件所拥有的处理方法及资源处于富足状态，家庭可较快恢复到平衡状态或实现新的平衡状态。而当家庭面对压力事件所拥有的处理方法及资源不足时，家庭即可陷于危机状态，即家庭危机。

1. 家庭危机的理论研究

L. 希尔关于家庭压力及危机的研究是该领域的先驱性研究之一。希尔在他的一篇广为引用的论文中，提出了各种社会压力和扰人的危机事件，并总结了危机形成的 ABCX 公式以及应付危机的过程：A（即事件，潜在压力源）→同 B（家庭对付危机的资源）的相互作用→和 C（家庭对事件的定义）的相互作用→产生出 X（危机）。应付危机的恢复或顺应过程主要包括最初的紊乱期，继此之后是恢复期，最终走向整合新水平。

（1）引发家庭危机的压力事件

此类事件的发生极为广泛，尤其是在家庭内外，T. 麦克墨雷在其《人类危机的干预》一书中将这些压力事件分为三类，成熟事件、衰竭事件和休克事件。成熟事件是指家庭在其整个生命周期中所自然经历的各个转折点，如怀孕、退休等。J. 哈利在其《家庭疗法》一文中指出，家庭危机在生命周期的各转折点达到顶峰。也就是说，在这些转折点上，家庭可能"瘫痪"，只能期望治疗、干预来缓解危机，帮助家庭从一个阶段过渡到另一个阶段。卡特和麦克戈德里克在其《家庭生命周期：家庭治疗框架》一书中，进一步将生命周期的压力源细分为横向的和纵向的两个部分。纵向压力源是上一代传给家庭的，包括家庭模式、神话等；横向压力源是指家庭从一个发展阶段过渡到下一个发展阶段时所经历的事件。B. 罗林斯和 H. 弗尔德曼的一项有关研究亦支持这一观点。该研究指出，怀孕前后的婚姻满意度与对父母身份的满意度成反比。丈夫们所受生命周期阶段的影响看起来要比妻子们所受的影响要小。有关生命周期的更加丰富的研究完成于 20 世纪 60 年代和 70 年代。H. 麦克宾及其明尼苏达大学的同事总结这一时期的研究说，70 年代最重要的研究主要是关于家庭周期中的较后阶段的，尤其强调以下转折点：生育孩子、后父母期、退休、寡居期以及迁址和寄居。M. 韦伯斯特走得更远，她尤其强调价值观念的变化，例如，人们对离婚的态度急剧改变，因而离婚已成为成人生命周期中经常遇到的事件。

麦克墨雷所说的第二类危机压力事件，即衰竭事件源于一段持续的对压力的应付期。在此期间，由于持续不断的压力而最终不可避免地产生了危机。这些包括长期的疾病、婚姻不和谐而夫妻双方又决意共同养育孩子，以及长时间的经济拮据、贫困。衰竭危机的后果是逐渐发生的，比较温和的，较少戏剧性。而当事人往往被救助组织误认为不愿合作，或敷衍应付。而事实上，这种反应可能就是由衰竭而导致的混乱无助所带来的。

与衰竭事件不同，休克事件往往是不管家庭本身承受力如何而突然地、出人意料地发生的，从而导致了家庭的惊慌失措而又一时难以应付的突然休克状态。这类事件包括家庭成员的死亡以及由水灾或其他自然灾害，如地震、山洪暴发等引起的流离失所。

（2）家庭有可用于对付危机的有用资源

这不仅包括家庭成员的个人力量，家庭解决问题策略的有效性，还包括适合于家庭的广泛的支持系统。

家庭是其成员的组合体。因此，每一个家庭成员的个人力量很重要。L.皮尔林和C.斯库勒发现，家庭各个体成员的适应性越好，能力越强，家庭解决危机的能力也就越强。

家庭解决问题的方法及策略也很重要。D.雷斯等人发现，家庭解决问题的方法可以预示家庭能否成为其家庭成员恢复健康的园地。一般情况下，具有较好解决问题能力的家庭往往能成功地处理问题，而这实际上也就能阻止危机的发生。

社会支持系统包括邻里、家庭、亲戚及互助小组。R.斯贝克和C.安特尼文在其《家庭网络》一书中论述了邻里对个体及整个家庭的作用，意识到了具有凝聚力的邻里往往会对陷入危机中的家庭做出救助反应，亲戚同样可以为危机家庭提供重要的支持。但是，最近几十年来，由于家庭趋向于核心化，导致了亲戚关系的简单化，也同时减少了家庭陷入危机的可能性。鉴于人们对外部支持的需要，自助小组日益流行。这类组织为各类特定的危机应对者提供信息和情绪上的支持。

（3）家庭对危机事件的感知与定义

功能、财力相似的一些家庭可能对同一类事件的反应很不一样，其症结就在于对这些事件的不同理解上。因此，某种压力事件能否构成危机，取决于家庭成员对危机事件的认识。而且，对危机事件的感知和定义还包括以下情况，即家庭和家庭成员面对某事件所产生的压力等级是不同的，以及家庭和其成员对某事件赋予的意义也是不同的。例如，同是死亡事件，人们对为救他人生命而牺牲与因一桩意外事故而死亡给予不同的评价。因此，将事件赋值到一个可令人理解的框架中去的能力将减少危机的影响。同时，事件对他人的意义也影响了个体所面临压力的大小。例如，因父母入狱而暂时"失去"父母与因军职而暂时"失去"父母给当事人的压力影响大不相同。

面对危机，希尔理论中曾经提出形成危机的三个因素，而家庭做出反应的能力同样受此影响。这三个因素分别是事件本身，家庭用来应对危机的可用资源以及对危机的知觉和评价。一个家庭能够对危机做出有效反应，那么，它就可以将危机影响整合到家庭单位中，并且在一个更高的家庭功能水平上去寻求重建。R. 尤玛纳、S. 格罗斯和 M. 麦克康维尔在其合著的《家庭中的危机》一书中指出，如果家庭功能超过危机的影响，则说明家庭干预危机达到一种理想状态，这一目标之所以被认为是理想的，是因为恢复危机发生前的家庭功能水平通常是可能达到的唯一目标。

2. 家庭危机干预策略

如麦克墨雷所说的，下面的三个方面是家庭危机的干预策略：①压力源的消除；②个体或家庭应对能力的增强；③危机适应性的增强。其中消除压力源的策略通常效果最显著，但与此同时它的可行性也极低。可以采取各种各样的方式来增强个体或家庭的对应力量。将那些由于距离或者其他原因导致与家庭失去联系的非核心家庭成员重新联系起来，以此来为危机的解除提供外部家庭支持。减少家庭个体成员的压力并增强应对技术的工作，能够使整个家庭的问题解决效率得到显著提高。

面对困境，一旦家庭对危机意义的知觉和评价受限，或者采用不合适的问题解决技能，或是技能有限时，增强家庭对危机的适应性就显得意义非凡。这涉及两个方面的工作：①让家庭能够对问题中的各个因素和他们自身对问题的反应状况，产生更加充分的认识，这样有利于家庭对事件意义的重新评价；②帮助家庭成员学习一些解决问题的基本步骤。

特别是在危机早期，可以从以上三个方面实施干预。即使危机规模十分大且严重，三个方面同时实施干预效果依旧显著。干预的程度和时间的长短会受到危机的严重情况、家庭的适应能力以及可以用来应对危机的资源等这些因素的影响。当危机来临时，家庭总是先想通过外部干预来应对危机，但当它本身能够把握时，又采取自身对危机的干预措施，这种情形并不少见。

（四）打破治疗僵局

如果治疗师发现来访者背后的家庭问题错综复杂，不论是怎样的流派取向，家庭系统的问题都将面临一些共同的挑战，是治疗师必须去面对以走出家庭问题僵局的。例如：

其他家人不愿意来，怎么办？

家人之间无法彼此对话，甚至在咨询现场争执起来；

无法突破个人线性因果观，难以了解家庭系统详情。

1. 打破僵局治疗师的具体任务

任务一：用坚定的态度应对治疗开始前的结构之战

治疗师与来访者之间的关系是家庭治疗与个人治疗最显著的不同点。普遍来讲，在个体治疗的过程中，来访者通常对治疗师有更加信任和顺从的态度，希望可以在治疗师的诊治下解决自己的困惑。而家庭治疗与个人治疗很大的不同在于来访者不再是一个个体，而是由若干独立个体共同组成的一个全新的集合体，而在这个家庭中，由于长久的发展，已经有了一套稳定的运行规则，在根本上他们不希望原有的规则被破坏，即使这个家庭是因为出现一定的问题才来向治疗师求助。因此大部分参加家庭治疗的成员在最开始都不会完全信任和接受治疗师，更多的是怀疑和抵触。

在治疗过程中会产生治疗师与来访家庭的结构之战，也就是治疗师会对即将开始的治疗设定一些基本规则：参与治疗的频率，治疗的基本方案，家庭中都有哪些成员要参与治疗和治疗的时间地点等，家庭对治疗师的怀疑就会体现在对这些基本规则的遵守和执行上。

在治疗过程中会有家庭成员请假或缺席的情况，往往这种情况并不只是该家庭成员一个人的问题，归根结底来自整个家庭对于康复治疗的不确定以及对治疗师的不信任与猜忌，"治疗师究竟能否解决我们家的问题？" "治疗师要求全员参加就一定要参加吗？"与请假和缺席类似的行为还有抵触和不执行治疗师所给出的建议，拒绝配合治疗。治疗师在面对结构之战时，要采取正确的态度和做法，用坚定且温和态度规定家庭需要遵守治疗中的各项规则。

部分治疗师在面对这种结构之战时会因为害怕破坏与家庭之间的友好关系，从而做出退步，在面对缺席等问题时认为"不来也可以吧"，其实这种态度恰恰是掉入了家庭的陷阱中。家庭成员会不配合治疗，不执行治疗师设定的规则正是出于对治疗师的不信任，如果此时治疗师做出退步，则会导致家庭成员更加不信任治疗师的专业水平与能力。

在面对此类结构之战时，治疗师一定要坚守底线，制定的规则不容轻易被破坏，只有治疗师始终保持坚定的态度，展现出充分的信心，才会让家庭真正信任治疗师，治疗师也才能真正走进家庭，方便后续治疗的进行。

任务二：邀请家人投入治疗

在这项任务中，治疗师要引导治疗者寻求他人帮助，让治疗者相信可以通过邀请他人进入治疗来解决个人问题，需要注意的是不要让被邀请人错以为是自己造成了治疗者的问题，同时需要兼顾每一位来访者，让大家都有被帮助和成长的感觉。

任务三：系统性探询

在访谈过程中，会产生大量的信息，治疗师要应用"手电筒"的原理，通过与来访者的沟通与交流，找寻对话中的焦点，并由此展开系统性询问，梳理各类事件，将其脉络化，并对来访者怀有同理心。

任务四：促发对话

"从客厅移到厨房/起居室"，是对这一事件的形象化描述。在治疗开始时家庭成员依次回答治疗师的问题，就像治疗师坐在客厅会见客人，但随着治疗师本人的引导沟通以及对话的深入，家人间的交流被触发，治疗师调整视角以更全面的广角镜头观察家人在"厨房/起居室"的对话，以此发现治疗线索。

任务五：处理冲突

如果来访者在咨询室中起了冲突，请不要慌张，冷静观察思考，仔细分析：这次吵架的结果是有价值的还是毫无建设性的？如果是有价值的，治疗师则需要鼓励，给家人成员自由发表意见的机会和空间，让家人们把事情说清楚；但如果吵架是毫无价值且具有一定破坏性的，治疗师则需要及时制止并解决矛盾，帮助家庭成员找回理性。

任务六：激起家庭主动改变的勇气

在治疗过程中治疗师应该根据治疗推进情况适时改变治疗方式，以实现治疗效果。比如说在治疗过程中，前几次的面谈需要治疗师通过主动询问来了解家庭的结构和信息，和对已知信息做出判断和解释来推进整个面谈。到后来就需要变换一种方式。

因为治疗过程与生活中家庭自然发生的成长过程相似，且治疗只是帮助家庭释放自身能量的催化剂。因此必须注重家庭成员的主动性,家庭成员自主推动治疗进程才能保证治疗效果的长久和持续。

任务七:用以身作则示范冒险的过程

在治疗过程中治疗师的行为比语言更有力量。所以当治疗师希望家庭做出有效转变时,最有效的方法就是以身作则,并进行示范。对于治疗师而言这项工作的挑战性也不小,但这也正是这份工作的迷人之处,难道不是吗?

任务八:温厚慈悲与逼迫施压并行

良好的共情能力是建立信任和开展咨询的基础,在最初开始学习心理咨询技术的时候,"共情"便是极其重要的内容。通过共情可以发现来访者更多的情绪与需求,也就解决了大部分问题。但很多咨询师却因此进入了一个误区,也就是只会使用共情。而事实上,虽然共情在治疗过程中非常重要,但却远远不够,还需要使用面质、逼迫技术。就好比作为家长,就必须同时拥有母亲的仁慈和父亲的严厉,温厚慈悲与逼迫施压并行。

但如果只是一味使用共情就会违反真诚原则,而且事实上治疗过程也并不会一直温柔和顺。所以当一个治疗师只使用共情时,家庭成员反而会觉得治疗师很无能或趋于逢迎。相反当温柔慈善与施压逼迫同时进行时才可能达到意想不到的结果。

对于治疗师来说,这何尝不是一种挑战?所以治疗过程也是治疗师不断成长的过程。

任务九:用专业治疗的同时,也在人性上融入家庭

作为一名治疗师,需要在专业技巧与人性关爱之间做到很好的协调,不能只有刻板的专业技巧,这样治疗师将无法真正走进一个家庭,他所给出的各种治疗方案也不会对这个家庭真正适用;但也不能过分卷入,从而缺乏站在客观专业角度分析与解决问题的能力。

治疗师绝不是一个冰冷的只会操作各类技巧的机器,一名合格的治疗师一定也有着被治愈的经验。助人工作到最后,通过使用各类专业技能产生效果已经不再占主导,真正令来访者受益的是能让来访者感受到治疗师坦诚的真心,那么治疗也不再只是治疗,而是灵魂与心灵的相遇与碰撞。

任务十:关系修复,情感增温

通过这项任务,治疗师可以引导家庭成员发现对彼此的关心与爱,共同回忆家庭关系中具有积极意义的重要时刻,重新发现对方身上的闪光点和对对方

表达感谢,重新做到换位思考,"你知不知道对方这么担心你?""对方曾做过让你最感动的事情是什么?"在咨询过程中治疗师可以通过抛出此类问题来促进家庭成员关系的缓和与对彼此的理解。

2. 打破僵局的具体技术方法

方法一:碾磨法

碾磨法是在治疗过程中常用的办法。虽然这样做可能会惹恼甚至激怒来访者,但为了让治疗继续走下去,治疗师需要在同一块地面上反复地慢慢碾磨。这样的方式对家庭是很有用的,特别是对那些危机导向的家庭来说。因为这些家庭从来没有培养出坚持不懈与彻底解决问题的技能,他们总是很快就放弃或者分心。治疗师的持之以恒将最终渗透进他们的思想,目的是让每个人都不要放弃或者离开,帮助他们看到倒退来源于对改变的焦虑,让他们看到每个人都可以用不同的方式来应对改变带来的压力。

方法二:混合法

在已经建立和谐关系的基础上,可以通过改变形式、引进体验式作业来强化技巧和观念。

具体的方法有:引进新的成员如祖父母,会见所有的兄弟姐妹或单独会见他们;用一些有指导性的比喻;让家庭成员做生活的雕塑;或者让他们绘出自己看到的家庭生活形态等。这样做可以帮助避免治疗中间阶段的停滞,让家庭保持兴趣和参与的热情,而且有助于发现阻碍进步的症结。

方法三:正常化

让家庭成员事先知道治疗中会产生危机、出现倒退,或者"替罪羊"的转换、焦虑感、矛盾等状况。这样做,一方面可以给家庭一种控制感,另一方面可以让他们明白在改变的过程中自己必须要承受什么,从而帮助治疗师和家庭保持勇气。

方法四:处理失落感

当家庭成员出现失落感时,一种简单的处理方式就是直接谈论失落。治疗师可以通过询问家庭成员感到正在失去什么或者害怕失去什么,帮助其明白前进是需要放弃一些东西的。同时,使他们认识到即使生活艰辛,我们也可以看到希望。

这种讨论可以避免家庭不必因为突然的停滞而灰心,而且它还可以让治疗通往体验家庭里的一个重要的情绪——悲伤。那些过去的、未被表达的、尘封已久的失落情绪可能会被突然刺激。但当这些情绪表现出来并得以表达时，失落感就会开始消散。

方法五：勇敢和坚持

勇气是应对所有停滞与后退的最基本的办法，在一定程度上治疗师是来访者的榜样。在咨询遇到困难时，治疗师的勇敢和坚持对取得良好咨询效果有非常重要的意义。即使咨询中出现了分心的事情或者家庭成员的行为回归到原来的模式，治疗师都要勇敢面对家庭和自己的焦虑，这样才能追踪家庭的情绪脉络。当矛盾和悲伤开始显露时，要诚实地挑战作为治疗师的自己和家庭，抵制住回到原点的诱惑。

方法六：向督导求助

督导是最重要的帮助手段之一。治疗师必须学会和督导分享具有挑战性的问题和个案，学会向督导寻求帮助而不仅只展示自己成功的案例。治疗师必须给予督导反馈，确定需要获得哪些方面的指导，或是告诉督导目前遇到的棘手问题。在有些案例中，还需要告诉督导他的建议不适合这个家庭。然后和他们一起探讨新的更有效的方法。

方法七：自我指导

除了从他人那里获得帮助外，治疗师还必须学会自我反思。一个简单的方法是看自己的治疗录像，这样可以以一种更加客观的视角看待治疗。

当治疗进入僵局时，治疗师可以从以下这些方面进行自我反思：

（1）作为一名治疗师，我是不是比来访者做得更多？

（2）如果改变现状，来访者将会受到什么消极影响？

（3）当前的问题有没有积极的意义？

（4）我清楚地了解到来访者的意图了吗？

（5）我充分进入到治疗中了吗？

（6）来访者充分相信我吗？

（7）我是否将自己的问题和来访者的问题混淆在了一起？

（8）我在治疗中的反应是否与整个治疗系统保持一致？

（9）我是否偏向了某一个人？

（10）我是否确定了治疗的重点？

方法八：检索文献

阅读家庭治疗方面的大量文献同样可以帮助我们解决棘手的案例。当面对一个特殊的案例、遇到比较罕见的问题或者来访者时，阅读文献可以获得更多的信息。例如，当面对一对患有不育症的夫妇时，可以通过阅读这方面的书籍或者文献，了解不育症夫妇可能遇到的问题。治疗师不可能全知全能，因此，不断地了解和学习有助于治疗的顺利进行。

家庭治疗不仅是对家庭进行治疗，更是一门帮助治疗师更好地理解来访者，从系统思维的视角看待问题的实用技术。它可以被广泛应用到咨询实务工作中，通过调动家庭的系统力量，串联矛盾因素，调整影响家庭成员的思维观念和互动模式，治愈个人与家庭痛苦，使家庭成员乃至整个家庭建立一种新的平和模式，并使其保持平衡。

第五章 家庭治疗的经典学派

在家庭治疗理论的不断发展和治疗实践的不断推动下,家庭治疗在20世纪中叶初步形成。随着社会的发展和家庭治疗实践的不断丰富,家庭治疗的理论和实践方法都在不断地发展壮大,形成了各具特色的治疗理论和治疗方法,构成了丰富多彩的家庭治疗体系,促使家庭治疗进入黄金时代。

第一节 鲍恩式家庭系统治疗

鲍恩式家庭系统治疗产生于20世纪60年代,是兼具动力学理论基础和系统理论的心理治疗理论和技术。鲍恩式家庭系统治疗不仅是一种单纯的心理治疗干预技术,同时也是一种重要的思维方法。鲍恩式家庭系统治疗强调多代际关系网络和家庭情感互动对个体情感和人格的塑造。在鲍恩的家庭系统治疗理论中,最关键的两条理论假设认为:第一,个人或家庭成员的发展任务是实现个体分化,家庭成员间过度的情感关系与家庭功能障碍密切相关;第二,焦虑是具有代际传递的性质的。

一、理论建构

(一)鲍恩家庭系统治疗统理论的形成

家庭治疗发展过程中的关键人物默里·鲍恩是家庭系统治疗理论的创始人,他将家庭理解为一个情绪单元的整体和紧密联结的关系网络,并且在多代际的框架下对家庭进行分析。鲍恩的理论来源于他对精神分裂症患者和他们的母亲之间情感融合的研究。在他的研究中,研究对象是精神分裂症患者全家,通过观察研究对象在医院病房里的持续的家庭互动,鲍恩发现,在家庭互动过程中母子互动的情感强度非常强烈。而且这种紧密联结的情感联结,不仅是母子关系的特征，而且更是整个家庭关系的特征。此外，在家庭问题维持的过程中，父母和兄弟姐妹都起着非常关键的作用。在问题家庭中，家庭成员共同维持了问题的存在和发展。某些家庭成员之间在情绪上是黏合在一起的，从而导致某些个体缺乏自主性。鲍恩认识到，在家庭系统中，在不同家庭成员之间，三角联盟的形式持续形成和不断瓦解。之后的研究者让他确信所有家庭都是沿着情绪融合和分化这个连续统一体变化发展的。

鲍恩的家庭系统治疗理论将家庭看作是生命系统中的一种类型。鲍恩尝试用自然规律来解释家庭这种人类关系系统，人类家庭和所有生命系统是一样的，都是自然进化的结果，人类家庭也要遵循自然的发展规律。除此之外，他还特别关注家庭情绪系统。

鲍恩在1978年出版了《临床实践中的家庭治疗》一书，书中他详细地介绍了家庭治疗的理论和相应的治疗技术。默里·鲍恩创立的家庭治疗流派形成了一套完整的理论和治疗体系，被认为是经典的家庭治疗方法。

（二）鲍恩家庭治疗理论的八个重要概念

鲍恩把家庭理解为一个彼此联系的情感关系网络系统，并提炼总结出了八种密切相关的家庭系统治疗概念，用以说明在多代家庭系统中产生的情感过程。这八个非常重要的家庭系统治疗概念是：自我分化、三角关系、核心家庭情绪系统、家庭投射过程、情绪阻断、多代传递过程、同胞位置和社会退行。

1. 自我分化

（1）自我分化的界定

自我分化是鲍恩家庭系统治疗理论中最核心、最基本的概念。在鲍恩的家庭系统理论中，基础的理论假设就是个体需要平衡家庭归属感和个人自主感这两种生命力量。因此，可以通过家庭归属感和个人自主感两个维度来界定自我分化。在家庭归属感层面上，自我分化是指个人在可以感受到归属感和亲密感的同时，还可以感受到自主性和独立感的过程，它特别强调在关系层面的这种能力。在个人自主感维度上，自我分化是指个体能够将想法与感受区分开来的能力，即在某个特定的时刻，个体是受想法还是受感受支配的能力。

（2）自我分化的过程

自我分化的概念本身已经确定了自我分化的两种过程。一是将自己与别人区别开来，我既能感受到与他人的亲密，又能感受到独立的过程；另一个是区分想法和感受的过程。自我分化不是说要变得在情感上疏离，或极度客观，或没有感受,而是要努力保持联结与独立的平衡,实现自我定义,而不要以付出失去自发情绪表达能力为代价来定义自我。

自我分化过程中最核心的影响因素是一个人与父母的关系,一个健康的人能够不断地与父母进行情绪上的分离,从而完成自我分化过程;一个不健康的人就很难完成与父母情绪上的分离,从而导致各种心理和情绪问题。鲍恩用"未解决的情绪依恋"来表达亲子之间低分化水平的依恋状态,这种依恋状态表现为亲子之间紧密的、完全共存的、无法分离的情感融合状态。这种情感依恋状况的影响原因大致包括如下三个方面:第一,父母本人及其家庭代际传递中尚未解决的情感依恋问题;第二,父母在婚姻中亲密关系的依恋方式以及相应的行为;第三,父母在家庭发展周期中、关键时期的生活事件中感受到的焦虑程度,以及他们适应和解决家庭焦虑的方法。

(3)自我分化的水平

根据自我分化的概念,我们可以看到,不同的个体有不同的自我分化完成度。自我分化完成度最高的个体在人际交往中既可以保持在关系中的相对独立,又可以维持密切的情感关系。他们在与别人交往时,既可以保持清晰的自主感与独立性意识,也可以处理好"我"与他人之间的关系。在面临压力时,又可以保持对自我价值观点的确认,而不会因为维持与别人的关系亲密程度而满足于别人的期待。自我分化水平最高的个体在与他人相处的过程中,可以维持更灵活的人际距离,又能够很好地区分想法和感受,坚持自己的想法不被别人的感受所控制。反之,自我分化水平低下的个体在和别人交往的过程中易于依赖别人,在解决问题中易受到别人情感的干扰,从而缺乏对自身观点的理解与支持。尤其是在面临困境时,自我分化水平低下的人一般会选择两种极端方式进行应对:一种是通过回避别人,以减少由于缺乏亲密感所带来的不安和焦虑的感觉,以便保持独立性;另一种是通过依赖别人来保持亲密感,通过牺牲个性来确保被别人接纳。

鲍恩的家庭系统治疗理论认为每个人都有一种与生俱来的生命力量,促使个体成长为一个情感独立,并且能独立思考、感受和行动的人。而且,另一个与之相应的生命力量可以帮助个体与家人保持情感上的亲密联系。因为维持独立与维护亲密关系这两个彼此制衡能力的相互作用,没有人能够和原生家庭从情感上彻底分开,每个人能完成自我分化的程度具有很大的个体差异。

2. 三角化

鲍恩的家庭系统治疗理论强调个体内部及关系中的情绪张力。当二人系统中的感情难以达到令双方满意、安定的平衡状态时，其中一人甚至二人会同时引入第三者以形成三个人的互动关系，以缓和两人之间的情感紧张度，并淡化他们彼此之间的情感冲突，进而使人际关系变得更为平衡和稳定。在人际关系系统中最重要的组成部分就是三角关系系统，它是最小的，但同时又是最稳定的关系系统。随着系统中情感张力的增加，当焦虑水平太高导致三角关系也不能承受情感张力时，三角关系便会延伸，很有可能会延伸到家庭之外，并形成连锁的三角关系，从而形成更大的团体。

三角关系本身就是一种非常普遍的正常的人际关系。但是，一旦三角关系中的某一人变成了其他二人解决问题或者冲突的工具，那么，这个"工具人"就被三角化了。被三角化的人最终会发展为索引病人。一般来说，家庭融合的程度越高，三角化就会越强烈和持久。家庭中自我分化程度最低的人，最容易成为第三者被拉入二人系统以降低二人系统的情感张力。一个家庭成员的自我分化程度越高，这个人就能在不创造三角关系的情况下更好地处理焦虑。除了缓解焦虑，家庭还会通过三角关系来帮助维持家庭成员之间的最佳的亲密程度和距离。

克尔和鲍恩都指出三角化会带来四个可能的后果：第一种情况，是一段很稳固的双人亲密关系因为第三者的加入而变不稳固，例如，在新婚家庭中小孩的出生会引发原来稳固的夫妻关系产生冲突。第二种情况，是指一段很稳固的二人关系因为第三者的离开而变得更加不稳固，例如，原本稳定的一家三口因孩子上学离开家而导致父母关系产生冲突。第三种情况，是指一个并不稳固的二人关系系统由于第三人的加入而变得更加稳固，例如，一个双方有冲突的婚姻，因新生儿的降生而变得和谐。第四种情况，是指一个本来不稳定的家庭二人关系系统因为第三人的离开而变得稳定，例如，由于婆婆偏袒丈夫，婆婆离开核心家庭而使紧张的夫妻关系变得和谐。

3. 核心家庭情绪系统

鲍恩的家庭系统治疗理论认为个体会选择和自己分化水平相当的配偶，自我分化水平低的个体更容易被一个与自身原生家庭同样融合的人所吸引。自我分化水平较低的人结婚之后，更容易变得高度融合，从而形成一个具有同样特征的家庭。鲍恩认为，由此形成的核心家庭情感系统将会不稳定，该系统必须通过采取各种方式来降低系统的情感张力来维持稳定。核心家庭情绪系统的情感融合度越高，出现焦虑与不安定情绪的可能性也越大，从而导致各种家庭问题的发生。此时，父母系统也会更偏向于采用疏离、冲突、某个体功能失调或过度关注子女的手段来处理家庭问题。

克尔和鲍恩认为当伴侣高度融合时，核心家庭可能存在三种症状模式。第一，夫妻之中的某一个人会出现身体或情绪上的功能失调，通过这种方式来直接处理家庭冲突，由症状方承受全部的焦虑。第二，伴侣双方面临外显的、长期的、未化解的矛盾，在这些矛盾中，过度亲密期与情感疏远期会交替出现，亲密期间对彼此的积极情绪与疏远期间的负面情绪都十分强烈，婚姻的焦虑由夫妇双方承担。第三，孩子的问题成为家庭系统的焦点，父母之间的冲突强度会减弱。因此，功能受损的孩子承受了家庭的焦虑。孩子的自我分化程度越低，越容易受到家庭焦虑的影响，从而导致功能失调水平增高。

核心家庭情绪系统的概念具有多代际性，鲍恩的家庭系统治疗理论指出个人倾向于在婚姻关系、亲子关系等更重要的人际关系中，重复他们从原生家庭中学到的人际关系模式，而他们也会把这种人际关系模式传递给他们的子女。

4. 家庭投射过程

家庭投射过程的概念旨在说明父母的"自我分化"缺陷如何通过一个曲折的过程传递给孩子。父母投射过程专门指出家长把自我分化程度低的情况投影在孩子身上的过程，进而阻碍孩子自我分化的完成。

家庭投射过程会选择怎样的对象呢？通常，在一个同胞兄弟姊妹中，家长一般会挑选他们中最幼小、对父母情感依赖性最大、和他们情感交流最多的那个孩子成为家庭投射过程的对象。父母的这种家庭投射过程的强度和该投射过程对孩子影响程度的大小，主要取决于父母的自我分化水平和家庭所承受的压力。

鲍恩的家庭系统治疗理论，指出家庭投射过程中存在"代际传递"的特点。家庭投射过程的代际传递，可以理解为严重的家庭关系结构紊乱或有某种意义上的自我分化障碍，但这些功能障碍也可以从代际内部复制和扩大。因为各代内部的感情交往都是依靠家庭情感交互系统而延续和扩展的，信息经由这种家庭情感交互系统由上一代传递给后代，所传递的内容不但涉及态度、理想、价值观，而且涉及规范、自我理想等社会价值观与个人心理的全部内容。另外，代际传递还涉及某些精神疾病和人格障碍的传递。鲍恩指出，个人情感或心理方面的问题，以及出现和父亲一样较低自我分化能力时，是超乎个体发展的问题，而且必须是与整个家庭或家族系统情感互动的结果，而个体的问题更应当被理解为经过几个世代的"类基因模式"而不断积累的结果。

5. 情绪阻断

那些更多参与投射过程的孩子在接近成年甚至更早,会尝试各种不同的分离策略。他们可能会试图通过物理上的分离或者心理上的分离,以使自己免受或降低来自家庭的影响。在鲍恩的家庭系统治疗理论中,认为情绪阻断是一种为了打破情感联结而产生的极端的情感疏离,即个体通过从情感上将自己与原生家庭分离的方式,来处理与父母一方或双方未解决的情感融合问题,也就是处理他们未解决的情感依恋。

通常情况下,试图通过情绪阻断来解决情感融合的个体倾向于否认自己与原生家庭成员之间有许多未解决的冲突。克尔认为,情绪阻断反映了几代人之间潜在的情感融合问题,通过情绪阻断的方式虽然解决了降低亲密关系情感张力的问题,但是,同时也产生了曾经的获益人被孤立的问题。以情绪阻断的方式通过拉开物理距离或者情感距离,并不代表孩子和父母的情感真正地做出了分离,即亲子之间的情感融合问题被真正解决。生活空间上的独立也不能代表情感上的独立和成熟。事实上这种情感阻断和父母之间未解决的情感依恋仍旧在关系互动系统中发挥着巨大的作用。那些采用情绪阻断策略的人倾向于与配偶或子女形成更紧密的新关系,并且这可能导致新关系进一步的疏远和割裂。

情绪阻断通常发生在焦虑和情感依赖程度较高的家庭中。鲍恩认为成人必须解决他们对原生家庭的情感依恋问题,从而能实现真正的成熟和独立。

6. 多代传递

多代传递是指在几代人之间传递慢性焦虑的过程,多代传递的结果最终会导致严重的功能失调。多代传递的基础是两个具有相似的自我分化水平的人成为夫妻;同时,由于投射过程他们的孩子也会成为自我分化水平较低的人。自我分化水平低会以代际传递的方式,从上一代传给下一代。随着每一代个体的自我分化水平越来越低,就越来越容易产生焦虑和情感融合,就更容易出现配偶功能失调的状况,或者婚姻冲突,或者孩子的功能受损。父母将他们的焦虑集中在最脆弱的后代身上,会导致这个低自我分化水平的个体长大后将很难控制情绪反应和保持自主性。

在代际传递的过程中,如果出现家庭面临严重压力和焦虑的状况,家庭中出现严重功能障碍的情况可能会在更早的一代出现;而当家庭压力较小或者具有良好的生活环境时,低自我分化水平的个体也可能在几代之间都保持无症状的状态。一个多代同堂的家庭可能会出现自我分化水平各异的个体。

7. 同胞位置

根据鲍恩的理论，孩子在同辈兄弟姐妹中出生顺序的位置不同，可能导致他发展出某些特定的人格特征。通常情况下，出生顺序能够预测个体在家庭系统中扮演的特定角色和功能。但是，一个人在家庭系统中的功能和地位比出生顺序更重要，它可以决定未来的期望和行为。

一般来说，家庭中的长子女通常比其他孩子更具责任感和使命感，他们承担着照顾弟弟妹妹的责任，也时常需要做出决定并为之负责。家庭中最小的孩子则通常扮演"被保护者"的角色，因此他们很容易依赖他人。由于出生顺序而被家庭系统特定的角色容易固化，个体在其他的人际互动过程中也容易带入角色，从而影响个体在其他关系中的互动方式。鲍恩指出，婚姻配偶间的交往互动方式可能和每位配偶在其原生家庭中的同胞位置密切相关。原生家庭中的同胞位置固化的角色会被伴侣带入婚姻关系中，从而影响夫妻的互动方式。

8. 社会退行

社会退行是一个用于描述社会情感过程的概念。鲍恩认为，社会也像家庭一样，包含了走向融合和个体化的两种对立力量。在慢性社会压力以及由此产生的社会焦虑氛围下，个体可能被要求放弃自我的个体化而接受整体感。

（三）鲍恩家庭系统治疗理论的发展

有很多学者对鲍恩的家庭系统治疗理论及临床应用进行完善和拓展。埃德温·弗里德曼将家庭系统治疗理论应用到宗教咨询领域中。鲍恩的学生菲利普·格林根据婚姻冲突的强度和持续时间及家庭关系中的三角关系完善了临床干预措施。贝蒂·卡特与莫妮卡·麦戈德里克把鲍恩的家庭系统治疗理论运用到对家庭生命周期的多代研究中，他们强调文化、阶级、性别和性取向对家庭模式的影响。伊凡·鲍斯泽门伊－纳吉强调家庭成员关系中的信任、忠诚、跨代负债、权利和公平等关系伦理要素，他认为当今家庭是复杂的，仅了解家庭成员之间发生的互动是远远不够的，还需要关注家庭内部的心理和代际问题的影响，特别强调关注每个家庭成员与彼此有关的需求、权利和义务。

二、治疗目标

鲍恩的家庭系统治疗的主要任务是：帮助家庭成员管理他们的焦虑情绪；

帮助家庭成员从三角系统中去三角化；最基本的任务就是协助每位家庭成员提升自我分化水平。而不管目前来访主诉的临床情况是什么样，鲍恩的家庭系统疗法始终遵循着两个基本目标：第一，管理焦虑情绪和缓解症状；第二，提升每位家庭成员的自我分化水平，以提高其适应能力。一般情况下，在家庭系统治疗过程中会先致力于实现第一个目标，然后才能实现第二个目标。

三、行为改变的条件

鲍恩家庭系统治疗把治疗看成一个理解自己的互动模式，看到自己在家庭关系中的功能和角色，并最终完成自我分化，能够区分想法和感受，并承担起自己责任的过程。在治疗的过程中，首先要通过评估了解整个家族的问题模式。观察了解家庭中的关系互动过程，即每个成员的情感反应模式。同时，还需要关注家庭中情感张力的调整方式，即三角关系的连锁网络。改变一个系统就一定要在家庭中最重要的三角关系上进行修正。治疗师可以从两个能够对整个家庭系统带来根本影响的方面进行工作，即去三角化和分化。提高区分想法和感受的能力，并且学习用这种能力去解决关系问题是鲍恩式家庭系统治疗的指导性原则。降低焦虑和增加自我聚焦，即看到自己在关系中扮演的角色和功能是发生改变的基础。

四、治疗方法和技巧

鲍恩式家庭系统治疗的主要治疗方法和技巧包括：家谱图、过程提问、去三角化、教练技术和关系实验。

1. 家谱图

绘制家谱图是家庭系统治疗师与来访者工作的一个重要组成部分。家谱图不仅是一种评估工具，同时它也是一种治疗干预工具。家谱图可以用于确定家庭成员的性别、代际、年龄、同胞位置、婚姻状况等。每一个家庭成员都以方框或圆圈来表示。索引病人以双线来表示，兄弟姐妹都会按照出生的先后顺序，从左到右依次排列，年轻的一代画在下方，年长的一代画在上方。婚姻由实线连接，之前或后续的承诺关系画在旁边。同时，还要在关系线上标注起止时间。家谱图在收集一些基本信息数据的同时，还用来追溯家庭关系的冲突、阻断、三角关系和家庭情感氛围。这个收集信息的过程，有时候本身就是一种治疗。在这个过程中，一方面，可以了解家庭代际特征；另一方面，可以让来访者了解家庭成员之间的互动关系，以及自己在其中扮演的角色和起到的作用。

2. 过程提问

每一位家庭成员都会被问到一系列问题，旨在缓和他们的情绪并促使他们进行客观地反映。过程提问也被用来帮助管理和中立三角关系，包括那些可能在治疗师和不同家庭成员之间建立起来的潜在的三角关系。过程提问的目的在于使焦虑平复下来。也可以通过过程提问获得家庭感知问题的方式，以及导致问题的背后机制等类似信息。如果过程提问能够降低焦虑，人们就能够更清晰地思考。这种清晰让他们能够发现更多处理他们问题的潜在选择。

3. 去三角化

去三角化的关键在于家庭系统治疗师在治疗的三角关系中保持中立客观。家庭系统治疗师既不过度行使功能，也不做情绪反应，而是通过在治疗的三角关系中保持作为一个不焦虑的存在，然后诱导被治疗的家庭关系发生改变。去三角化会使治疗关系中除治疗师之外的另外两方之间的情感融合状态逐步消解，而且其他家庭成员将会感受到生活中的积极反应，从而实现更高水平的自我分化。家庭系统治疗师要保持中立，就必须在治疗过程中时刻提防被卷入家庭问题。或者在争论中偏袒某一方，或者过度同情某一方对另外一方生气。家庭系统治疗工作是在患者与其家庭的关系中完成的，而不是在其与治疗师的关系中完成的。鲍恩认为，治疗师越努力使自己从原生家庭中分化出来，就越能够保持独立和客观。

4. 教练技术

教练技术就是指家庭系统治疗师扮演教练的角色，教练在治疗系统中扮演专家的角色，通过主动、低调地直接提问，冷静地帮助家庭成员定义和澄清他们对彼此的情绪回应。在治疗过程中，家庭成员将被引导去倾听、分析在关系中的具体情况，管理情绪反应，并且学会用使用"我"的表达。通过使用"主语我"对个体的情绪进行陈述和表达，而不是通过责备和指责对方来表达情绪。这样就可以让个体从充满情感张力的关系中分离出来，进而也可以打破之前旧的互动模式，从而提高自我分化水平。

5. 关系实验

关系实验是围绕家庭系统中主要的三角化结构进行，其目的是帮助家庭成员意识到系统互动过程，并且学习意识到自己在这个系统互动过程中所扮演的角色和起到的作用。对这种实验最好的说明来自情绪追求者和逃离者模型。治疗师鼓励追求者控制他们的追求，不要再继续提要求，减少对于情感联系的压力，并且看他们自己和家庭关系发生了什么。这个练习能够帮助来访者澄清被卷入的情绪。治疗师鼓励逃避者朝他们的伴侣迈进一步，并且将自己的想法和感受与之沟通，也就是使用替代的方法来避免对方进一步的要求或对要求做出让步。

五、评估治疗理论和成果

鲍恩式家庭系统治疗不仅是系统理论和一套干预方法，更是一种思考和理解心理障碍的方式。家庭系统治疗搭建起了心理动力学流派和系统流派之间的桥梁。鲍恩认为大多数的精神分析概念都难以转换成为家庭治疗的语言，因此他提出了自己的观点，他认为所有人类行为背后的驱动力都是家庭成员在家庭归属感和个人自主感的需求。根据家庭系统治疗的观点，个体都需要努力平衡这两种生命力，家庭整体感和个人自主性是所有人的核心问题。如果能够成功地平衡这两种力量，那么就能够在与所爱的人保持亲密关系的同时，将自己作为个体充分分化出来。这是家庭系统治疗的首要目标，更是家庭系统治疗的独特之处。

家庭系统治疗强调家庭成员之间的情感张力，家庭成员之间被非常强烈、持久、互惠的情感依恋联结在一起，让家庭成员之间的互动交流与其他人际关系有所不同，更容易产生冲突矛盾，也更容易产生情感动力。这种情感张力可以发挥重大的影响，让家庭既可以诱发心理障碍，也可以成为治疗心理障碍的资源。系统互动和情感效能让家庭治疗相比于个体治疗拥有不同的干预视角，从而发现不同的可利用资源和改变的潜在选择，通过发动整个家庭的潜能来支持个体。

家庭系统治疗发展出家谱图、过程提问、去三角化、教练技术、关系实验等独特的治疗技术和方法。在治疗过程中，家庭系统治疗强调治疗师要保持中立和客观，在有冲突的关系中通过过程提问来探索情绪过程，而不是给建议。通过不断地提问，来帮助他们学习看到自己在家庭系统运作中扮演的角色和发挥的功能。

在家庭系统治疗中强调，看到一个人在家庭问题中所扮演的角色和了解这些问题是如何在家庭的历史中呈现出来的，所以评估比大多数取向的治疗更重要。评估始于问题开始出现的那一刻，接下来是核心家庭的历史，所有这些信息都会被记录在家庭发展图上。鲍恩式家庭系统治疗理论为家庭治疗师提供了一种重要的理论模型。它的独特之处在于不以缓解症状为直接目标，而是深入探索家庭系统中的互动过程，以及个人情感经历与家庭动力之间的相互影响。通过协助各家庭成员清晰地看到自己在家庭中扮演的角色和起到的作用，来看到家庭互动模式，从而改善家庭互动关系，提升个人的自我分化水平和情绪健康水平。

第二节　策略派家庭治疗

20世纪70年代中期到80年代中期，出现了策略派家庭治疗。该治疗方法最早起源于贝特森等人的沟通理论。后来因在应用控制论和系统论方面非常引人注目，使得它一度成为家庭治疗学派中的热门学派。它注重实务和以问题解决为中心，并认为无论是否与家庭协作，策略都会掩盖抵抗并且会激发家庭改变。策略派为家庭治疗领域引入两个重要观点：一是，家庭总是因为自己的行为而使问题得以维持；二是，对特定家庭进行针对性的指导有时会带来突然的、决定性的变化。然而，这易导致治疗师更加操控来访者，最终令家庭治疗师们反对策略派家庭治疗。

一、理论建构

1952年，贝特森（Bateson）邀请海利（Hayley）、威克兰德（Weakland）和杰克逊（Jackson）等人参与他的帕洛阿尔托的项目，主要研究人类沟通中自相矛盾的话语。经过多年的努力，他们认为人们之间多层的信息交换，决定人们之间的关系。1959年，杰克逊（Jackson）在帕洛阿尔托成立了心理研究所（the mental research institute，MRI），聚集了一批精力旺盛而又富有创造力的研究人员。后来，受贝特森（Bateson）沟通理论和米尔顿·埃里克森（Milton Erickson）催眠治疗的影响，在MRI诞生了三种治疗模式，分别为：MRI的短期治疗模式，哈利（Haley）和麦迪尼斯（Madanes）的策略性治疗模式以及米兰（Milan）的系统治疗模式。

（一）MRI的短期互动治疗模式

沟通理论认为人类的症状与症状持续存在的环境相关。对症状的交互的、情境性的这一认识，对家庭治疗领域产生了重要影响。沟通理论认为除了个体的内心冲突会导致病理性的行为外，处于不同社会背景下的个人与所处环境的交互作用以及个体间的交流方式也会对病理性行为产生影响。最为重要的是，不良的沟通模式是导致家庭功能失调的主要原因。因此，只有改变这些不良的沟通方式，现在的行为才能发生改变，症状才能被消除。另外，该理论认为现在症状的解决也意味着过去症状的解决。

在《人类沟通范式的实用主义》一书中，沃茨拉维克（Votslavik）、比温（Bibin）与杰克逊（Jackson）阐述了一系列人际沟通的公理。第一，人们随时随地都在进行沟通。首先，不管在何时何地，人们都会有一定的行为表现。因此，每个人无时无刻不在进行着沟通。其次，所有行为都传达了一定的信息，因而都具有沟通的性质。第二，身体语言、语音语调、身体姿态、手势以及说话的内容等是沟通的不同层次。当多个层次之间表达的信息存在矛盾时，便会引发问题；而当各层次的信息一致时，便会产生有效的沟通。第三，任何沟通信息都具有通知、请求或者命令的功能。与人沟通时，人们不仅在传达信息，也使信息中暗含了对他人的请求或命令的含义。

贝特森（Bateson）讨厌对人进行操控，但正是他将项目成员介绍给了米尔顿·埃里克森，并在埃里克森的影响下发展了策略派治疗。埃里克森（Erickson）是一个催眠师，主张采用实用主义的方法解决问题。他认为通过简短的治疗，人们便可以进行快速的改变，因此没有必要煞费苦心地进行长时程的计划。埃里克森的"将阻抗变为优势"的催眠技术促使了"反其道而行之"的技术的产生。例如，催眠师一般不指出来访者正在遭受的内心挣扎是什么，反而告诉来访者："请不要闭上你的眼睛，直到眼睛变得沉重而无法忍受时。"

在沟通理论和埃里克森催眠观点的影响下，1959年，唐·杰克逊及理查德·菲什（Richard Fisch）、杰伊·哈利（Jay Haley）、约翰·威克兰德（John Wickland）和保罗·瓦兹拉威克（Paul Watzlawick）共同合作产生了众所周知的MRI短期治疗模式或者互动式家庭治疗模式。因此，互动式家庭治疗不仅包括了策略性家庭治疗的主张，还包括了短期治疗和沟通理论的一些观点。例如，该治疗方法突出家庭的交互作用序列的作用，这有助于理解不良的沟通模式在家庭功能失调中的作用。

（二）策略性治疗模式

杰伊·哈利（Jay Haley）是一个标新立异的人。他在没有临床资格证书的情况下进入了治疗领域，并因遭人讨厌和总是被批判而闻名。1967年，哈利加入了萨尔瓦多·米纽庆在费城的儿童指导诊所。1976年，哈利搬去了华盛顿，并和克洛·麦迪尼斯一起创立了家庭治疗研究所。在这个研究所，基于帕洛阿尔托心理研究所对沟通理论和交互主义者的干预工作的基础上，哈利和麦迪尼斯（Madanes）使用策略性聚焦的方式整合了结构派家庭治疗的某些特点，形成了策略性家庭治疗。麦迪尼斯目前与励志演说家和人生导师安东尼·罗宾斯（Anthony Rabbins）一起工作。1995年，哈利搬去加利福尼亚，并于2007年去世。哈利和麦迪尼斯的策略性家庭治疗同时包含了策略性家庭治疗和结构性家庭治疗的某些观点。例如，家庭的等级不清或等级混乱是很多症状的原因。因此，治疗师需要通过布置任务的方式控制整个治疗过程，从而消除症状。治疗师还需要对用以改变症状而制定的一些具体策略负责。另外，为了防止症状的维持或者进一步恶化，治疗师还需要对家庭原有的沟通方式进行主动干预。

（三）米兰的系统模式

在20世纪60年代后期，意大利著名的精神分析师帕拉佐莉（Palazzoli）在意大利的米兰创立了一个治疗团体，并成立了一个家庭研究院。该团队成员还包括路易吉·博斯科洛（Luigi Boscolo）、吉安弗兰科·赛钦（Gianfranco Cecchin）和圭莲娜·普瑞塔（Guiliana Prata）。他们开始将精神分析的概念应用到家庭治疗中，但这样的治疗很费时，而且效果有限。于是，帕拉佐莉和小组中的其他人转而研究贝特森（Bateson）、哈利（Haley）和瓦茨拉维克（Watzlawick）的观点。这一做法使米兰成为家庭研究的中心，他们也在此构建了米兰系统模型。后来，随着帕拉佐莉（Palazzoli）和普瑞塔（Prtha）专注于研究恒定的处方，将更多精神分析概念纳入他们的工作中，以及博斯科洛和赛钦更多关注循环提问的方法，最终造成了米兰团队的分解。

米兰小组在20世纪80年代产生裂变之后，帕拉佐莉不再使用悖论干预，但她一直保持着米兰模式的策略与对抗性倾向。90年代早期，她再次改造她的治疗方法，抛弃了短期的策略治疗，采用了对患者及家庭进行长期治疗的方式。小组的其他成员，如博斯科洛和赛钦两人也从策略干预转向了合作的治疗风格，以循环提问为核心。后期，他们的治疗中应用了建构主义理论的观点。

德国海德堡系统式家庭治疗小组不仅整合了其他家庭治疗的特点，而且提出了对于家庭动力学和治疗学的独特看法，既传承了米兰学派的系统式家庭治疗的方法，也整合了系统理论的新应用。他们治疗一些存在严重问题儿童的家庭，其中以厌食症和精神分裂症占大多数。乔治·纳顿（Giorgio Nardone）是另一个著名的意大利家庭治疗师，他在 MRI 接受过培训。他与同事瓦茨拉维克的关系很好，曾一起撰写过好几本书籍。纳顿目前在意大利的阿雷佐经营着一家大型诊所，同时进行策略派治疗的项目培训。

总体看，帕拉佐莉所创立的米兰的系统治疗具有以下特点。首先，虽然扩展了维持问题的人际网络的范围，但在治疗上仍然放在具有破坏性的家庭游戏上。其次，他们更少关注家庭中存在的问题，反而对如何改变家庭成员之间暗中勾结的想法，以及如何改变行为背后的动机更感兴趣。

综上可知，不良的沟通过程是引发家庭产生功能失调的主要原因。因此，早期的策略派治疗师主张应关注并改善有问题的、受损的沟通过程，而非个体的症状本身。不良的沟通过程得到改变后，不良的家庭关系也随之发生改善，症状就会消除。另外，他们还认为，个体的症状与家庭成员间的交往模式之间存在循环式的因果关系。即不良的交往模式引发了症状的出现，而症状又进一步巩固了原有的家庭交往模式；或者来访者的症状促发了家庭交往模式的改变，而模式的改变又进一步强化了症状。总之，他们强调从个体角度关注产生症状的个体并无多大意义，需要从整体的观点出发，关注整个家庭系统。

二、治疗目标

由于策略派家庭治疗以问题解决为中心，十分重视当前症状的改变。因此，策略派家庭治疗的重点是改变人们原有的行为，并把行为的改变作为治疗的首要目标。但具体到策略派家庭治疗的三个分支，又表现出具体的治疗目标。

（一）MRI 的互动式家庭治疗

MRI 通过制订明确、直接和短期的行为目标帮助家庭。MRI 的互动式家庭治疗认为即使家庭有其他的严重问题，但只以改变目前存在的问题为主。除非家庭要求帮助解决其他的问题，否则对其他问题不予以干预。根据 MRI 的主张，互动式家庭治疗的目标可以概括为三个具体的子目标：识别维持问题的反馈环路；确定支配这些行为的规则；找到一种方法来改变规则以便中断其所维持的问题行为。

（二）策略性家庭治疗

策略性家庭治疗代表人物之一哈利（Haley）也指出，策略模型的首要治疗目标在于行为的改变。他希望能阻止不良行为的重复发生，使人们的行为有更多的选择。因此,策略性家庭治疗干预措施的目标在于转变家庭组织,使目前的症状不再出现。哈利相信,如果想很好地开展治疗,必须有一个恰当的开始。因此,他非常注重治疗开始时的会谈过程。在会谈时,不管有症状的个体是谁,哈利都尽可能与更多的家庭成员甚至整个家庭会面。哈利(1976)将首次会谈划分成以下四个阶段,不同阶段具有不同的治疗目标。

1. 简单社交阶段

欢迎各位家庭成员的到来,并帮助每个人在会谈过程中都保持一种放松的状态。该阶段的目标在于为家庭创造一种轻松、合作的氛围,同时观察家庭的交互作用模式,并努力与所有的家庭成员建立起融洽的关系。

2. 问题阶段

治疗师在该阶段要询问家庭中每位成员对症状的看法,并仔细倾听各位成员对症状行为的描述,以确保每个人在描述症状的过程中不被其他人所打扰。该阶段的目标在于探讨家庭寻求帮助的原因,主要任务就是收集信息。其中最重要的信息就是每个家庭成员对当前症状的看法。

3. 家庭交互作用阶段

该阶段的目标是为后一阶段的干预提供线索。在此阶段,治疗师要鼓励各成员讨论彼此之间的症状。作为治疗师,不仅要倾听症状的表现,更应注意症状的发生过程。例如,家庭成员之间的权力斗争、沟通模式以及层级机构,甚至是家庭中小团体的形成过程等。

4. 目标制定阶段

最后治疗师必须和家庭成员一起制定"治疗目标",即确定他们希望消除的症状。制定治疗目标有多方面的意义:第一,目标可以说明治疗持续的时间和疗效。要注意制定的目标应该是具体可测量的,并且描述了期望发生改变的行为有哪些。倘若治疗目标较模糊,将不利于治疗者与来访者了解和掌握治疗的进展。第二,治疗目标可以明确治疗的方向。在了解来访者的症状表现后,治疗师除了可以依据治疗目标向来访者提供针对性的建议外,还可以形成对治疗方向的总体概念。值得注意的是:治疗师所制定的治疗目标要根据每一个家庭成员的情况而确定,并且要征得所有家庭成员的同意。甚至有时还要考虑到与治疗目标相关的家庭以外的某些成员,如学校老师、治疗工作者。

(三)米兰系统治疗模式

米兰模式认为治疗就是通过设计揭示游戏和重新定义家庭成员动机的策

略使家庭发生改变。帕拉佐莉的重点是探索家庭"肮脏的游戏"和家庭中的权力斗争，目的是分离家庭成员，恢复他们相互之间的界限。

三、行为改变的条件

（一）明晰症状及症状维持的原因

家庭治疗师需要确定维持症状的原因，如何做能改变症状。为此，治疗师需要用清楚的、具体的语言描述清楚症状是什么，以及家庭为改变这些症状做了哪些尝试。

（二）改变不良的沟通

在此阶段，确定不良的沟通过程。早期的策略派家庭治疗师们认为，不良的沟通过程会引发功能失调的家庭关系，进而会维持症状的存在。因此，不关注症状本身，应调查清楚这一受损的、有问题的沟通过程是什么以及如何可以改善这一过程。若不良的沟通过程得以改变，家庭关系得以改善，症状也随之消失。因此，早期策略派家庭治疗认为增强沟通是促使症状或不良行为发生转变的条件。后来，这个条件被细化为改变维持特定问题的沟通模式。

（三）改变不良的家庭交往模式

家庭成员间的交往模式与症状之间存在循环式的因果关系。因此，他们强调仅关注产生症状的个体并没有多大的意义，要从整体的观点出发关注并改善整个家庭系统。从这一点看，整个家庭的不良交往模式若能得到改变，将促使问题发生改变。

（四）保持低阻抗并改变行为

MRI认为，通过行为的改变可以达到改变系统结构的目的。来访者不需要内省他们为什么有问题，也不需要理解为什么必须改变行为。他们只是需要采取不同的行动和看清自己家庭的规则，从而促使问题灵活地解决。哈利和玛德丽也认为内省没有多大用处，告诉人们他做错了只能导致阻抗。只有行为的改变才能改变人们的观念。而且在家庭有不同思想或不同感受之前，他们必须采取不同的行动。米兰小组认为要尽量保持低阻抗和高动机。他们还试图寻找"客户"或动机最强的家庭成员，并与他们一道工作。虽然他们可能没有"问题"，但他们可能对改变最积极。因为一个人可以改变一个系统，所以，他们可能成为导致改变发生的最成功的因素。

（五）改变错误的解决方案

MRI学派认为，更加灵活地使用解决问题的策略，可以改变僵化的行为反应的后果。当这一切发生的时候，来访者会改变他们应对问题的规则。例如，马利因为被爸爸禁足，与爸爸争吵后离家出走。对此，家庭治疗师可以采用直接干预的方式，如帮助马利的爸爸找到一个更有效的惩罚来驯服叛逆的马利。也可以采用间接干预的方式，如指导马利的爸爸在女儿身边表现出失望和悲伤，以此暗示马利，她的爸爸已经放弃试图控制她的想法。这使得马利的感觉由被控制转变成被关心，也变得更加理智。也使得马利的爸爸认识到直接的对峙不起作用时，可以尝试其他方式解决问题。间接干预方式的实施，改变了父亲与女儿之间的互动方式。

四、治疗方法和技巧

（一）互动式家庭治疗

综合广义的系统论、控制论以及信息论的一些观点，提出了互动式家庭治疗。该理论不关注问题的性质、起源的事件以及持续的时间，主要关注家庭的交互作用序列，以及错误的沟通模式如何导致家庭功能失调。该模型强调人们通常使用的试图改变不良症状的方法经常是无效的，并会使症状持续存在甚至进一步恶化。因此治疗师的任务就是找出家庭成员的哪些行为会使症状处于这种消极而又重复的循环之中，并寻求改变症状及不良沟通模式的方法。互动式家庭治疗过程中形成的核心概念有以下几个方面：

1. 正、负反馈回路

沟通理论应用了控制论的一些观点。在家庭中，命令性的信息被模式化为规则。这种规则在家庭互动过程中可以维护家庭原有的稳定，这类与控制论中的负反馈相类似。然而，家庭经常做出错误的尝试来解决他们的困难，并且发现问题仍然存在，并不断用更多的相同的解决方案进行尝试。这种做法激活正反馈机制，使问题更严重，引发更多类似的问题，形成恶性循环，导致问题持续存在。因此，为了保持家庭系统的稳定性与灵活性，需要对正向与负向的反馈都做出反应。若单纯地使用正反馈，家庭系统易失控。若单纯地使用负反馈，家庭系统易僵化。然而，早期的家庭治疗师们常抵制改变而过于强调负反馈。

2. 初级改变、次级改变

当家庭开始面对困扰时，策略治疗师会采用合适的策略对家庭进行指导，以便能够改变家庭原有的不适规则和不良的沟通模式，最终消除症状。但在大多数家庭中，默认的规则支配所有的行为。因此，不仅需要改变行为，更重要的是需要改变规则。因此，治疗师们主张经过初级改变和次级改变，才能彻底消除症状。

初级改变是短暂的，一般指系统中特定行为的改变。具体到家庭中，是指改变家庭系统内部显而易见的具体行为。这主要是依照"应该信息"而做出的改变，只是改变了具体的行为，并未改变家庭的内部组织结构。因此，不能保证需要改变的原有症状是否会再次出现或者是否会被新的症状所代替。次级改变指改变家庭系统内部的结构和规则。这种改变可以改变家庭的原有组织结构，重组家庭系统，促使家庭成员改变认知。因此，这一层面的改变可以确保原有症状不会再次出现。

3. 认知重构技术和双重束缚

如何促进改变呢？认知重构和双重束缚是两种最为常用的方法。认知重构技术是改变家庭成员的原有认知和观念的一种方法，常指在新的情境下赋予旧情境新的意义，或者建立一套新的内部规则。例如，许多家庭对儿童有消极的描述，称他或她令人"愤怒"。治疗师开始可能会怀疑愤怒是否是由于内心深处的悲伤，并询问到底是什么影响了对这个孩子的认识。从他人的角度来看，帮助家庭把孩子看作"悲伤"而不是"坏"可能不是很积极，但这样做可能为家庭会谈提供更有益的谈话基础，从而得到更好的"解决方案"。

认知重构技术，也被称为"重贴标签"或者"再定义"，包括消极和积极两种。消极的认知重构技术是将来访者原有的看待症状的积极看法转向消极看法。消极的认知重构技术通常用于来访者自认为自己的某个行为表现得很好，然而，实际上却带来消极影响的情况。积极的认知重构则是将消极的观点转变为积极的观点。也就是说，采用积极的观点重新解释症状，从而改变它所带来的消极反应。例如，一个"整日扑在工作上而忽略了家庭的男性"。消极的解释是"忽略家庭的工作狂"。从积极的角度重新定义后，可解释为"他很爱他的家庭，但是为了让家人生活得更好，他不得不努力工作赚钱"。

双重束缚是改变家庭原有模式的一种悖论技术。该方法包括使得信息接收者感到困惑的各种沟通模式。这一方法常在策略治疗师关注来访者的症状并制订治疗目标时一起使用。治疗师常运用一些含糊不清或者含蓄（精心设计但又违背常理）的指导语，指引家庭做出改变。家庭成员在接受治疗的过程中常置身于策略治疗师的掌控之中,并服从他们的指导。因此,使用这种方法能够警告家庭并促进家庭思考,从而预防问题的再次出现。例如,治疗师会说:"我觉得你们在解决这个问题上已经做得很好,但这个问题并没有彻底解决,它有可能再次出现,你们还能做些什么来阻止这种情况发生呢?"治疗师通过"灌输"给家庭这样的思想,防止可能的失望削弱他们将来解决问题的决心。从批判的角度来看,这种干预方式看起来是无礼的,所以不可能在当代实践中运用。然而,正如它的名称所暗示的,它能够"预测复发",所以仍然在家庭治疗中占有一席之地。

4. MRI 的治疗方案

围绕 MRI 的互动式家庭治疗的主张,治疗师们设计了 MRI 的六阶段的治疗进程,并明确了每个阶段的任务。

首先,治疗师要对来访者简单介绍治疗的组织结构。之后,治疗师帮助来访者用具体而明确的语言对症状做出界定。如"我和父母之间相处得不好"陈述得较含糊。需要帮助来访者转化为具体的目标成熟。可以转化为"你和父母间相处得不好,主要表现在哪些方面?"问题界定清楚后,治疗师就会寻找致使问题持续的原因是什么。一旦界定清楚问题并找到可能的原因后,针对这些无效的解决方法,MRI 的治疗师会设计出一套具体的策略,用以改变这种使症状持续存在的无效方法。因此,来访者必须服从治疗师的具体指导以最终消除症状。

(二)策略性家庭治疗

策略性家庭治疗理论的主要特征是策略治疗师对自己制定的改变症状的具体策略负责任,还需要主动干预家庭原有的沟通方式,以防止症状的维持或进一步恶化。策略性家庭治疗常用的技术包括以下几种:

1. 指令

指令包括直接指令和间接指令,它在策略性家庭治疗中的地位就如同解释在精神分析中的地位一样。直接指令是指治疗师向有症状的家庭成员发出直接的命令。这样有助于他们可以做出具体的行为,从而消除症状。例如,建议母亲不要打扰父亲和孩子的交谈。虽然直接指令简单易行,但也最易遭到家庭的反抗而影响它的使用效果。因为倘若直接的命令有效的话,家庭可以直接寻求朋友的建议,而不必来咨询室寻求治疗师的帮助。

间接指令,是指治疗师用较为间接的方法或布置任务的方式消除来访者的症状。常以"悖论指令"的形式出现。即通过鼓励有症状的个体继续保持原有行为不变而达到消除症状的目的。例如，通过激发来访者的反抗或者抵制治疗师的指令的方式消除症状。悖论指令分为指定性的悖论和描述性的悖论。指定性的悖论主要是让来访者做治疗时指定的事情。描述性的悖论则是要求来访者从积极角度描述已经做过的事情。与之前提到的"重贴标签"相类似，在此不再赘述。

2. 历经苦难的任务

历经苦难的任务指治疗师给来访者布置一些带来不良后果的任务，来访者在完成这些任务时，需要经受得住折磨和意志的考验。更为重要的是，这些任务所带来的痛苦远远大于原有症状给来访者带来的痛苦。若这些任务能很好地完成，可以给个体及其所在的家庭带来很大的好处。然而，这些任务需要家庭成员付出很大的努力才能完成。因此，当症状出现时，治疗师往往告诉来访者，要想维持家庭的现状，就需要完成一项更为艰难的任务。来访者对此进行对比之后，若感觉这一艰难任务难以完成时，会不自觉地改变现有的症状和交往方式。

3. 假装技术与隐喻任务

假装技术是由麦迪尼斯在幽默、想象和游戏的基础上发展起来的具有更少对质性的技术。该技术中治疗师要求具有某种症状的家庭成员"假装"表现出症状，且其他家庭成员要"假装"对该症状做出平常的反应。它通过让家庭成员完成一些荒谬的任务而实现打破家庭中现有的交往模式的目标。这一治疗技术背后的潜在假设是：如果个体能够坚持假装表现出这些症状行为，就表明个体的症状不是真实存在的，若个体不能假装表现出症状行为，就表明他自己能够对症状加以控制。另外，在完成假装任务的过程中，个体还可能会改变对自己日常行为的看法。使用这种方法的目的是要增加家庭中各成员，尤其是带症状的家庭成员对症状的控制感，以打破家庭成员现有的交往模式。隐喻任务指的是与家庭现有症状有关的，形式和内容有所不同但实质一样的任务。如对于经常发生争执的夫妻，治疗者可以给他们布置这样的任务。例如，让他们讨论喜好不同音乐类型的指挥家如何很好地指挥同一支乐队。

（三）米兰系统模型

米兰系统模型超越了早期典型的、线性的家庭交互观。该模式从治疗师提出策略向治疗师帮助家庭审视自己的信念系统并赋予症状新的意义进行转变。这一转变使得家庭成员能够从其他成员的角度重新审视自己。该理论通过循环提问来搜集家庭的信息，促进家庭成员发现彼此间的差异，以增进了解，并运用未来取向的解释，启发家庭构想未来的计划，破除僵化的家庭游戏，迫使家庭成员发明更有弹性的相处方式。治疗师在此过程中则以平等的协作者的身份赋予家庭成员更多的自由及主动性。米兰模式的主要干预措施是家庭仪式和积极赋义。

五、家庭仪式

家庭仪式是治疗师向家庭成员描述一种特殊的行为，然后让他们在生活中运用这种行为，从而达到改变家庭系统规则的目的。家庭仪式的使用，可以使得整个家庭加入一系列的行动中。而且，家庭仪式常用来戏剧性地再现积极赋义。比如，每个家庭成员每晚必须向维持现状的患者表达他们的感激之情。

六、积极赋义

积极赋义衍生于重新定义的技术，也认为症状具有保护功能。例如，重新定义技术将孩子的持续抑郁解释为转移父母对他们婚姻问题的关注，家庭成员因此而受益于患者的症状。但是，积极赋义技术则避免了这样的解释。米兰小组认为，患者的症状通常是为了维持家庭的整体和谐，而不是为了保护特定的人。这样的解释会解除家庭对治疗的阻抗。的确，每个家庭成员的行为都有为整个家庭系统服务的意义。

七、评估治疗理论和成果

纵观家庭治疗的发展历史可知，相比其他治疗流派，策略派家庭治疗是一个备受争议的流派。

（一）策略派家庭治疗的优点

首先，相比其他疗法，策略派家庭治疗具有自己的特色。如策略派家庭治疗的历程较短；采取实用主义的观点，将消除症状作为治疗的核心；强调治疗师要建立一系列有层次与次序的治疗策略以便解决当前的症状。另外，策略派家庭治疗提供了治疗的关键步骤，提升了治疗方法的可操作性。这些关键步骤包括：第一，详尽地探索和界定需要解决的难题。第二，治疗师设计出一套策略性的行动方案并使之程式化，以此可以打破使问题得以维持并且根深蒂固的互动序列。第三，有策略地实施干预，干预手段通常会包括一项要求家庭在治疗的间歇期中完成的任务或者一份"家庭作业"，以便用于打乱引发问题的序列。第四，根据干预结果的反馈进行评估。第五，对治疗取向和方案进行重新评价，以便决定是继续使用所用的任务或者干预手段，还是做出修正。

（二）策略派家庭治疗的不足

第一，轻视症状背后的深层原因。虽然该取向的治疗师们认为在设计干预措施时的确需要一些常识，但是他们认为这些常识不具有普遍性，不是对所有的人都具有同样的意义。因此，大多数策略治疗者拒绝探讨问题背后的深层次原因，甚至认为了解家庭历程对策略性治疗是无关紧要的。

第二，干预措施具有很强的操纵性和性别歧视。策略派取向家庭治疗师在没有洞察与了解的情况下，可能会为了达到治疗目的而选择某些不择手段的干预措施。另外，在20世纪70年代到80年代间，该取向的许多干预措施都带有性别歧视的色彩。强调要提升女性的权力并鼓励男性多参与家庭中的活动，但是并不要求或寻求整合价值观的方法。

第三，策略派模型"治标不治本"。90年代发展起来的治疗方法强调认知在治疗过程中的地位，强调并且鼓励治疗师与来访者进行合作治疗。而策略派模型的理念主要以症状治疗为主，更多强调的是对来访者的操纵。由于过分强调治疗师在治疗过程中的权威操控者的角色，家庭成员在此过程中只是被动接受治疗师的指导，并没有达到认知上的改变。这就使得家庭做出的改变往往只是初级改变，不能达到更深层次的次级改变。因此，家庭当前的症状可能会以另外的症状形式再次表现出来。总之，策略派模型"治标不治本"。

虽然策略派模型的一些不足制约了该模型的有效应用。然而，时至今日，策略派模型已经不再过分强调治疗师的操控性和家庭权利的重要性，也不再过分依赖某一种技术，而是采取了一种更为柔和、平稳的方法，整合了很多流派的一些思想，跟上了21世纪后现代主义的步伐。因此，在当今仍然有存在的空间。

第三节 结构式家庭治疗

结构式家庭治疗（structural family therapy）是由美国萨尔瓦多·米纽庆（Salvador Minuchin）及其同事在家庭沟通模式和系统思想的基础上，于20世纪60年代创立。1967年，米纽庆在自己出版的书籍《贫民窟中的家庭》中第一次概述了结构式家庭治疗。结构式家庭治疗是继鲍文模式之后影响深远的家庭治疗模式，结构式家庭治疗理论以系统论为基础，治疗的重点是矫正家庭结构存在的问题。在20世纪70年代，结构式家庭治疗震撼了整个心理治疗领域，使米纽庆工作的费城儿童辅导中心成为举世瞩目的机构，成千上万的心理治疗师到此接受结构式家庭治疗的培训，米纽庆带领的团队使结构式家庭治疗在家庭治疗的前沿领域中一直保持领导地位。直到1981年离开费城前，米纽庆一直担任培训部门的领导，此后，他在纽约创建了自己的家庭治疗中心，继续从事和讲授家庭治疗。1996年米纽庆退休后去了波士顿，依然从事家庭治疗工作，2005年才真正退休开始周游世界并到处开展教学。为了表示对他的敬意，他在纽约的治疗中心被改名为米纽庆家庭治疗中心。同时结构式家庭治疗薪火相传，新一代的治疗师如艾米·比格尔、卡拉·布兰德勒、大卫·格林兰、乔治·西蒙、理查德·霍尔姆、李维榕（中国香港），他们的工作使结构式家庭治疗在家庭治疗的前沿领域中一直保持领导地位。2007年，通过对2600名心理治疗从业人员的调查，米纽庆被评为十大最具影响力的治疗师。

一、理论建构

结构式家庭治疗有三个最基本的组成要素：结构、子系统和界限。家庭成员之间的反复互动形成了家庭结构，家庭结构被在家庭中建立规则的期望所强化。家庭成员之间可以形成各种各样的互动关系，进行结盟与联盟，家庭结构部分被所有的成员所塑造，部分被特殊的限制所塑造。一旦模式被建立，家庭成员就只运用他们可选择的所有方法中的少数一两种。通常这些都变得根深蒂固，以至于人们忘记了它们的来源，并且假定其为必要的而不是可选择的。家庭不会轻易地来进行治疗并且向治疗师呈现他们的结构模式，他们所带来的只是混乱和困惑。结构式家庭治疗帮助求助的家庭看清家庭动力的模式，改变家庭中单独任何人的行为可能都不会改变家庭最基本的结构，但是改变这个潜在的结构将对所有家庭事务产生一连串的效应，家庭成员也倾向于在互动过程中有互惠和互补的功能。只有在观察到家庭成员之间实际的交互作用时，结构才变得明显。要知道即使了解了一个家庭，他们也是不会告诉外人家庭的结构是什么。所以治疗中有两件事情是必要的：解释结构理论的系统以及在活动中看待家庭。

基于代际、性别和功能的基础之上，家庭被分为不同的子系统，被人际界限以及操控与他人接触的无形的障碍划分出界线。子系统是建立在功能的基础之上的家庭的联合单位。如果一个家庭中的领导阶层是父亲和女儿，不是丈夫和妻子，那么他们就是主管的子系统。子系统被人际界限所划定和调节。在健康的家庭中，界线可以保护独立和自主，并且允许相互的支持和情感渗透。缠结家庭的特征是模糊的界限，而疏离的家庭有过于僵硬的界限。

米纽庆认为，一个功能良好的家庭，应该有一个清楚的界限。清晰的界限既能使每个成员都保持其独特性，也有助于维护父母的隐私，建立父母起领导作用的等级结构。有问题的家庭主要表现为两种互动关系，要么纠缠不清，要么疏离遥远。过于紧密的家庭会使界限消失，使家庭凌驾于一切之上，从而阻碍每个成员的自我发展。正常家庭不是没有问题而是有处理问题的功能结构，所以，他把所有的儿童心理问题，都视为成长的阻滞。孩子要长大，就要学会放下父母，就要有自己的决定。个别家庭成员的问题或症状，其实是整个家庭问题的反映，是家庭结构与功能不良造成的。改变有症状的家庭成员，就要改变家庭成员间的互动关系。他常说，家庭像张无形的网，个人是其中的一个节点，家庭成员互相关联，没有绝对的主角，也没有绝对的配角，只有千丝万缕的联系，把系统内每个人紧紧地拴在一起。

二、治疗目标

治疗目标是致力于重新建构家庭中沟通规则的系统，使家庭成员学习彼此对待和面对未来冲突和压力的其他方法。因为结构式家庭治疗师认为家庭组织的功能失调是维持问题的主要因素，成员的症状是家庭结构不适应正在改变的环境或者发展要求所引起并维持的，所以，治疗的目标在于改变结构，重建家庭秩序，让其成员能自由地、以非病理模式的彼此联系作为治疗的基本目标。重建家庭结构就需要改变界限，并将家庭系统僵化的、模糊的界限变得清晰并具渗透性，重塑子系统。结构式家庭治疗非常关注家庭的结构、组织、角色与关系，治疗的重点是矫正家庭结构上存在的问题，设法改变维持家庭问题或症状的家庭互动模式。子系统间的适当界限必须建立，家庭的阶层秩序必须加强，不合时宜的规则由更接近家庭目前实际状况的规则所取代。结构式家庭治疗师认为，他们的工作还包括激活家庭中已经存在的潜在的适应模式（Simon，1995）。

一个正常家庭不是没有问题的出现，而是可以很好地处理问题。在两个人成为夫妻时，这个新的联合体结构就需要适应彼此和制造界限。夫妻必须限定一个界限将他们自己从其原生家庭中分离出来。孩子的出生立即改变了家庭结构；必须发展出在父母子系统和孩子子系统之间的交互作用模式，然后再修正这个模式来适应正在变化的环境。一个清晰的界限使孩子能够在被排除在夫妻的子系统之外的同时，与他们的父母进行交互作用。症状消除并非治疗的终极目标，治疗师通过调整界限和重新组合子系统，改变家庭维持症状的模式，进而改变了每个家庭成员的行为和体验。这样一种新的交互作用的模式或许才可以修正家庭结构。

不同的家庭存在不同的问题，多由不能去适应改变的环境所引起，又有着各自固有家庭的缺陷，所以最重要的是在家庭建立一个有效的等级。尽管面对家庭复杂多变的情况，治疗的目标有所差异，但都应该有一个共同的结构目标。

三、行为改变的条件

治疗师是通过介入（joining）即以一种主动的方式接纳并加入到要治疗的这个家庭（治疗系统）。有时要利用治疗者的权威身份、个人魅力，充当指导者的角色，发掘家庭的可塑性，激活潜在的有改变可能的家庭结构。结构式治疗强调变化发生在治疗场所内，治疗室内是可以控制的，而治疗场所以外治疗师是无法控制的。结构式治疗师将根据他们观察到的开启治疗，而不是依据家庭成员描述的内容进行治疗。结构式家庭治疗师在治疗中始终传达着对家庭成员的认可和尊重的信息，成功的介入是促使改变的先机。

结构式治疗是注重行动的治疗，通过行动在治疗场所内要带给家庭新的经验，新的经验又会带来新的行动。治疗的首要任务是了解家庭成员对问题的看法，治疗师可能不会有绝对的中立，有时会与某一个成员暂时联盟，给予支持，很快又会站在另一个成员的一边。重要的是通过这样的方式来达到活现或重构的目的。在细节上可能不是中立的，但最终还是不偏袒任何一方的。

结构式家庭治疗理论认为，个人的症状或问题只是家庭失功能的表征。任何个人的问题都应放在它所处的环境或社会情景中才能被了解。有症状或问题的成员只是被其他成员定义为有问题罢了，"问题"不是问题，而他们解决问题的方式可能才是真正的问题。虽然每个家庭都是特别的，但是家庭拥有共同的结构目标，最重要的是创造一个有效的等级。

四、治疗方法和技巧

（一）评估

结构式家庭治疗师在做治疗之前要做出评估，评估一般要求超越目前的问题，必须包括整个家庭即有问题的家庭常存在某种类型的潜在的结构问题。然而，结构式治疗师对于家庭应当如何组织一定不要有任何假设，比如单亲家庭完全可以是完美无缺的。虽然结构性评估完全是整体性的，包括这个家庭的基本组织，但评估主要还是集中于目前的问题。

家庭之所以走进治疗室，一定是因为他们无法解决自身家庭的问题，因为问题源于整个家庭的结构功能，所以有必要对整个家庭进行评估。在探索家庭对问题的反应时，为了让评估进入更深一个层次的结构，家庭治疗师将会探索父母之间的关系，还包括与父母谈及有关他们各自家庭中的成长问题，并由此探索他们的过去及其如何影响到他们现在所采取这样的方式。可能一些问题还需要作为个人问题来治疗。需要注意的是，评估首先要进入家庭并与之结成联盟，然后采用活现的方式推动家庭系统出现运动，治疗过程中的对话可以使治疗师观察到家庭成员实际上是如何进行互动的。

2007年米纽庆和同事提出评估的四个步骤：第一步通过询问，使家庭成员关注的焦点从问题表现者转移到整个家庭；第二步是帮助家庭成员认识到正是他们的言行导致了家庭问题的存在，特别要意识到那些维持问题持续存在的言行；第三步探讨原生家庭是如何影响他们之间的互动；第四步是形成家庭彼此认可的新的互动方式，从而以更有效的方式来改变家庭结构，解决家庭目前的问题。至于如何实施这些步骤，2017年尼克尔斯和塔夫里总结有经验的家庭治疗师应该依据以下评估的指导原则：①在第一步扩展对现有问题的关注；②在第二步注意引发成员之间的互动；③在第三步要简要地对以前的成长经历进行重点探讨；④在第四步中要讨论谁需要改变些什么，谁愿意改变，谁不愿意改变。

（二）治疗技术

米纽庆认为，虽然在家庭治疗领域中有很多描述治疗技术的文章和著作，但对治疗的过程，对促进家庭变化的治疗回合的探索依旧不够充分。他告诫家庭治疗师，要重视理论的探索，不要过分追求治疗的技术，治疗技术仅是用来完成某项特定任务的工具。他说，"一个治疗师在进入家庭系统时，固然有必要装备一些工具，但如果在使用这些工具时没有理论性的方向，这些工具反而会变成产生相反效果的绊脚石。"

在《家庭与家庭治疗》一书中，米纽庆（1974）看到了结构，让治疗师学会如何去观察他们所面对的家庭，因为家庭的模式千变万化，这一程序虽然看上去很简单而且计划清晰，但它又经常是极其复杂的。通过实践观察发现结构式家庭治疗是一个有机的整体，亦是由治疗师与家庭的非常真实的人际互动中创造而来的，为了能在治疗过程中体现治疗师的真诚并达到预期的效果，治疗师的举动是不可能事先计划好或者事先排练的，治疗策略必须进行周密的计划。一般说来结构式家庭治疗的策略，包括下述七个步骤：

1. 介入和顺应

介入（joining）：指治疗师接受和适应家庭以赢得他们的信任和成功地对付他们先发制人的抵抗。

在进行治疗时，结构式家庭治疗的治疗师首要的任务就是介（加）入家庭，想办法建立一个理解每个家庭成员的联盟，治疗师为了达到这一目的，需要表达对家庭成员做事的方式的接纳和尊重，即理解家庭对于他们的问题所持的观点。

通过与家庭建立关系，了解家庭对问题的解释以及家庭在解释问题的过程中所使用的方法，然后，家庭治疗师便可以将这些明白的陈述再定义为一个基于对家庭结构的理解的陈述。来解除他们的防御，缓解他们的焦虑，激发潜在的可选择的结构来使家庭发生改变。

"介入"使治疗师得以"进入"这个家庭，适应他们的风格，并将治疗的重点放在行动上，以打破平衡，改变僵化、过时的或失效的结构，以重新构建家庭的结构和规则为治疗的目的。

2. 引起并处理互动

一旦治疗师获得了家庭的信任，治疗师便淡出治疗的中心，而促进家庭成员的交互作用。从这个位置看来，他们可以观察家庭中所发生的事情，并且可以作一个结构评估，结构评估包括对问题和支持问题的组织的评估。这些评估以界线和亚系统的形式构架，可以简单地概念化为用二维图来表示改变途径。

当结构式治疗师成功地与家庭建立关系并且评价了一个家庭，他们就会继续去激发处于休眠状态的结构。治疗师给每个家庭成员说话的机会，通过他们之间的对话，从而活现家庭的关系和家庭结构。家庭成员总是期望治疗师发现并告诉他们自己家庭的问题，他们甚至不愿意彼此交谈，不认为讨论会有什么作用。有经验的家庭治疗师使用表演技术（活现）发现家庭成员的互动，发现家庭的结构。当此技术使用失败时，治疗师可以采用指出家庭成员中指责一方的错误之处，或者让家庭讨论继续的方法来推动他们继续前进。

此外通过关系提问即所提的问题涉及家庭成员之间的关系，进而引发家庭成员的思考。结构式家庭治疗师非常注意避免把话题引向是个人的问题，或与单个人的谈话。或者将谈话的话题引向了"行为"方面，而不是"关系"方面。治疗师对关系的讨论又要与"问题"或"症状"相连接，这是治疗最基本的技能。例如治疗师问："一个15岁的男生总是缠着妈妈，他还会缠着爸爸吗？""其实你不像许多父亲一样放不开儿子……"。这样一些话题都会很自然地将儿子的问题引向三人间关系问题的讨论，其家庭关系也在讨论中活现出来。

3. 勾画出家庭潜在的结构

家庭成员常认为家庭出现问题是由于某个人造成的，他们希望治疗师改变这个人，如此会减少家庭的受损和被破坏。结构式家庭治疗师在家庭互动的基础上建立初步的评估，形成家庭结构的假设，将问题由个人扩展到家庭系统，将有问题成员的症状视为影响整个家庭功能不良模式的一种表达。如果家庭里缺少父亲，或父亲只偶尔回家，很少发挥其作用，家庭就需要依靠母亲来单独维持家庭、管教子女。在这种情况下，家庭已经在结构上及组织功能上存在了缺陷。假如母亲无能为力，较大的孩子就会取代父母的职权，或者母亲过分依赖或宠爱孩子。在这样的家庭里，由于结构与功能的失常，有的家庭成员就会表现出问题或症状。因此，在治疗过程中，通过探讨家庭的亚系统、界限、同盟和联盟等现象，弄清家庭的结构与功能是非常重要的工作。

经过以上的观察，治疗师可以在了解这个家庭的关系结构的基础上用图的形式表示出来，绘制一幅家庭关系结构图，用简明的线条和图形来反映复杂的家庭关系与功能。一般情况下，治疗师可用不同的线条来表示家庭成员之间的关系、界限、联盟等情况。

4. 强调和修饰互动

家庭互动的开始正是家庭问题呈现之时，家庭治疗师关注过程尤胜于关注内容。要改变家庭固有的运转模式，需要强有力的干预措施，即称之为强度策略的技术。比如提高表述的情感强度等，有时强度策略需要在不同情境下重复同一主题。

另外一种修饰互动的技术叫塑造权限，也是结构式家庭治疗的标志。通过强调和塑造家庭成员各自的角色，结构式家庭治疗师帮助他们在其已具备的特点方面，做出有效的选择。

许多家庭会在转变时期来寻求帮助，治疗师应该谨记家庭成员可能仅是处于修正他们的结构以适应新环境的过程中。可以指出他们对的方面，但避免帮助家庭成员做他们有能力做的事情。

结构式家庭治疗师经常使用重新定义（reframing）技巧，即改变事件原有的意义，对所发生的事情赋予新的含义，以便提供具有建设性的观点，从而改变看待事件或情景的方式。正常化也是一种重新定义，就是将一件家庭成员认为异常或不同寻常的事情，当作是一件很普遍、很常见的事情，从而淡化家庭成员所固有的"不正常"观念。重新定义是用来改变家庭看待事情的认知和观念的一种方法。同样一件事情，同样一个行为，由于看待它们的角度不同，可能使人产生不同的看法，由此可能人们会做出不同的反应。

5. 明晰界限

建立界限（boundary making）是一种通过改变家庭亚系统之间的心理逻辑距离来重组家庭界限的技术。通过这种方法，治疗师可以促进家庭改变已经存在的界限，重新建立新的界限，去掉不适当的联盟，树立父母的权威。这也是结构式家庭治疗的核心步骤之一。在缠结的家庭中，所设计的干预是加强界限。米纽庆认为，建立界限并不在于它的可行，而是基于某个理由而做。如果治疗师知道他的方向，那么他自然就会发现这个工具。

明晰界限旨在重新组合子系统之间的关系。

6. 去平衡

治疗师为了改变某一关系中的动力机制而故意将自己作为一分子介入其中。比如说，许多夫妻都试图将治疗师拉到他或她那一边，想要让治疗师相信另一方无理、无知、冷漠等。治疗师越是试图保持中立，并且提供合乎情理、不偏不倚的看法，夫妻双方就越是可能会采取进一步的行动来诱使他表明立场。此时，为了打破这种循环往复的态势，治疗师可以故意站到伴侣中的一边而去反对另一方。

我们可以认为，去平衡化是争取改变的一部分，是一种可长期运用的方法，如此治疗师就既可以表明他认同每个人对于交互模式都有其影响，也可以为了引发改变而在任何一个时刻站在某位家庭成员一边。不过，认识到成员在他们的关系中的投入大小也有着重要意义。

7. 挑战无效的假设

意思是挑战家庭成员看待事物的方式，有效的挑战会使人们明白自己正在做的事及其后果，改变他们互动的方式可以为他们提供不同的视角，从而引发新的互动模式，有助于他们重新审视家庭问题的制造者，换个角度看现有的家庭问题。如此新的互动模式进一步促进家庭结构、家庭成员的变化。

五、评估治疗理论和成果

结构派理论非常注重人与环境的关系，从家庭到社区，以及社会情景，注重家庭阶层、权力分配、界限的渗透性以及潜在的规则。结构派治疗致力于系统结构的改变，治疗师主动加入家庭之中，构成家庭系统的一部分，并由此促进家庭结构的改变。

结构式家庭治疗一方面要考虑家庭成员之间的相互影响，另一方面还考虑他们为什么会这样做，他们是如何学会的，目前又是怎样的一种状态？在《制度化的疯狂》（Minuchin，1989）一书中，Minuchin 使用了一个引人注目的案例来阐述情感问题的结构观点。这个结构的观点远远超出了家庭本身，还包括家庭所处的整个社区。就像 Minuchin 指出的，治疗师的工作植根于大的社会结构中，如果治疗师只是看到有限的生活片段，那么他们的成就也将是极其有限的。

结构式家庭治疗用强有力的实证研究支持了学派理论的广泛应用。譬如 1978 年 Minuchin、Rosman 和 Baker 对 53 个神经性厌食症患者结构式家庭治疗的结果显示：治疗后，43 个厌食症儿童"症状有很大改善"，另外 2 个儿童是"有改善"，3 个儿童"没有改变"，只有 2 个"更糟糕"，还有 3 个中途退出治疗。虽然由于伦理的考虑而没有对这些有重病儿童设控制组对照，90% 的改善率是令人印象深刻的，特别是与这个障碍的 30% 的死亡率相比较之后。

其他研究如 Stanton 证明结构式家庭治疗对于吸毒成瘾的人和他们的家庭来说，是一个有效的治疗形式；研究中，Stanton 和 Todd（1979 年）将家庭治疗的疗效与个体治疗以及安慰剂条件下的家庭治疗在控制得很好的条件下相比较发现，在结构式家庭治疗中，症状的减轻是显著的，积极改变的水平比其他条件下所达到的水平的两倍还要多，这些积极的效果在进行 6 个月和 12 个月的追踪中仍然保持。进入 20 世纪 90 年代，其他研究表明，被诊断出 ADHD 的青少年和他们的父母之间，在减少消极沟通、降低冲突和愤怒表达中，结构式家庭治疗与沟通训练和行为管理训练的疗效相同（Barkley, Guevremont, Anastopoulos 和

Fletcher，1992）。结构式家庭治疗已经成功地应用于海洛因成瘾者，帮助他们建立一种更具适应性的父母角色（Grief 和 Dreschler，1993），并且成为抑制非洲籍美国人和拉丁美洲年轻人服用毒品数量上升的一种方法。同样，结构式家庭治疗对青少年障碍的治疗也是有效的，像行为障碍（Szapocznik，1989；Chamberlain 和 Rosicky，1995）和神经性厌食症（Campbell 和 Patterson，1995）等。

Minuchin 因其临床技术的艺术气质而闻名遐迩，结构理论成为在家庭治疗领域中应用最广泛的概念性模式之一，但是结构式家庭治疗理论盛行是源于它的简单、全面和易于操作。基本的概念，像界限、子系统、联盟和补充等，是很容易被掌握和应用的。结构式家庭治疗学派重视个体、家庭和社会背景，并且提供了一个清晰的框架来理解家庭和对家庭进行治疗。随着时间的变迁，家庭经历不同的历史转变阶段也会不断发展与变化。Minuchin 作为治疗师自 1974 年以来，坚持走在改变的道路上，虽然其学派理论基本保持不变，例如，家庭是由子系统组成的、具有完整结构的社会组织，但在技术上转向折衷主义，任何可能有效的方法都能拿来用在治疗中。21 世纪以来，家庭治疗领域发生了很多变化，在回顾过去 50 多年的治疗经验的基础上，80 多岁的家庭治疗大师 Minuchin 于 2007 年出版了与尼科尔斯和李维榕一起撰写的《家庭与夫妻评估——从症状到系统》。他认为，虽然治疗师的风格会随着他们个人的成长和职业的发展而改变，并因时间而变，但对结构式家庭治疗的核心理论的认识不会变。

第四节　经验式家庭治疗

经验式家庭治疗（empirical family therapy）发端于人本主义心理学，与其他的家庭治疗不同，它更关注情绪体验而不是互动中的动力。在发展过程中有两位巨人：卡尔·惠特克和维吉尼亚·萨提亚。惠特克是主要的代表者，倡导使用随心所欲、依靠直觉的方法，帮助家庭成员卸下伪装，促使家庭成员回归自我。维吉尼亚·萨提亚是另一位领军人物，作为 MRI 的早期成员，萨提亚注重沟通和情绪体验。近年来，经验性家庭治疗发展出了一些新技术。苏珊·约翰逊是情绪焦点夫妻治疗的代表人物。另一个技术则是施瓦茨的内部家庭系统治疗，它会将来访者内心矛盾的声音人格化，并运用一系列心理剧技巧将它们重新整合起来。

一、理论建构

经验性家庭治疗基于这样一个假设：对情绪的压抑是家庭问题的根源。如果家庭成员接触到自己的真实感受——希望、欲望、害怕和焦虑，那么在家庭内部试图带来积极变化就会变得更有可能成功。经验性家庭治疗帮助个体揭示内心真实的情绪，从而锻造出更加真实的家庭纽带。

情绪组织了依恋的反应，并在关系中发挥着沟通交流的功能。经验性家庭治疗帮助人们放下防御性的恐惧，并表现更强烈更真实的情感。

（一）人物介绍

卡尔·威特克（Carl Whitaker）是符号 - 经验性家庭治疗的代表人物，是经验性家庭治疗的鼻祖。早在1946年，威特克任艾莫里（Emory）大学精神科系主任，专注于治疗精神分裂症患者和他们的家庭。他的非传统思维形成了家庭治疗中大胆和创造性方法的基础，他相信积极的个人参与是促进家庭变化和家庭成员灵活性的最好方法。他不依赖任何具体的技能，而是依赖他的人格和智慧来感染家庭，帮助家庭成员解除防御，使其更充分地成为他们自己。他在家庭治疗方面的理念和方法，受到专业人士的尊敬与重视。

弗吉尼亚·萨提亚（Virginia Satir）是人性验证过程模型的代表人物，是美国最具影响力的首席治疗大师，被美国著名的《人类行为杂志》誉为"每个人的家庭治疗大师"，曾荣获母校威斯康辛大学和芝加哥大学颁授的荣誉博士学位及"对人类杰出的贡献"金质奖章，她强调治疗师与家庭成员间的合作，认为症状起源于家庭成员自我成长的潜能受到阻碍，因此要通过释放家庭固有的潜能使家庭维持良好的系统性，最终促进家庭成员的健康成长，她所建立的家庭治疗方法，最大特点是着重提高个人的自尊、改善沟通及帮助人生活得更人性化，而非只求消除症状，治疗的最终目标是个人达到身心整合，内外一致。由于她的治疗方法有很多地方与传统治疗方式迥异，所以被称为"萨提亚治疗模式"。

（二）思想观点的演进过程

1. 卡尔·威特克在论文"临床工作中的障碍理论"中概括了经验性家庭治疗的理论价值（Whitaker，1976）。理论对初学者可能是有用的，威特克的建议是，要尽可能快地成为自己，就要放弃算计。虽然它是反理论的，但它本身也具有理论价值。我们说治疗不能被理论所限制，说它应该是自发的。虽然威特克对理论的态度是轻视的，但是经验性家庭治疗是存在主义 - 人文主义传统的一个产物。存在主义心理学家的大部分理论（如，Binswanger，1967，Boss，1963）是感知到了精神分析和行为主义理论的缺陷。决定论的观点是，存在主义者强调自由和经验的即时性。精神分析学家是建立一种心理结构模型；存在主义心理学家把个人看成一个完整的人，他们以积极的人本模型取代消极的心理分析模型。存在主义者相信人们的目的是自我完善，而不仅是满足于降低神经症。虽然他们对理论不热心，但一定的基本假设确定了经验性家庭治疗的价值。威特克强调自我完善依赖于家庭的内聚力。

2. 萨提亚强调家庭成员间良好沟通的重要性，但是基本的承诺是个人的自我表达。当家庭系统中有一些谈话时，（如，Satir，1972），家庭经验模型更像一个民主的团体，而不是一个结构性的组织。更要强调的是灵活性和自由。治疗的一般设计是帮助每个家庭成员找到履行的角色，很少关注家庭整体状况。这并不代表不顾家庭的需要，只是他们更关注个人的提高。① 读过前面的片段后，David Keith（在私人信件中）有这样的观点，在个人需要和家庭需要面前，经验的价值：个人和家庭之间有双重的压力——依赖和独立。过于强调个人，或者过于强调家庭联系都扭曲了人的价值。家庭系统理论转换成技术，促进了沟通和交往。强调改变交往模式意味着对任何个体经验的接受。这是经验性理论不同于系统理论的方面，它强调扩展体验。假设是开放个体的经验成为家庭团体开辟新领域的前提。经验性家庭治疗潜在的前提是：促进个体成长和家庭内聚力的方法是释放影响和冲动。降低防御和揭示深层体验的努力建立在"人性基本是善良的"的假设上。

3. 经验性家庭治疗对理论的忽视，还有一个例外，即格林伯格（Greenberg）和约翰逊（Johnson）的聚焦情感的夫妻治疗，其基础是鲍比的依恋理论（Bowlby，1969）。情绪组织了依恋的反应，并在关系中发挥着沟通交流的功能（Greenberg & Johnson，2010）。当人们直接表露他们的脆弱面时，他们可能是想从伴侣那儿得到同情性反应。但是，对于不安全型依恋关系的人，他们害怕暴露自己的脆弱面，并且用发怒来代替，这更可能导致配偶退缩。于是，最需要安全依恋的人很害怕表露出这样的需要，总会疏远他或她想要接近的人。解除这一困境的药方正是经验性家庭治疗所要做的：帮助人们放下防御性的恐惧，并表现更强烈更真实的情感。

二、治疗目标

经验主义者强调人性中的感受面：创造性、自发性和情感真实性，以及在治疗中强调情感体验自身的价值。

在家庭治疗过程中，促使家庭系统发生可见的变化是家庭治疗的关键，也是家庭治疗的具体而实际的目标之一。美国学者约瑟夫·米库西认为"只有当家庭成员（或个体患者）掌握了如何在自己的亲人那里获得他们所需要的解决问题的办法时，只有当家庭成员（或个体患者）不再指望单纯从治疗师这里获得支撑时，家庭治疗才是成功的。"经验家庭治疗师与家庭成员之间需要进行及时的有效沟通，帮助催化促使个体成员成长和潜力充分发挥的家庭自然驱动力量，在治疗师的协助下，家庭若能确认新的未来情形并予以实现，则越能整合改变，使家庭生活呈现新的面貌。萨提亚的家庭治疗模式就是以个体与家庭的成长为核心，而不只是促使家庭稳定下来。目标在于使家庭成员彼此间变得更具敏感度，能分享彼此的经验，以及产生崭新与真诚的互动关系。萨提亚指出，家庭就像所有的系统一样，倾向于停留在所谓的"现状"。各个家庭的现状都是熟悉与已知的，即使现状存在问题，家庭成员也会倾向于维持现状，因为这比面对不熟悉与未知的改变，较不具威胁性。当"陌生要素"进入系统时，就会产生改变，家庭系统会陷入混乱，要重构家庭系统，改变不适应家庭功能的结构，建立适应良好的信息反馈机制，增强良性的互动，改善家庭成员间的相互交流，提高家庭解决问题和应付挑战的能力，因为只有变化才能有改变过去迎接新未来的可能，为家庭提供新的思路或新的选择，帮助家庭发掘和扩展家庭内在的资源，充分利用这种资源，使那些接受治疗的成员感受到在生活中获得的支持，改善并发展与自己亲人之间的互动关系，创造彼此间的新关系，促成个人的自我成长和自我实现，学会有效地对复杂的现实生活做出合适的反应，继而从根本上消除症状或解决问题，促进家庭的成长。

三、行为改变的条件

对于经验性家庭治疗师来说，情绪性的体验是力量之源，有效的治疗需要治疗师强有力的介入。格斯·纳皮尔（Gus Napier）在《家庭熔炉》（The Family Crucible）一书中对"经验性家庭治疗师认为是什么引起了改变"做了很好的描述（Napier & Whitaker, 1978）。当家庭成员们鼓起勇气，拉开彼此的距离，表达出各自不同的观点甚至为此生气，或者当他们更加亲近更加坦诚时，突破性的进展就会发生。为了帮助家庭成员们放下保护性的防御机制，彼此敞开心扉，治疗师可以煽动他们，也可以给予他们温馨的支持。

存在性邂逅（existential encounter）被认为是精神治疗过程中的基本力量（Kempler，1973；Whitaker，1976），这些邂逅必须是双向的；治疗师必须是有血有肉的人，且能运用自己对家庭的影响来促进改变的发生，而不是藏在专业的外衣背后。正如肯普勒所说：在这个方法中，家庭治疗师在会谈期间就是家庭成员之一，尽其所能地参与进去，欣赏、责备也能宽恕。他可以笑，可以哭，也可以生气，他感受和分享他的尴尬、困惑和无助。

萨提亚认为，关爱和接纳是帮助人们敞开心扉的关键："一些治疗师认为前来治疗的人并不想做出改变，我不这么认为。他们只是不认为自己能够做出改变而已。去到一个陌生的、不熟悉的地方是一件可怕的事情。当我最开始进行治疗的时候，我没有兴趣去改变他们，而是去发现他们的节奏，融入他们，帮他们走进他们不敢触碰的地方。其中的阻力主要来自害怕去到某个你没去过的地方。"

四、治疗方法和技巧

（一）评估

经验性家庭治疗师关注个体和他们的体验，对家庭组织结构没有太大兴趣，也较少关注现有问题的特殊性，对提升家庭功能更感兴趣。

经验性家庭治疗师轻视评估，"诊断是治疗师为遭到的挫折和谴责（如防御、抵触）竖立的墓碑，而这附带的收获只是为他们在掩盖不满的坟墓上放置一些花儿。"（Kempler，1973，p.11）这一观点是说，客观的距离对正式评估是必要的，评估需要一种公正的态度，治疗师要同家庭断开情感联系。大部分经验性家庭治疗师开始了解家庭时，是进行非正式评估。对于大多数经验性家庭治疗师来说，在他们开始去了解一个家庭时，评估就在不知不觉中开始了。在关系进展的过程中，治疗师逐步了解他或她在与什么样的人打交道。惠特克在治疗开始的时候会要求每位家庭成员描述自己的家庭，在治疗过程中，他常用幽默、指导、勾引、愤怒、厌烦，甚至打瞌睡作为接触、挑战患者的工具随机使用，他本人有时也不知道为什么要这样做，他自称他的治疗是被他的潜意识所掌握。当接受治疗的人回应这些挑战时，也会尝试着学习去冒险、探索，寻找解决问题的方法，重新定位家庭成员的作用，维护家庭的整体性。在家庭或个人寻求成长之际，治疗师便可利用这种自我实现与成熟的内在驱力，与家庭或个人交流相遇的体验，唤醒他们过去的感受与行为，挖掘出潜伏在他们内心世界里的自然的成长经验，以及它是如何运作的。通过这个方法，他得到了每个家庭成员对家庭看法的组合图像，以及他们对家庭组织的感知。这种问询与大多数治疗师的家庭评估同样正式。在经验性家庭治疗中，大多数评估都是在试图对防御性进行编码，这些防御性经常出现于治疗师试图帮助家庭成员对彼此敞开心扉的过程中。以这种方法，他对每个家庭成员和他们对家庭整体的知觉有了综合的了解。这种探索方法同大多数治疗师权衡家庭一样正式。这种评估方法主要是尝试解除出现在家庭进程中的防御，帮家庭成员向彼此开放。

（二）治疗技术

经验性家庭治疗师倾向的治疗师会用到一些结构化的设计，如家庭雕塑和家庭舞蹈；其他一些治疗师，像萨提亚和惠特克则依赖于自然而然地表现真正的自己。

萨提亚在交流方面很有天赋。与许多卓越的治疗师一样，她很有活力，有特别的沟通能力。她不只是依赖于个人的温情，还积极地阐释沟通交流的重要性，让人们从抱怨变为寻求解决办法，支持每位家庭成员的自尊，指出其积极意图，并通过例子来演示何谓深情的表达方法。她是一位可爱且有实力疗伤的治疗师。

萨提亚的一个特点是运用触摸，触摸对她来说是一种很有亲和力的语言，通常在治疗开始时她会与孩子有肢体交流，帮助家庭成员之间彼此联结，而不是用心理和系统的力量将他们分开。为了鼓励共情、使家人更加亲密，萨提亚经常做如下练习：

1. 想象跟你孩子在一起的一个困境。
2. 从你的视角让刚才的情境继续发展下去。
3. 再次经历这个事情，但是这一次把你当作你的孩子，将整个过程放慢，关注细节，从孩子的角度看整个过程，感受你孩子的感受。
4. 再次经历这个事情，这一次，你是一个旁观者。

相比于规划好的方式，惠特克更喜欢临场发挥，自然而然地，他的风格会随来访者、来访的家庭和小组的变化而变（Whitake，1958）。他极力避免做出与现实生活中相同的决定，而是坚持让家庭成员感受他们的感受，并分享他们的不确定性。这可能让人感觉没有新意，但是的确很重要。只要治疗师（或者其他做类似工作的人）在改变他人时感到焦虑,理解来访者就会变得很难,更不要说用同理心去理解对方了。

由于惠特克的治疗过程如此的紧张而个性化,他认为应该有两位治疗师一起工作。有一位搭档可以减轻负担,防止治疗师陷入家庭的情绪漩涡之中。家庭治疗倾向于激起治疗师对某一种家庭成员倾入很多情感,超然的、分析的立场会减少这种情况发生,而情感则会增加这种情况。反移情的困难在于它会变成无意识。在会谈结束后,治疗师更可能意识到这些感受。而观察到别人的反移情要容易很多,比如 Fox 医生的例子,他的专业是个体治疗,已婚,但他的来访者中偶尔会有结过婚的配偶。在 75% 这样的案例中,Fox 医生鼓励配偶的一方离婚,他的来访者大多数采取了他的建议。可能是这样的,如果 Fox 医生在自己的婚姻中感到快乐或者有勇气改变婚姻,他可能不会鼓励他的来访者采取那样的行动,而这些行动正是他自己所害怕的。

为了减少反移情,惠特克建议和来访家庭分享感受体验,如果感受可以自由地表达出来,他们就会减少采取行动的可能性。惠特克的头几次会谈是相当具有结构性的,包括了解家庭的过往（Napier & Whitaker, 1978）。对于他来说,跟家庭最开始的接触就是要打破结构化（Whitaker & Keith, 1981）。他希望来访的家庭知道治疗师才是负责整个治疗过程的人。这种领导地位从来访者打来第一个电话的时候就开始了。惠特克坚持让尽可能多的家庭成员参与进来；他认为需要有三代人参与到治疗中来,这样可以保证祖辈对治疗是支持的,而不会起反作用,而且他们的参与有助于纠正对问题的曲解（Whitaker, 1976）。

与萨提亚一样,在利用自身资源促使家庭做出改变这方面,惠特克是一个很好的典范。但是萨提亚会提供温暖和支持,惠特克在这方面却不擅长,甚至反对这样做。事实上,像惠特克这样以一种挑衅的方式介入的治疗师想让治疗有效果,一定要让家庭感受到他能够理解家庭面临的困难,并且真正关心家庭成员的状况。在挑战人们之前,首先要赢得他们的信任。

无论治疗师是煽动性的,还是支持性的,经验性家庭治疗师在治疗过程中通常都很活跃。他们会让来访者说出他们的感受,或者询问他们的感受,而不是让来访的家庭自行找出问题所在,就像在学校想获得老师关注的最好的方式就是做错事,得到经验性治疗师关注最好的方式就是表露出没有真正表达出来的情绪的迹象。

经验性家庭治疗师在治疗过程中会用到很多表达性技术,包括家庭雕塑

（family sculpting）（Duhl, Kantor & Duhl, 1973）、家庭木偶剧（family puppet interviews）（Irwin & Malloy, 1975）、家庭艺术治疗（family art therapy）（Geddes & Medway, 1977）、联合家庭绘画（conjoint family drawings）（Bing, 1970）和格式塔治疗技术（Gestalt therapy techniques）（Kempler, 1973）代表性的技术有：

（1）家庭雕塑

家庭雕塑（family sculpting），是治疗师要求一位家庭成员将其他人安排成雕塑，形成一个戏剧性的场面，这样可以形象地描绘出每位家庭成员眼中的家人和自己在他们心中的位置，这是萨提亚最喜欢的技术，她经常用绳子和眼罩让家庭成员戏剧化地彼此陷入束缚对方的角色中（Satir & Baldwin, 1983）。家庭雕塑也用来演示过去的情景，经典的引导语是："想象你站在小时候的家的前面，走进去，说说通常会发生什么事情。"这样可以将来访者对家庭的认知生动地描绘出来，这是一种可以集中注意力和提高敏感性的办法。

（2）家庭木偶剧

在家庭木偶剧会谈中，欧文（Irwin）和马罗伊（Malloy）让一位家庭成员用木偶编一个故事（Irwin & Malloy, 1975）。这个技术最初来源于游戏治疗，被用来放大个体之间的冲突和联盟，木偶也为象征性交流提供了一种安全的方式。

（3）家庭艺术治疗

克维亚特科夫斯卡指导家庭进行一系列的绘画，包括"联合家庭涂鸦"，每个家庭成员对家庭进行一个速写，之后整个家庭将这些画合成一幅画。并将联合家庭涂鸦（family drawing）看作暖场的方式，也能让他们自由地表达自己（Bing, 1970）。在这个过程中，家庭成员会按照要求画一幅"自己眼中的家庭和自己"。这些画可以很好地展现以前没有探讨过的观点，或者可以促使人们画出能让他们意识到自己之前从未想过的事情。

（4）角色扮演

角色扮演（role-playing）是另一个很受欢迎的技术。为了使体验真实，在使用该技术的时候一定要还原生活，带入当下。通过将记忆拉回注意的焦点，并表现出受压抑的反应从而加强情感体验。

（5）格式塔家庭治疗法

代表人物凯普勒，像大多数格式塔治疗师一样，凯普勒引导个体超越他们习惯的自欺游戏、防御和假象。他以真实的自己面对来访者，向所有的家庭成员进行对质及挑战，并坚定不移地只对此时此刻由治疗师和家庭成员共享的经验进行研究，促其探索自我意识是怎样被阻滞的，并将他们不断增强的意识引入到更有意义、更完善的彼此关系中去。

后期家庭治疗中有两个经验性的方法，代表了更复杂的家庭动力理论，它们是情绪焦点夫妻治疗和内部家庭系统模式治疗。

（6）情绪焦点夫妻治疗

情绪焦点理论是经验性的，不是分析的或者说教式的。然而，不同于惠特克和萨提亚的更为针对个人的经验性方式，情绪焦点夫妻治疗可分为3个阶段，9个步骤，每一步都会有治疗师的干预。阶段一：消除恶性循环。①评估；②确认负向互动循环模式；③找出不被承认的情感；④从依恋需要的角度重新阐述问题。阶段二：改变互动模式。①通过否认需要来促进身份认同；②提升对伴侣体验的认可；③帮助双方表达出自己的需求和希望。阶段三：巩固和整合。①针对已有问题找到新的解决办法；②巩固新的地位和依恋模式。在所有的步骤中，治疗师处在夫妻之间帮助伴侣们发现并表达出他们的情感体验，重建互动模式。

（7）内部家庭系统治疗

在内部家庭系统模型中（Schwartz，1995，2001），内心冲突的声音被人格化为亚人格或者"一部分"。使这一技术很管用的原因是，当家庭成员相互争执时，他们的冲突往往只是建立在他们那一部分很极端的感受上。真相是，处在冲突之中的人往往自身也陷在冲突之中。通过将内心冲突以一种戏剧化的方式展现出来，内部家庭系统治疗帮助家庭成员梳理他们的感受，然后用一种不那么极端的方式重建彼此之间的关系。就像所有的经验性模型一样，内部家庭系统治疗是建立在这样一个信念之上：在人们情绪化的反应背后有健全的核心自我作支撑。当治疗师观察到不同的部分占据上风时，他或她会先让这个人看到这些情感，之后帮助他们平静下来。通过将人们极端情绪反应的部分人格化，再帮助他们观察到这些部分，安抚这些部分，内部家庭系统治疗可以使人们摆脱害怕和气愤，这使他们可以进行更有效的交流，从而处理个人和家庭的问题。

五、评估治疗理论和成果

经验性家庭治疗通过与当事人聊感受，帮助家庭成员抛开交流时的伪装而去探寻推动行为的感受。这个方法的最大好处是，帮助他们渐渐放下令他们心生隔阂的防御性，并重建一种更为真实的关系，如果我们同时也强调行为和认知，帮助来访者认清情感体验必然是个很好的补充。

无论家庭治疗采取了何种技术，转向个人和他们的体验是一种很好地打破防御型争吵的方式。当家庭成员争吵的时候，他们会被自己的防御性牵着鼻子走。他们不会说"我感觉很受伤"，而是说"我这样发疯都是因为你"。他们不会承认自己很害怕，他们会相互批评。最有效打破这种没有实际价值的不断升级的争吵的方式就是逐一探寻参与者的感受，通过谈感受找到问题根源，帮助他们渐渐放下令他们心生隔阂的防御性，并重建一种更为真实的关系。但是，就像关注整个家庭和他们的互动关系的技术会忽略一些事情一样，过分关注个体和他们的情感体验也会忽略一些东西。在经验性家庭治疗最流行的20世纪70年代，经验性家庭治疗师在处理家庭治疗时会把他们当成由亲戚组成的会面团体。他们对经验性情感体验信心十足，却限制了家庭结构在调节这些体验时的作用。因此，在20世纪八九十年代，家庭治疗的注意力转向了组织、互动和叙事，不出所料，经验性家庭治疗不再备受关注。

就像我们已经提到的那样，一个最开始为了引出情感的治疗方法可能更适合会面团体而不是家庭治疗。然而，家庭治疗中主导的行为和认知模型也可以更多地关注人们的情感。帮助家庭成员感受彼此的感受需要达到两个目标：帮助人们发现他们真实的想法和感受，他们在想什么，他们在害怕什么，帮助他们作为一个家庭开始用一种更真诚、更及时的方式进行联系。

情绪焦点夫妻治疗和内部家庭系统治疗是两个很特别的原创技术，它们可以帮助个体了解自己内心的真实体验。与约翰逊和格林伯格的技术不同的是，它结合了情绪表露和夫妻间的互动动力。与其他所有的情绪方法一样，情绪焦点夫妻治疗的开始就是探寻来访者的情绪体验，尤其是一些特别的防御性情绪。如果忽略它们，我们就永远不可能了解到人们的真实情绪，将揭露深埋心底的脆弱情绪和教会夫妻在情绪驱动下的应对方式结合起来就是一种有意义的认知体验。

情绪焦点夫妻治疗认为关系问题通常来自否认依恋需求、防御性互动模式和无效的交流方式。在这个模型中确认这些问题和破坏性的循环，帮助来访者承认在循环背后的情绪，鼓励他们从对方的角度进行移情，并鼓励夫妻本着提出、解决问题和增进紧密感的精神更有效地沟通各自的需要和情绪。施瓦兹的内部家庭系统方法通过帮助个体梳理他们各自的内心体验来帮助家庭成员加深相互的理解。将不受约束的情绪人格化为"一部分",这是一种帮助人们将自己和矛盾划清界限的很好的方式。不像情绪焦点疗法,内部家庭系统治疗并不十分依赖说教式的解释,在这个理论中,情绪体验是通过学会区分自己的感受而不是治疗师的解释。

情绪焦点夫妻治疗已经得到了大量的实证支持,特别是最近的研究表明,情绪焦点夫妻治疗有助于缓解婚姻危机和促进配偶间互相信任互相谅解(Greenberg, Warwar & Malcolm, 2010)。对于处在婚姻危机以及女性一方处在重度抑郁状态的夫妻,情绪焦点夫妻治疗同样适用(Dessaulles, Johnson, & Denton, 2003)。更新的研究表明,情绪焦点夫妻治疗的支持者指出,未来可以将情绪焦点夫妻治疗用于处理遭受乳腺癌(Tie & Poulsen, 2013)和不治之症(Adamson, 2013)的家庭。一个随机控制实验表明,面临癌症晚期的夫妻在参加了情绪焦点夫妻治疗之后婚姻状况有所改善,病人也能感受到照料者的共情(McLean, Walton, Rodin, Epslen & Jones, 2013)。

近些年来,试图验证经验性家庭治疗技术有效性的研究者们跟随马雷尔(Mahrer)(1982)的思路,将工作重心放在治疗的过程而不是结果上。马雷尔认为研究的结果并不对从业者造成什么影响(他们已经知道他们所做的工作会有什么样的效果),他建议要研究治疗过程中的结果——也就是说在治疗中,什么样的干预过程会得到理想的结果(情感表达,更开放的交流)。跟随马雷尔及其他治疗师将治疗结果带入个人治疗的人(Mahrer, 1982; Pierce, Nichols & Dubrin, 1983),莱斯利·格林伯格和苏珊·约翰逊发现,帮助愤怒的有攻击性的一方去揭示他或她柔软的情绪特质是成功案例中最重要的环节(Johnson & Greenberg, 1988),亲密的自我暴露可以引发更有成效的会谈(Greenberg Ford, Alden & Johnson, 1993)。曾经情绪表露是心理治疗的核心,现在已经被行为和认知取代。心理治疗师发现人们会思考和行动,但是这并不意味着我们要忽视即时的情绪体验,它仍然是经验性家庭治疗的核心。

第五节 精神分析家庭治疗

家庭治疗的一些先驱们,包括纳森·艾克曼、莫里·鲍恩、伊凡·伯瑟印梅尼-纳吉、卡尔·惠特克、唐·杰克逊和萨尔瓦多·米纽庆都曾接受过精神分析的训练。但是迫于追求创新和改变，他们逐渐背离传统的心理动力学，转向新的系统动力学。有些治疗师的治疗方式甚至偏离了精神分析，如杰克逊和米纽庆，但仍然有一些治疗师的工作明显受到精神分析的影响，如鲍恩和纳吉。

在20世纪六七十年代，家庭治疗沿着杰克逊和米纽庆的思路，不仅忽略了精神分析，甚至走向它的反面。杰克逊在这条路上走得很远，他甚至宣布了个体的死亡，而米纽庆宣称"我们理解治疗中去情境化了的个体是一个虚构的怪物，是被心理动力学创造的一种幻觉。"

这种状态在20世纪80年代发生了惊人的转变：家庭治疗师再次燃起对个体心理学的兴趣。这种兴趣的回归反映了精神分析自身的变化——即从原先弗洛伊德理论中的个人主义转变为一种强调关系的客体理论以及自我心理学，以及家庭治疗本身发生的变化，特别是对控制论模型中机械成分论的不满。这一时期也出版了一些重新呼唤精神分析的书籍，其中有《客体关系：个体和家庭治疗之间的动力桥梁》（Slipp，1984）和《系统中的自我》（Nichols，1987）。

心理动力学被重新接纳的原因是，家庭治疗师发现系统的互动是非常重要的，他们中许多人相信背离精神分析是错误的。任何无法逃避自我意识的人都会认识到他们内在生活冲突与混乱的激烈性，但大部分人没有表达出来。当系统治疗师聚焦于这种内心生活——家庭的互动和沟通——精神分析治疗师则探索隐藏在家庭对话背后每个家庭成员内心的恐惧和归属感。

一、理论建构

精神分析治疗的实质是揭露和解释无意识（unconscious）中的冲动和防御机制，精神分析治疗不是分析个体或家庭互动的问题，准确地说，是去发现那些阻碍人们以成熟的方式进行人际互动的基本需求和恐惧，人类很复杂，这意味着有时候我们必须要深入探索他们的经验。随着学习的深入，会觉得精神分析理论越来越复杂，很容易迷失其中，下面我们将介绍一些基础知识。

（一）弗洛伊德的内驱力心理学

人的本性存在两种驱动力——性和攻击。当孩子们了解到直接表达这些冲动可能受到惩罚时，心理冲突就产生了。人的内心产生冲突的标志是他体验到不愉快的情感：焦虑是不愉快的，同"一个人表现出一定的愿望是要受到惩罚的"这样的观点（通常是无意识的）相联系——例如，你要表达的气愤可能使你的同伴不再爱你。抑郁是不愉快和害怕灾难已经发生的想法（通常是无意识的）——例如，你对母亲长期的气愤已经使她不再爱你，事实上，没有人爱你。

有两种平衡冲突的方法：①加强对冲动的防御；②减轻防御以得到一些满足。

（二）自我心理学

自我心理学（self psychology）的实质是每个人都渴望被欣赏和接纳。在我们年幼时，如果父母对我们是热情的反应和赞扬，我们会内化这种认可，形成坚强和自信的性格。但是如果我们的父母在一定程度上没有反应，或者很平淡，或者退缩的，那么我们对赞扬的渴望就会停留在最初的状态。等到成人时，我们会压抑被关注的愿望，并在接受我们的人面前随时爆发。孩子成长的阶段有一个懂得赞扬的父母是很幸运的，他会感到很安全，勇于独立且主动，能够去爱，而不快乐的孩子，没有爱的归属感，他会在整个生命的历程中，永远渴望他（或她）没有被给予的关注。

（三）客体关系理论

精神分析主要是研究个体，而家庭治疗则是关注关系，二者之间的桥梁是客体关系理论（object relations theory）。虽然客体关系理论的细节很复杂，但它的实质却很简单，我们同他人联系的基础是早期经验形成的期望，这些早期关系的结果是造就了内在的客体（internal objects）——对自己和他人的心理印象是从经验和预期中建构起来的。作为成年人，我们就是基于这些内在客体以及对方真实的人格特征进行人际互动的。

客体关系的内在世界同他们的现实世界是不一致的。它是一个近似体，强烈受到早期客体印象、内向投射（introjection）和认同（identification）的影响。这个内在世界逐渐成熟、日渐变得综合，更接近现实。个体处理冲突和失败的内在能力与其客体关系的内在世界的深度和成熟是相关联的。信任自我和相信他人的善良也是建立在对爱的确认上，而爱来自对好的客体的内化。

二、治疗目标

精神分析家庭治疗的目标是将家庭成员从无意识（unconscious）的束缚中解放出来，这样他们才能够以健康的个体身份彼此互动。坦率地说，这是一项雄心勃勃的任务。

简单地说，精神分析学家治疗的目标是人格的改变，但要搞清楚这到底意味着什么却很难。最常见的课题是"分离——个体化"或者是"分化"。这两个术语都强调自主性,个体治疗师常认为个性化是指躯体上的分离,因此会将青少年和年轻的成年人与家庭分开来进行单独的治疗,以使他们更加独立,而家庭治疗师认为,个体的自主性最好是通过处理家庭中的情感冲突来实现。精神分析取向的家庭治疗师认为,治疗不应将个体与家庭区分开,而应当聚集家人,帮助家人学会如何做到既彼此独立又彼此联结。

三、行为改变的条件

分析治疗师通过观察行为背后隐藏的动机来培养洞察力。自然地,家庭很抵触暴露自己内在的感受,毕竟,让任何人暴露自己的旧伤口和深层次的渴望都是很困难的。精神分析学家可以通过创造一种信任的氛围,慢慢地(循序渐进地)处理这个问题,一旦建立了安全的氛围,治疗师就可以开始识别其中的投射机制,将夫妻双方带回到婚姻关系中,等到他们不再依赖投射认同时,彼此就可以整合以前自我分离的部分,治疗师会帮助夫妻双方认识到,他们现在的问题来自他们以前各自家庭中的无意识中存在的冲突,这个工作是痛苦的,且必须要有支持性的治疗师提供足够的安全感才能进行,尼克尔斯(1987)强调共情的重要性,即需要在整个家庭中建立"支持的环境"。

四、治疗方法和技巧

(一)评估

精神分析治疗师不会在对案例做过详尽的充分的研究之后再开始治疗,相反的,他们可能在治疗结束时还没有形成一个最终的模型框架。虽然精神分析的临床医生在治疗过程中会不断精确化他们对案例的理解,但如果缺少动力学模型就不能进行持续有效的治疗。刚入门的实习医生——缺少经验和理论——治疗有时在这样的假设基础上进行:如果他们只是不采取行动地倾听也会增进理解。这在个体治疗中很少适用,在家庭治疗中也几乎不会有什么效果。

英国的阿尔农·本吐温(Amon Bentovim)和沃伦·金斯顿(Warren Kinston,1991),建立了一种心理动力焦点的理想模型,该模型提出了形成焦点假设的五步策略:①家庭交往如何影响症状及家庭交往如何被症状所影响?②当前症状的功能是什么?(在L的家庭中,他们设想如果父母不在一起排挤儿子,结果可能是父母之间存在严重的冲突。)③在家庭中他们害怕什么会阻止他们直面冲突？（例如，为什么在 L 的家庭中婚姻冲突被避免？）④当前的情境是如何与过去的创伤相联系的？⑤治疗师如何以简短的、难忘的话来概括集中的冲突？（例如，L 的家庭排挤儿子以避免婚姻的破裂，最初家庭中发生了什么导致了竞争性的亲子关系？）

在描述精神分析治疗所用的隐喻中，"深度"和"揭示"是突出的特征。事实上，所有的治疗师目的在于揭示一些东西，甚至行为主义的治疗师在转到直接的治疗阶段之前，也揭示不被注意的强化事件。分析治疗的特别之处是揭示的过程是延长的、直接的，不仅对于意识到的思想和感受是这样，对意识层面的幻想和梦也是这样的。

（二）治疗技术

与精神分析理论的复杂性相比，精神分析技术相对简单。有四种基本的技术：倾听、共情、诠释和分析性的中立，其中的两个——倾听和分析性的中立，听起来可能同其他治疗师的工作没什么太大的区别，但是它们确实是有区别的。

1. 倾听（listening）是一种费力但默默进行的工作，在我们的文化中这种行为很少有。大多数的时候，我们都因为各种事由马马虎虎地听，经常是还没有等到对方说下一句话就插话进去。这在家庭治疗中特别明显，对于要做些什么以帮助有困难的家庭，治疗师总感到有很大的压力。

2. 分析性的中立（analytic neutrality）的重要所在。是为了建立一种分析性的气氛，在分析时，关键不是解决问题，而是去理解来访者。在理解过程中分析氛围可能会发生改变，但其实分析治疗师并不急于得到什么结果。建立探索的治疗氛围至关重要。

3. 共情（empathy）技术是帮助家庭成员畅所欲言，同时利用诠释的方法说明他们经验中隐藏的部分。大部分精神分析家庭治疗师关注配偶的情绪；认为双方的冲突是探索人际动力的起点。例如，一对夫妇报告他们在饭桌上经常有争论。系统治疗师可能要求他们向对方谈发生的事情，以及希望观察到是什么导致他们争论不断，其关注点是沟通与互动。而精神分析治疗师对夫妻双方的情绪反应更感兴趣，为什么他们如此愤怒？他们希望从对方那里得到什么？他们的期望是什么？这些感受从哪里来？分析性治疗师希望探索分析他们隐藏的恐惧和渴望，而不是试图去解决问题。

4. 诠释（interpretation）是使内在心理冲突通过情绪表现出来。不是集中在谁对谁做了什么，而是关心对方强烈的感受，并把它作为切入点对其根源进行详细的探索。"你的感受是什么？""以前什么时候你也那样感觉过？""在这之前呢？""你记起了什么？"治疗师不会停留于家庭成员当前行为的横向水平，而是寻找打开他们内在体验的纵向水平。

概括地说，精神分析治疗师通过四种渠道组织他们的探索工作：①内在的体验；②体验的历史；③家庭成员如何触发这种体验；④会谈的情境和治疗师的帮助对家庭成员的改变有何作用。同临床工作的大部分描述一样，很多个案看起来可能有点人为化。下面介绍一个简要案例。

案例研究

格林和安娜在最初几次会谈中，在相互理解方面都取得了很大的进步，后来两个人因无法有效沟通，在购车问题上又出现了分歧，让两个人很是沮丧。他们发生激烈争执不是因为买车，而是因为付款方式。格林想从储蓄里拿出来付钱，使每个月的付款降低。这激怒了安娜，他居然想动储蓄存款！安娜认为这样会使前期付款增加。

不幸的是，他们都倾向于改变他人的观点，以至于不能理解这其中究竟发生了什么。治疗师打断了他们的争论，问他们每个人的感受是什么，他们担心什么。虽然询问争论背后的感受通常是理解和妥协的有效出口，但他主要并不仅是为了平息分歧，他感到他们的反应强度暗示了问题的核心。

格林对每个月的花费感觉负担特别地重。他恳求道"你没有发现吗，如果我们拿出多一些钱付首付款，以后就不用那么担心每个月的付款了？"在安娜准备辩论这一点时，治疗师打断了她，因为比起夫妻双方试图说服对方，治疗师更关注格林焦虑的根源。

其实，格林对没有足够的钱有着长期的恐惧。足够的钱不仅意味着可以买大房子和昂贵的汽车，还可以放纵地消费，比如买漂亮的衣服、出席高档的宴会。格林把他的这种用奢侈的物质奖励自己的需求同成长在简朴的家庭中的记忆联系起来。他的父母出身贫寒，在他们的眼中，除非绝对必要，否则买漂亮的衣服和出席高档的宴会都是毫无意义和浪费的。

在更深层次上，格林对节俭的记忆其实是源于相当保守的母亲的影响，而这一点他从来没有意识到。因此当他感到情绪低落时，他学会用一件新衣服或者参加高档的宴会来安慰自己。安娜最具有吸引力的地方之一就是她的给予和表达的天性。她的情感是开放的，总是能满足格林在物质上的愿望。

而安娜把她的焦虑同父亲作为不可依赖的养育者的记忆联系起来。不同于格林的父母，她的父母花钱比较随便。他们每星期都要参加几次晚宴，享受奢侈的假期，家中的每个人都打扮得漂漂亮亮。虽然父母花钱很随便，但是安娜记得父亲缺乏投资的远见，没有很好地扩展生意。在她的意识中，父亲虽然慷慨给予她关怀和关注，但从未真正把她看作一个生命。他对待她的方式就像"爸爸的小女孩"，很可爱，就像一只小猫咪，这也正是她被格林所吸引的原因，他认真、自律、并且对她高度尊重。

但两人后来又是为什么会如此恶意相向呢？不仅是因为两人信念的冲突，安娜"需要把钱存在银行里的焦虑"而格林"需要有钱花"，还有他们都感到了对方的背叛，安娜的无意识地期望格林是安全的、稳定的、是家中的顶梁柱，可以与他共同建设美好的未来。而格林对安娜的无意识期望是，她可以纵容他。在这个问题上，他们对彼此的反应是很正常的。

治疗师的角色全部体现于此吗？经过反省，治疗师意识到他在平息夫妻间的冲突时有些焦虑。他太过希望让这对夫妻体验到婚姻的愉快，于是他在会谈中控制冲突的水平，作为和平使者主动去干预。但这样的结果是，两人的进步付出了一定的代价，推动了深层的渴望和仇恨，而不是得到探索和解决。治疗师可能认为，他已经抓住了夫妻双方面对愤怒时的恐惧。

治疗师做出这样的反移情反应有什么作用？他应该暴露出她的感受吗？我们说反移情（counter transference）可能包含有用的信息，并不意味着它是万能的。可能反移情最有用的是将针对其做出的假设，在来访者体验中得到验证。这个案例中，治疗师意识到自己的感受，他太过努力以至于不能缓和局面，他询问安娜和格林，他们是否也有些害怕暴露他们自己的愤怒。

像大部分有关临床工作描述的那样，这个案例看起来有点完美。我们是如何从争论买车迅速地转向镜像反映自我客体（mirroring self object）的渴望的？不可避免地，对此部分的解释会是比较概括的。但这些能促使精神分析治疗师看到事情背后的本质并知道从哪里着手，意识到这一点也是很重要的。

精神分析的治疗师看到事物背后实质的方法之一是知道从哪里着手去看。会谈开始于治疗师邀请家庭成员讨论他们当前的关注或担忧。在接下来的会谈中，治疗师可以保持沉默，或者说"今天你们想从哪里开始谈呢？"然后治疗师往椅子背上一靠，让他们自己交谈。治疗师只是在需要详细描述或诠释时提问，"你能就这方面多讲一点吗？""二位是否讨论过你们对此问题的感受？"

当最初的关系建立和自发的互动告一段落时，治疗师开始逐渐探寻问题背后的实质，继而引出其家庭历史、成员的想法和感受，以及他们对于家庭成员观点的看法。"你的父亲怎么看待你这个问题？他是如何解释的？"这种技术凸显了分析治疗师对假设和投射，特别是对其童年记忆和与父母关系的兴趣。下面介绍了一位咨询师如何从现在转化到过去的案例。

案例研究

A 先生和夫人对彼此都非常失望，他们抱怨对方"当我生病时不照顾我，不愿意听我的抱怨"。他们都认为对方不会安抚人，而坚定地认为自己是支持和理解对方的。A 夫人的抱怨非常典型：昨天就是一场噩梦，孩子发烧，很难照顾，我也感冒了。所有的事情处理起来都那么棘手，我需要拿出加倍的努力才能应付。终于盼到 A 先生回家，可他似乎并不关心我的感受。他只听了一会儿，就开始谈他办公室发生的那些无聊的事情。A 先生也是这么说，只是调换了角色而已。

这时治疗师开始干预，要求夫妻双方描述他们同母亲的关系。他们讲了两个不同但是很有启发作用的故事。

A 先生的母亲沉默寡言，认为自立、个人牺牲和不懈的努力是极其重要的美德。虽然她爱她的孩子，但她并不纵容，而是抑制对她的宠爱和情感，以免把孩子宠坏了。然而，A 先生却渴望母亲的注意，并不断寻求母亲的注意，却经常遭到母亲的拒绝。曾经痛苦的记忆是，有一次他在学校里受欺负，哭着回家，他母亲并没有安慰他，而是责怪他"像一个小孩"。多年以来，通过发展自我独立和力量，他才学会了保护自己不受这些拒绝的伤害。

对于他生命中第二位重要的女性，他的妻子，A 先生维持了他僵化的防御性。他从不谈他的问题，但因为他会不断地寻求理解，所以会埋怨妻子不鼓励他吐露心声。他寻求支持的挫败充当着一种自证预言，确认了他的预期：她根本不关心我。

A 夫人的背景是完全不同的。她的父母很纵容她，而且情感表达是外露型。他们宠爱唯一的孩子，通过不断表达对她幸福的焦虑和关系来传达他们的爱。当她还是一个小女孩时，轻微的擦伤也能获得父母的关注。她结婚后也还是习惯于谈她自己的问题，开始 A 先生被她吸引，认为她是真正关心感受的人。但是当他发现自己的妻子并不关心他的事情时，他开始怨恨并日渐没有多少共同感受。这让 A 夫人觉得"他并不关心我"。

在揭示了当前家庭冲突的根源后,治疗师开始诠释家庭成员是如何重演过去,又是如何常常歪曲童年的印象。这样诠释的根据来自对治疗师或其他家庭成员的移情反应,也来自童年的记忆。精神分析治疗师很少让来访者回忆过去,而是关注那些不断出现的过去对现在的影响。

唐·凯瑟罗尔(Don Catherall, 1992)介绍了一种应用在家庭治疗中很有效的诠释投射认同的过程。投射认同并不神秘,它不是指演员将主体体验传递给观众,就像口技表演或木偶戏。事实上,感受是可以表达的,通常由意识不到的微小刺激所激发。如果你身边有这样一群冷嘲热讽的人,当你做出很大进步时,他们会为之惊叹,那么你就可能体验到何谓投射认同了。

在夫妻治疗中,投射认同的第一步是打断争吵循环,因为争吵可能会掩盖对方真实的感受。夫妻处于持续的冲突和误解模式中,其实都是在共同避免脆弱感,一旦打破了这种争吵,治疗师就可以探索个体的真实感受。凯瑟罗尔建议,首先关注投射客体的感受,一旦澄清了被投射者的感受,他/她就可以同另一半谈论这些感受,为了避免引发防御,治疗师应当指导被投射者描述之前否认的感受,只描述感受本身,而不要描述投射者激起这些感受的行为。同时,告诉投射者只是倾听,不要做任何评论。被投射者结束谈论后,投射者开始给予自己的反馈,这可以鼓励投射者思考对方的观点,从而能够比较容易地认同这些感受。

治疗师需要鼓励投射者共情被投射者,在这一点上,希望夫妻双方能够停止相互的谴责,尝试理解彼此的感受。这种感受的分享可以拉近夫妻之间的关系——彼此理解。

案例研究

Z先生和太太为了维持婚姻提供给他们的脆弱的安全感,忍受了10年无爱婚姻。Z太太完全出乎意料和异常的婚外情迫使这对夫妻认识到他们关系中的问题,于是他们咨询了家庭治疗师。

虽然他们不再否认冲突的存在,但双方对于他们直面的问题都存在很多阻抗。在第一次会谈中,双方都认为婚姻生活曾经是"得过且过",Z太太有一点"中年危机",她是需要接受治疗的。但这种个体治疗的要求被视为一种回避痛苦的婚姻检查的阻抗。于是治疗师说:"Z先生,看起来,你宁愿责怪你的妻子,也不愿意考虑可能是你们俩一起造成了今天的困境。而你,Z太太,虽然看起来能够接受所有的愧疚,其实是在逃避丈夫对你的不满。"

双方接受了治疗师的解释并同意放弃阻抗。审视他们的关系，好像逃生舱被关上了大门。接下来的几次谈话中，双方开始责骂攻击对方，但他们只谈论她的外遇，而不是关系中的问题。这些争论没有效果，因为当Z先生焦虑时，就会攻击妻子，每次Z太太感到愤怒，就会变得内疚和抑郁。

感觉到他们争论没有什么实质性效果时，治疗师说："很清楚你们给对方造成许多不愉快，你们都不好受。但除非你们心平气和地谈论你们婚姻中的具体问题，否则，你们的婚姻关系得到改善的可能性会非常小。"

于是，问题开始聚焦，Z夫人羞涩地迈出一步，说她从未享受过与丈夫发生性关系，希望丈夫有更多的爱抚，Z先生反驳说："性生活是不美满，但这是让你抛弃10年婚姻出去鬼混的理由吗？"这时Z夫人把头埋在手里，抑制不住地哭泣。她恢复镇定后，治疗师开始干预，再次对质他们的阻抗："看起来，Z先生沮丧时就会攻击。是什么让你在谈论性时如此焦虑呢？"接下来，直到治疗临近结束时，夫妻双方才能谈论他们婚姻中的性感受。这时，Z先生又来抨击妻子，称她是婊子和荡妇。

在后来的会谈中，Z夫人开始讲她的抑郁和沮丧，并哭了一整个星期，"我感到如此愧疚。"她抽泣着说。"你应该感到愧疚！"Z先生说。治疗师再次干预："你把妻子的外遇当牌打，你还害怕谈论婚姻中的问题吗？而你，Z夫人，用抑郁掩盖了你的愤怒。你因为什么而愤怒？这段婚姻关系中缺少了什么？你想要什么？"

这种模式持续了几次治疗。这对夫妻10年来一直避免谈论，甚至避免想到他们的问题，并在治疗中采用各种各样的阻抗避开这些问题。治疗师坚持指出他们的阻抗，要求他们谈论具体抱怨的问题。

精神分析家庭治疗师努力增长洞察力和理解力，他们也要求家庭考虑他们如何处理他们谈论的问题，这也是治疗过程中的一部分，相比于个体治疗，这在家庭治疗中更明显。

纳吉认为家庭成员不仅了解他们的动机，也必须为他们的行为负责。在情景治疗中，纳吉指出，治疗师必须帮助人们面对忠诚中包含的沉闷的期望，然后帮助他们找到更积极的途径付出其忠诚。发展一种公正感的平衡。

五、评估治疗理论和成果

精神分析治疗师一般反对用实证的标准去评估他们的工作。因为症状的减轻不是目的，它并不能用来衡量治疗成功与否。无意识冲突的存在与否对于外部观察者来讲是不明显的，因此分析治疗的成功与否依赖于主观的判断，精神分析的临床医生认为，治疗师的观察是一种评估理论和验证治疗的有效方法。布兰克斯的观点可以说明这一点。在谈到玛格丽特时，他们写道：采纳她理论的临床医生，从技术上来讲，既不质疑方法，也不质疑结果，因为他们可以在临床上验证，这种验证的形式就好像实验主义者坚持"可重复性"是科学方法的标准一样。

罗伯特·朗斯的作品中也表达过这个观点。关于"对治疗师假设的最终检验"，朗斯说道："依赖于将治疗师的印象用作干预的基础"，是什么决定了这些干预的真实性和可靠性呢？朗斯没有丝毫犹豫地回答："来访者有意识和无意识的反应构成了最终的检验。""真正的检验包括来访者在认知和人际关系两方面的反应"。

治疗的最终检验是来访者的反应吗？答案为是或否。首先，来访者的反应是可以解释的，特别是可以从来访者表现出来的反应中，也可以从无意识编码的衍生物中进行验证。此外，这种观点不适用于来访者在治疗室外发生改变。治疗师会偶尔报告精神分析的治疗结果，但大多是没有经过控制的案例研究。例如，迪克斯在维斯托克诊所对精神分析夫妻治疗结果的调查，在随机抽样的个案中，治疗成功的概率达72.8%。

近期，精神分析家庭治疗的拥护者们发表了很多案例研究，旨在说明各种情绪和行为问题的治疗模式，包括童年期的创伤、青春期抑郁、精神分裂症、边缘型人格障碍，以及父母－婴儿关系。这些案例研究基于精神分析理论为治疗师提供清晰明确的概念，并勾勒出治疗过程和最终的结果。

第六节　认知－行为家庭治疗

早在20世纪60年代，行为治疗兴起并逐渐成为具有重要影响的治疗流派。行为治疗师们在治疗实践中逐渐意识到认知因素在人际互动事件和行为之间的重要作用并加以考量，进而促进了认知治疗的发展。后来，在行为主义和认知理论的基础上，产生了认知行为治疗。在家庭治疗的发展历史中，认知行为治疗进入家庭领域的时间比较晚，但对家庭治疗的发展也产生过冲击。认知行为家庭治疗在很多情形下是先有理论后有治疗方法。治疗师根据有关的认知行为理论，设计出相应的治疗程序和治疗技术，然后用于实践。

一、理论建构

认知-行为家庭治疗经历了逐渐变化的历程。首先从行为家庭治疗过渡到认知与行为家庭治疗初步结合的折衷主义家庭治疗，再发展到后来的认知-行为家庭治疗。在这一变化过程中，理论更为完善，治疗方式也更为有效。

（一）行为主义治疗理论

心理学家们充分利用行为主义的经典条件反射以及操作性条件反射，将行为主义引入到家庭治疗中，形成了相应的治疗技术。

1. 经典条件反射

行为家庭疗法是直接从巴甫洛夫的研究延续下来的。巴甫洛夫是俄罗斯的一名生物学家，提出了经典条件反射。在经典条件反射中，无条件刺激物（例如，食物），会引起无条件反射（例如，唾液的分泌）。当无条件刺激物与条件刺激物（例如，铃声）配对出现时，会导致条件刺激物具有无条件激刺物的作用，从而引起相同的反应。

华生利用经典条件反射进行了实验，使"小奥尔伯特"产生了恐惧症。在华生看来，心理从本质上看指个体的行为。思维、意识以及心理只是行为的组成因素而已。华生认为条件反射是个体形成习惯的基本单位，而外部刺激是习得行为的决定条件。华生认为外部刺激具有可控性，因此，无论多么复杂的行为，都可以通过操作外部刺激而形成。于是，华生提出了刺激-反应的专业术语。

基于华生的经典条件作用，沃尔普在1985年提出了系统脱敏的技术。该技术在治疗恐惧症和性的联合治疗方面都很有效。系统脱敏通过将与焦虑不相容的反应和先前由焦虑激发的刺激进行配对，从而形成相互抑制来解除焦虑。例如，如果某位女来访者害怕蜘蛛，沃尔普会教她放松深层肌肉，然后让她进行逐渐接近一只蜘蛛的想象。每当焦虑时，都会教她放松。这样她对蜘蛛的焦虑就会得到系统的消除。在性的联合治疗中，使用系统脱敏技术为伴侣提供逐级放松或感觉意向放松。

2. 操作性条件反射

对行为家庭疗法影响最大的是斯金纳（Skinner）的操作性条件反射。斯金纳将有机体的行为分为应答性行为和操作性行为。应答性行为是一种不随意的行为，通常由特定的、可观察的刺激而引发，从而使得有机体被动地做出反应。操作性行为是随意的或有目的的行为，通常在没有任何可观察的外部刺激的情境下而引发，从而使得有机体积极主动地应对。此外，斯金纳认为，行为反应发生之后所伴随的强化物，会增加或减少在类似环境再次发生这一行为反应的概率。也就是说，操作反应出现的频率是由它所引起的结果所决定的。受到积极强化的反应重复出现的频率将会增加，而那些受到惩罚或忽视的则会消失。例如，对于因父母拒绝他的要求而乱发脾气的孩子，父母开始时未做出让步，孩子就会乱发脾气。倘若父母看到孩子乱发脾气后仍然不让步，孩子认识到发脾气并不能让父母让步，慢慢地就会减少发脾气的次数。倘若孩子持续发脾气后，父母做出了让步，孩子就会发现发脾气可以让父母妥协。即使父母偶然几次做出让步，孩子就会继续乱发脾气。因为这种间断出现的强化，会让孩子形成一种想法："虽然他们现在不妥协，但只要我吵个不停，他们最终会让步。即使这次不会，下次也会。"

操作性条件反射对儿童尤其有效，因为父母对强化和惩罚有相当的控制权。俄勒冈社会学习中心的杰拉尔德·帕特森（Gerald Patterson）倡导对家长进行行为训练。这一行为训练的假设是：若父母能改变行为之后的强化作用，他们孩子的行为就会改变。因此，为了避免不良行为的形成，可以教会父母忽视不适当的行为，并奖励良好的行为。另外，帕特森发现有些问题行为（如儿童的攻击行为）仅靠忽视的方式并不能消除。因此，他率先引入了一些惩罚技术。

3. 行为家庭治疗的发展

在行为主义理论的影响下，形成了行为家庭治疗理论。在 20 世纪 70 年代，行为家庭治疗包括父母训练、行为夫妻治疗和性治疗三个分支。

俄勒冈社会学习中心的杰拉尔德·帕特森（Gerald Patterson）基于操作性条件反射，倡导对家长进行行为训练。帕特森及其同事使用社会学习理论的原则发展出可操作的程序手册来指导父母，并为去除令人讨厌的行为和代之以受欢迎的行为设计出精细的策略。这一领域的其他杰出人物还有安东尼·格拉齐亚诺（Anthony Graziano）、雷克斯·福汉德（Rex Forehand）、丹尼尔（Daniel）、苏珊·奥利里（Susan O'Leary）和罗杰·麦考利（Roger McAuley）。罗伯特·利伯曼（Robert Libeiman）在 1970 年的论文《行为方法对家庭和夫妻治疗的作用》中，简述了如何把操作性学习用于治疗抑郁患者、难以治愈的头痛患者、社会不适的患者以及婚姻不和的成年患者。除了使用相互强化的管理外，利伯曼（Libeiman）还把角色扮演和模仿学习引进家庭治疗中。利伯曼（1970）和斯图尔特（Stuart，1969）则利用操作条件的作用，提出了夫妻行为疗法。在该方法中，夫妻双方可以了解彼此对对方的期望是什么，从而有助于提高奖赏反应出现的概率。理查德·斯图尔特（Richard Stuart）提出了行为契约。他并不关注家庭成员不受欢迎的行为是如何被塑造的，而是关注如何使用相互强化的原理最大限度地塑造积极的行为。

从总体上看，早期的行为主义倾向的家庭治疗具有较为严密的治疗过程。治疗者们认为所有的行为都是通过物质性或者社会性的强化而形成。因此，适当地使用物质性或者社会性的强化物，可以增加家庭成员间的积极行为而减少消极行为，进而可以达到改变或者校正家庭成员不良行为的目的。为此，治疗者们设计了严密评估来访者问题行为的方法，准确地矫正或者改变来访者问题行为的方法，以及评估治疗结果的可用方法。然而，该治疗方法也存在很多的不足。首先，该治疗方法的观点是线性思维的方式，常聚焦于个体因素而非家庭因素。其次，该治疗方法只对当前发生的问题感兴趣，忽略了行为背后的潜在原因或动机。最后，因为注重家庭中的问题评估，而忽略了家庭动力的全景，会制约整个治疗的速度与效果。具体表现为：治疗师们仅限于观察可以观察到的行为，而忽略来访者的内心或人际间相互关系的认识。

（二）认知治疗理论

认知治疗理论主要基于认知过程会影响情绪以及行为表现的理论假设而提出。该理论是采用认知和行为技术进而改变来访者不良认知的一类心理疗法的总称。起初认知疗法是行为疗法的一个补充元素，后来成为一个更综合的干预系统。该疗法主要受到阿尔伯特·艾利斯（Albert Ellis，1962）和艾伦·贝克（Aaron Beck，1976）以及班杜拉社会学习理论的启发。

1. 理性情绪疗法

理性情绪疗法（RET），简称为 ABC 理论，是由美国心理学家艾利斯创建的。其主要观点认为，诱发事件本身并不会引起个体的情绪，而经历这一事件的个体对事件的解释和评价才会引起个体的情绪。在 ABC 理论中，A 指的是诱发性事件；B 指的是个体遭遇诱发事件后产生的信念，即个体对诱发事件的看法、解释和评价；C 是诱发事件后，个体的情绪和行为反应的结果。RET 心理治疗的核心是，改变不合理的想法，并以合理的观念替代。常包括三个方法学步骤：第一，对不合理的信念进行质疑；第二，驳斥和辩论；第三，产生治疗效果。

理性情绪治疗师帮助家庭成员看到他们的情绪困扰源和不合理的信念。根据 ABC 理论，家庭成员将家庭中的某些问题归咎于他们的某些信念，并被教导寻找非理性信念，然后被挑战。治疗师的作用是指出家庭情感问题是由不切实际的信念造成的，通过修改这些自我挫败的想法，他们可以提高家庭生活的质量（Ellis，1978）。

2. 认知疗法

贝克是美国精神病学界的一名著名教授，于1976年提出了认知调解模型。该模型认为情绪和行为受到特定的认知的调节，了解这些认知（信念、归因和期望）有时能识别触发功能失调的情绪和行为模式的因素。贝克认为生命早期的不幸经历会使得来访者习得消极的图式。图式是指组织思维和感知的认知结构，对情感和行为具有全面的影响。当新的情境与已经习得消极图式的情境相似时，会重新激发消极图式，随之认知曲解也会发生，从而导致对现实的错误的认知。

与图式相近且易混淆的另一个概念是自动化思维。自动化思维指自发的认知，常迅速产生，大多数是有意识的和易于达到的，常与图式有重叠。有意识的自动思维为揭示一个人潜在的信念或图式提供了一种途径，但并非所有的自动思维都是图式的表达。图式、自动化思维与认知重建密不可分。认知重建指治疗者帮助来访者探察功能失调的一些解释，矫正他们的自动想法和假设，进而改变不合理的图式。因此，认知疗法的治疗者主要是通过认知重构的方法，改变来访者消极的和错误的图式，建立新的图式，纠正来访者不合理的解释以及矫正自动想法和假设，进而达到改变行为的目的。

3. 社会学习理论

阿尔伯特·班杜拉（Albert Bandura）早期的一些观点是行为主义的，但他同时也是一位认知取向的心理学家。他认为人类能够观察和评价其行为对他人的影响，并能相应地调整或矫正他们的行为。他认为个体、行为和环境之间存在双向的相互影响的作用，因而提出了交互决定论。

总之，认知治疗特别注重歪曲的、不合理的、消极的信念和想法等不良认知在行为塑造中的作用。该疗法认为这些不良认知是造成自我挫败的行为的根本原因，而改变这些不良认知是改善情绪和行为问题的主要路径。一般认为，婚姻治疗中有关亲密夫妻关系的认知观点最早是由艾利斯和贝克提出。但是，与当时盛极一时的系统理论相比，家庭治疗师们认为认知治疗的观点过于简单。直到 20 世纪 80 年代后期，认知行为治疗师在婚姻伴侣对彼此行为的看法、想法和期待所起的作用上做了大量更能为系统理论所接受的改变和调整后，认知干预治疗在婚姻和家庭治疗领域中为自己赢得了一席之地。

（三）认知 - 行为治疗的出现

起初，治疗者们将行为主义的治疗方法与认知治疗的方法进行简单的结合，形成了行为主义和认知治疗的折衷。治疗师们通过改变个人意向、心理活动及思维模式的方式去改变和矫正个体的不良行为，并维持其良好行为。而随着上述方法的运用，出现了认知 - 行为取向的治疗。该方法在延续科学的行为主义方法的同时，也会利用个体认知的影响。即他们认为行为和控制行为的社会环境之间持续交互作用导致了不良行为的出现，改变环境可能会改变不良行为。同时，个体的自我调节和自我指导在行为改变上也同样具有重要作用。因此，出现了强调认知和行为同等重要的认知 - 行为疗法。该方法认为情绪、认知和行为三者之间相互影响，并认为认知推理能够激发情绪和行为，情绪和行为可以影响认知。

在 20 世纪 80 年代末到 90 年代初，认知 - 行为方法在家庭治疗中得到更广泛的应用。由爱泼斯坦（Epstein）、施莱辛格（Schlesinger）和德莱登（Dryden）1988 年编著的书，以及休伯（Huber）和巴鲁特（Bamth）1989 年的教科书是论述家庭治疗中认知行为方法的第一批著作。后来施韦贝尔（Schwebd）和费恩（Fine, 1992）、达特里奥（Dattilio, 1994, 1997）和泰克曼（Teichman, 1992）的文章对此又进行了进一步的阐述。达特里奥（1998）写了一本重要的案例集，讲述了认知行为策略与夫妻和家庭治疗的各种模式的整合，而且他还写了认知行为方法的综合性教材（Dattilio, 2010）。认知 - 行为家庭治疗的领军人物包括北卡罗来纳大学的唐纳德·鲍科姆（Donald Baucom）、马里兰大学的诺曼·爱泼斯坦（Norman Epstein），以及哈佛医学院和宾夕法尼亚大学的弗兰克·达特里奥（Frank Dattilio）。

二、治疗目标

认知 - 行为理论正处在行为治疗与认知治疗逐渐整合的过程中，但是它在家庭治疗中仍存在行为观点和认知行为观点两种倾向。行为观点认为改变行为是重中之重；认知行为观点则认为仅改变行为是不够的，重要的是要改变认知。

从行为的观点看，家庭治疗关注可观察的行为，通过控制外部强化的偶联，以便增加或减少目标行为。在治疗过程中，行为主义治疗师会仔细、持续地评估所要改变的特定的外显行为，然后通过教授沟通、训练的技能，教会家庭成员监控的方法，改变个体不良行为。最后，对治疗干预的效果采用严格的评价标准进行评价。

而从认知－行为的观点看，仅改变个体的行为还不能解决问题，连同认知一起进行改变才能彻底解决问题。同时，该方法认为家庭是一个系统，不仅家庭成员自身的认知、情绪和行为会相互影响，家庭成员之间的认知、情绪和行为也会相互影响，进而形成了一种环形反馈的过程。因此，通过改变家庭成员之间的相互交往才可以达到干预家庭的目的。另外，除了应用学习理论来缓解特定行为问题外，认知行为治疗师还教授沟通、问题解决和协商技能。此外，这些治疗师不仅帮助来访者利用认知策略解决当前的问题，还会解决未来可能出现的问题。

综上可知，认知－行为家庭治疗的治疗目标可以概括为：矫正个体行为，增进家庭成员间积极的相互作用；改变反对或阻碍这种相互作用的条件，维持个体良性的、已改进的行为；通过增加或减少目标行为，教授家庭成员沟通和解决问题的技能，使家庭功能恢复正常。

三、行为改变的条件

第一，家庭是一个系统，系统中各成分之间存在互动反馈。因此，在治疗开始时，治疗师不仅要认真观察、评估来访者的异常行为，还要了解家庭环境和家庭重要成员的行为方式。通过改变家庭成员相互间的不良作用规则，从而消除个体的行为症状。

第二，偶然的强化是促发行为改变的基本前提，因此观察问题行为的频率以及问题之间的刺激条件和伴随其后的强化是行为治疗的首要任务。另外，除了注意紧随特定行为的强化反应外，还应注意远端的强化以及行为发生的情境。因为像同伴强化这样的远端强化行为很难在家庭中得到修正或改变。因此，为促进行为的积极转变，治疗师在整个治疗环境中应该创设学习特定技能的情境，并选择适合家庭成员的方法。

第三，认知评价在家庭成员的反应中起着重要的作用，将扭曲的信念重构被认为在改变功能失调的行为中发挥了关键作用。因此，发现和重新评估家庭成员的图式或核心信念被认为是帮助他们改变围绕问题行为的情绪和互动的关键。

四、治疗方法和技巧

认知-行为疗法更深入地关注家庭交往模式，平衡了对认知或行为的单方面的强调，这种疗法处在认知和行为逐渐整合的过程中。治疗方法和技巧包括夫妻行为治疗、父母行为训练、功能性家庭治疗、性的联合治疗以及认知行为家庭治疗。

（一）夫妻行为治疗

20世纪60年代末，美国精神科医师利伯曼（Liberman）和社会工作者斯达特（Stuart）开始将行为治疗用于解决婚姻问题和夫妻冲突，开创了行为取向的婚姻治疗，也被称为夫妻行为治疗。他们认为在婚姻关系中，双方的行为都被环境事件所塑造、强化、减弱或修正，夫妻任何一方过去生活的问题或目前环境中的事件都可能削弱夫妻关系。

另外，夫妻行为治疗师认为，婚姻中的一方容易出现的负性自动行为、缺乏证据的任意推断以及配偶之间的不合理期待，都对夫妻双方的关系起到关键的破坏作用。识别和暴露每个伴侣潜在的关于自己、伴侣以及婚姻关系的图示，可以促进夫妻对正在经历的危机负责，而改变夫妻在婚姻的信念结构，可保证拥有更幸福、更长久的关系。但值得注意的是，此疗法的治疗师将策略技术和人本主义的、体验的技术加入更传统的行为方法中，以竭力增进亲密度和理解，以取代生气和责备。因此，夫妻行为治疗旨在重建伴侣间的交流方式，改变夫妻间的行为规则，以便增加夫妻间的积极行为以及相互满意度。

1. 评估

治疗师会使用临床面谈、评定具体目标行为的比率以及婚姻评价问卷等方法进行评估，以便揭示夫妻关系的优势和弱点，以及奖励和惩罚的互换方式。面谈和问卷用于确定和明晰目标行为，问卷内容作为参考，而更多的是观察夫妻互动。使用最广泛的是洛克-华莱士婚姻调试量表（Locke & Wallace, 1959），该量表包括23个项目，涵盖了沟通、性、感情、社交活动和价值观等各个方面。

雅各布森（Jacobson, 1981）提供了一个治疗前评估的纲要。该纲要包括六个方面：第一，关系的优势和技能。关系的主要优势是什么？配偶的哪些行为受到对方的高度重视？夫妻常共同参与的活动有哪些？第二，当前的问题。主要抱怨的问题是什么，这些抱怨如何转化为明确的行为术语？维持这些行为的强化物是什么？哪些行为的发生频率比期待的要低，或者从配偶的角度来看哪些行为在应该出现的时间没有发生？这些行为的即时后果是什么？第三，性与感情。配偶现在对性生活的频率、质量或多样性是否满意？如果现在性生活存在问题的话，有没有一次双方都满意的性体验？哪些性行为看起来和当前的不满意有关系？是否有一方或双方对非性意味的身体爱抚的数量或质量不满意？第四，未来前景。伴侣前来寻求治疗，是想改善他们的关系，还是为了分开，还是为了决定这种关系是否值得继续？尽管目前存在问题，夫妻双方继续这段关系的原因是什么？第五，社会环境评估。对夫妻双方来说，现在的关系中的可替代性选择有哪些？这些备选者对双方的吸引力有多大？父母、亲戚、朋友、工作伙伴、孩子等是否支持继续或解散目前的关系？第六，每个配偶的个人功能。个体是否表现出情绪或行为问题？他们之前接受过治疗吗？是单独还是一起接受治疗的？是什么样的治疗？结果如何？每个配偶过去的亲密关系经验是怎样的？现在的关系有何不同？

2. 治疗技术

（1）处理婚姻困扰的策略

在完成评估后，行为治疗师向夫妻呈现他们之间的关系分析。在这个过程中，治疗师尽力强调夫妻关系中的积极事件，并呈现夫妻双方在维持良好的期望中所做出的努力和配合，从而处理好问题婚姻中的困扰。如理查德·斯图亚特（Richard Stuart，1975）列出了在问题婚姻中如何总结行为的五种策略：第一，教给夫妻如何清楚地表达自己。要对行为进行描述，而非模糊地指责抱怨。第二，教给夫妻新的行为交换程序。强调积极的方面，而不是令人讨厌的控制。第三，帮助夫妻改善他们的沟通方式。第四，鼓励建立清晰、有效的方法，共同努力解决问题；第五，教给夫妻双方解决未来问题的策略，维持和延长治疗的效果。

（2）行为交换程序

行为交换程序建议夫妻采用具体的行为来表达自己的不满和愿望，以便帮助夫妻增加期望行为的频率。常用的做法是要求双方列出希望对方经常做的几件事情。通过这种方法除了可以明确地交换"关怀"外，夫妻双方也会内隐地学习到一种通过积极强化来影响彼此的方法。另一种可用的方法是让双方想出对方所希望的事情，并把它们做出来，然后看会出现什么结果。例如，Weiss和Birehler（1978）建议夫妻去过"甜蜜日"。在这一天伴侣一方做出许多令对方愉快的行为。而斯图亚特（Stuart，1976）建议夫妻在生活中轮流过"关爱日"。在关爱日当天，伴侣一方要尽可能地去关心照顾另一方。

（3）沟通技能训练

沟通技能训练可以以团体形式或夫妻形式来进行。训练包括指导、模仿、角色扮演、结构性练习、行为复现和反馈等几个步骤。主要是教夫妻用具体明确的、积极的言辞进行表达；反应要直接针对评价，而不是互相埋怨；谈论现在和未来，而不是过去；要小心聆听而不打断对方的话；尽量减少使用惩罚性语气并消除听起来像妄下断言的问题。

一旦夫妻学会了采用有利于解决问题的方式沟通，就给他们介绍行为契约的原则，即同意根据伴侣的变化做出改变。行为契约包括交换契约和诚信契约两种形式。在交换契约中，伴侣同意在另一方做出改变之后做出改变（Knox，1971）。每个人都需明确想要对方做出的行为改变，在治疗师的帮助下进行协商。在会谈结束时，制定一份书面清单，双方都要签字。在诚信契约中，双方同意做出改变，但不是以对方所做的事情为条件（Weiss, Hops, & Patterson，1973）。双方各自的改变被独立地强化。例如，若一位丈夫每天下午 6 点前回到家，并在晚饭后和孩子一起玩，妻子可以在周末时给丈夫买一件衬衫或者给丈夫做背部按摩，以示奖励。

（4）问题解决训练

问题解决训练是通过简单的交换协议来处理矛盾太大或过于复杂的问题。协商之前要仔细定义问题，且一次只讨论一个问题。每个人都以复述他人的话语开始自己的讨论，以便弄清对方所说的含义。要尽量避免对对方动机的推论，尤其是进行恶意的推论。同时要求他们避免做出负性反应。在定义问题时，最好以积极的陈述开始，而不是消极的陈述。例如，可以将："你从不……"，改为："我很欣赏你……，另外我希望……"。

（二）父母行为训练

在 20 世纪 70 年代中期，帕特森（Patterson）等人根据社会学习理论发展出一系列的治疗计划，教导和训练父母如何减少和控制孩子的问题行为，以解决父母和孩子之间的关系。他们认为，孩子的问题不是个体的问题而是整个家庭的问题，而父母对生长环境具有最大的控制力量，因而他们拥有促发行为改变的最大潜能。若父母的行为和反应发生变化，孩子的行为和反应也会随之发生变化，继而孩子的不良行为也会得到改变。在实施父母行为训练的早期，他们的重点完全放在父母的训练上。但在实践中他们发现，在教导父母改变其教养行为时，家长们很抗拒。因此，在后来的治疗中，他们既重视教导父母，也注意解决父母的抗拒。

总之，父母行为训练主要是训练父母。父母运用学习到的技能处理亲子间的更多问题，从而使得亲子间形成积极合作式的互动。具体来说，在父母行为训练中，治疗师需要教会父母在什么时候、什么样的情形下使用什么样的技术。例如，为降低孩子某一不良行为发生的频率，父母需要对孩子的良好行为进行强化。

1. 评估与治疗

在评估阶段，行为治疗者依靠会谈、问卷、行为清单和对亲子互动的自然观察来确定特定问题行为的频率以及之前的事件和跟随的事件。会谈，通常是与母亲会谈，旨在提供对问题的界定和潜在的强化物的列表。观察，可以在单向镜后面或在家访期间进行。通常来说，在父母行为培训的过程中父母们需要学会精确定位问题行为，记录其发生的过程，注意可能作为问题行为的刺激和强化的各种行为。

在治疗阶段，治疗师根据评估的结果确定应该增加或者减少的行为，并采用行为的技术促进期望行为的发生。为了促进行为发生，治疗师可以采用普雷马克原理，即选择高概率行为（受欢迎的活动）以强化低概率的行为。一旦选择了有效的奖励后，父母需要学会通过强化对目标的逐步接近来塑造所期望的行为。当孩子做出符合预期的行为之后，立即给予强化。一旦孩子规律地表现出所期望的反应，就要实现间歇性强化，以便增加新行为的持久性。

2. 治疗技术

父母行为训练的方法主要是操作性条件作用的运用。使用的强化物可以是有形的，也可以是无形的社会性强化物。事实上，人们已经发现赞美和关注与金钱或糖果有同样的效果。操作技术可以具体划分为以下几种：

（1）行为塑造

是通过强化的方式，矫正人的不适应行为，使之逐渐接近某种适应性行为模式。也就是说，行为塑造法是培育和养成新反应或行为形式的一项行为治疗技术。该技术主要依据斯金纳的操作条件反射进行设计。在行为塑造过程中，多采用正强化的手段，一旦所需的行为出现，就立即给予强化，达到一种新行为习惯时便可停止。在行为塑造的过程中，强化物的选择是决定新行为是否能产生的关键环节。因此，应该针对不同的个体选择有形的强化物或者无形的强化物。

（2）代币制

由于即时强化的不方便性，有时会采用积分或者代币的方式奖励儿童的良好行为。若期望的行为出现，则可以获得积分；若不良行为出现，则会损失积分。但值得注意的是，父母使用代币制的方法促使孩子形成良好行为之后，要逐渐减少代币系统的作用，直至消除它，这样可促进良好行为向自然环境中迁移。

（3）行为契约

也被称为偶联契约。它是一种通过强化和惩罚相偶联的方式帮助个体管理行为的方法。一个行为契约一般包括五个基本成分：第一，确定靶行为。靶行为包括非期待行为的减少，或期待行为的增加，或两者都有。第二，确定采用何种方法测量靶行为。第三，确定何时必须执行该行为。第四，确定如何偶联强化和惩罚。即正性或负性的强化以及正性或负性的惩罚如何与契约中规定的靶行为结合。第五，确定谁实施偶联。主要是确定当靶行为出现或者不出现时，谁来实施行为契约中所规定的强化或惩罚。

行为契约包括单方契约和双方契约。单方契约是来访者单方面想要改变某种靶行为。通常是来访者与实施偶联的契约管理者一起安排强化或惩罚的偶联。单方契约的方式主要在个体想要增加某种期待的行为时应用。例如，训练、学习或者好的习惯等。双方契约是由双方签写的，每一方都想改变对方的一种靶行为。因此，共同确定要改变的靶行为和将要实施的偶联。签订双方契约的人相互之间是有关系的，如配偶、同胞、朋友等。通常是一方对另一方的某些行为感到不愉快，通过契约确定改变这些行为，进而使得双方都感到愉快。

目前，行为契约已经用于儿童以及成人的靶行为中。例如，有些研究者用行为契约来帮助成人减肥，以及保持体重；有些人使用契约改善儿童、青少年以及大学生的学习；还有些人使用契约进行夫妻治疗。行为契约是被引入家庭作为家庭成员通过妥协获得一些东西的方式，其中体现了父母和青少年被要求指定他们希望对方改变什么样的行为。为了更好地达成契约，常从以下三个方面鼓励家庭成员：第一，清楚地传达愿望和感受。第二，清楚地说明要求。第三，协商，每个人接受某些东西以换取特权。

（4）计时隔离

惩罚技术通常在强化积极行为取得进展之后使用。计时隔离是惩罚技术的一种,在青春期前的儿童中被广泛应用。计时隔离一般是指把孩子移动到无聊的地方待 5 min。一般要求较小的孩子坐在角落里或被送回自己房间,而较大的孩子被送到研究院并要求参加讲座。当孩子拒绝计时隔离时,父母要增加额外的计时隔离的时间,最多可达 10 min。如果孩子继续拒绝,那么就取消一个特权。当父母观点一致时,孩子很快就会学会接受计时隔离,而不是失去某一个使用特权的机会(如看电视或使用电脑)。

另外,研究者认为简单地对孩子重复命令是改变他们行为的最无效的方式。除了上述介绍的方法外,还可以通过口头谴责和忽略的方式减少行为。也可采用家务杂活的方式奖励儿童的行为。具体的奖励包括食物、与父母的特殊时间、家庭资源(如电视时间)、特权和玩具。但要定期更改奖励,以保持其趣味性。

(三)功能性家庭治疗

用教导和训练的方法无法避免对家长行为的检讨,从而引起父母的抗拒,导致治疗的困难。巴顿(Barton)和亚历山大(Alexander)通过整合学习理论、系统理论和认知理论,开创了功能性家庭治疗。他们认为不快乐家庭的成员倾向于将他们的问题归因于其他人的懒惰、不负责任、控制力差等负性特质。但要改变一个人的"懒惰""不负责任"或"控制力差"非常困难,会使得家庭成员对他们的生活有一种有限的控制感。因此,巴顿和亚历山大的治疗方法立足于创造非责难的治疗关系,对所有家庭成员行为的原因,进行正向解释。他们将家庭成员的所有行为都视为适应行为,都具有某种功能。例如,孩子发脾气是为了引起父母的注意,而孩子通过被父母赶出家门的方式而获得独立。这些适应性的行为会导致家庭成员之间的关系出现融合(接触或接近)、分离(疏远)或中立(前两者的组合)。

基于以上的分析可知,功能性家庭治疗主要使个体和家庭的认知和外显行为得到改变,帮助来访者认识到外显行为在家庭成员之间的关系调节中的作用。而功能家庭治疗师主要致力于关注行为存在的原因以及家庭成员维持这种行为的原因。

功能性家庭治疗具有独特的评估和治疗过程,且在整个治疗中会选择适合家庭成员的方法并创造学习特定技能的情境,从而促进积极改变。首先,家庭治疗师需要确定家庭成员之间的关系。治疗师会让来访者及其家庭成员看清他们的行为序列。通过调节家庭成员之间的关系,使家庭成员认清问题,通过非指责的关系和新的视角，为成员的行为提供解释。其次，家庭治疗师通过矫正态度、认知、期待和情感反应等方式改变家庭系统。治疗师从一种指责个人的观点转化到使大家都认识到并且愿意共同承担家庭行为序列的责任的观点。同时，治疗师会使用"重贴标签"的方法，终止来访者以及家庭成员的负性想法、情感和行为。

（四）性的联合治疗

有人认为，性生活不协调性问题可能是导致夫妻关系不和的重要原因，也可能是夫妻关系冲突的一种反映。1970年，马斯特（Masters）和约翰逊（Johnson）出版了《人类性失调》，从此打开了性治疗的大门。他们认为性功能不良可能是夫妻关系问题的一部分，所以在治疗时，他们要求夫妻双方都要参与。后来，卡普兰（Kaplan）在夫妻关系治疗的基础上对性进行联合性治疗。

1. 评估

大多数性问题是条件性的焦虑的结果。更具体地说，不论对男对女，家庭治疗都倾向于以减轻或消除失调性行为的机制问题为目的。家庭治疗师必须评估任何一种性功能失调的心理、身体和人际关系的性质，同时对伴侣中的一方或双方因为性功能失调可能感受到的苦恼保持敏感性。全面评估是第一步。主要是进行全面体检和系统访谈，以确定功能障碍的性质和治疗目标。在没有医学问题的情况下，信息缺乏、技术差、沟通不畅的病例是最容易接受性治疗的。评估时可以围绕以下方面进行：性生活史和性期望；公开地谈论性和其他事件的能力；想要什么或什么能带给他们快乐；进行协商的能力等。

2. 治疗技术

在卡普兰看来，性生活不协调包括性欲障碍、唤起障碍、性高潮障碍、性疼痛障碍或性交频率问题等。性欲障碍分为从"低性驱力"到性反感。性唤起障碍包括情感唤起降低，以及难以达到和维持勃起或膨胀和润滑。性高潮障碍包括达到高潮的时间（过早或过晚）、高潮时的质量，或对高潮的要求。性疼痛障碍指性伴侣在性交时往往感觉不到愉快，而且感到不适甚至感到疼痛。

早期的性治疗主要采用通过性教育、沟通、训练、行为练习等方式重建新的性行为模式，矫正夫妻关系中不和谐的部分，改善婚姻。卡普兰在采用了系统脱敏疗法、认知重建方法以及放松训练等行为治疗方法外，还纳入了心理动力学治疗和系统家庭治疗。目前，认知行为技术已经应用于性治疗领域，尤其是以相对快捷和有效的方式治疗多种形式的性功能失调。一般而言，不管起源或潜在的心理或情感原因是什么，这些干预方法对症状都采取短程强化治疗的方式。总之，对于性的治疗出现了联合治疗的趋势。

（1）敏感性聚焦训练

敏感性聚焦训练旨在为伴侣双方带来快乐，以替代以前伴随性唤起或性交而产生的焦虑。其最终目标是激起未来增强的性唤起水平。通过该方法可以学会触摸和探索彼此的身体，以更多地发现彼此的敏感带，但不会感到成功性行为或唤起性欲高潮的任何压力。

（2）感觉聚焦训练

一般将放松训练与身体结合起来解决性唤起障碍中的情感唤起降低以及难以达到和维持勃起、膨胀或润滑的问题。教授夫妻将精力集中于触摸和爱抚身体的感觉上，而不是担心接下来怎么做。一般以感觉聚焦开始，指导夫妻如何放松并享受触摸和被触摸的感觉。让夫妻在家里找一个让双方都感觉放松和没有干扰的时间，轮流温柔地爱抚对方，被触摸的一方只需放松和集中在被抚摸的感觉体验上。然后，被抚摸的一方要让对方知道抚摸哪些部位感到兴奋，但不要让其接触胸部和生殖器，以免产生过重的焦虑。

在学会放松以及温柔、令人愉快的爱抚对方后，鼓励夫妻更加亲密，但当一方感到焦虑时就要慢下来。因此，感觉聚焦是真实情境脱敏法的一种形式。即通过相互爱抚产生温柔的体验而得以克服夫妻对"性行为"的过于焦虑和恐惧。随着焦虑的减少和欲望的增加，会鼓励他们逐步亲密下去。在这一过程中，会指导夫妻交流喜欢和不喜欢之处。

（3）专注特定问题的技术

一旦感觉聚焦练习能顺利进行，治疗师会针对具体问题而介绍一些技术。对于女性比较常见的性高潮障碍，可以采用刺激阴蒂的方式，使之达到高潮。对于男性的早泄问题，可以采用紧握技术。妻子首先刺激丈夫的阴茎直到他感到要射出精液时，妻子用拇指、示指和中指紧紧地握着系带部（龟头根部），直到射出的感觉平复下来。接着又开始进行刺激直到需要再次紧握。对于勃起问题，主要是减少焦虑和提高唤起。具体包括对男性焦虑的脱敏；就夫妻各自的期望进行讨论；增加性交前爱抚的变化和持续时间；使用挑逗技术等。

（4）发展夫妻情感

在夫妻关系上，要发展夫妻情感上的相互忠于对方的关系，而不是专注于矫正目前的性功能失调症状。要提高伴侣双方在关系中的自我感和亲密感，努力帮助夫妻结束过去的个人问题等。

（五）认知行为家庭治疗

认知行为家庭治疗师们认为家庭成员的认知、情绪和行为都是造成家庭功能不良的原因，在进行家庭治疗时都应给予关注。

1. 评估

在评估阶段，通过访谈、调查问卷和行为观察收集资料，重点识别个人、夫妻或家庭环境中的优势和问题所在；在发展阶段的背景下考虑个人和家庭的发展功能；识别可能作为干预目标的认知、情感和行为方面的家庭互动。

基于来访者提供的信息，治疗师可以选择一个家庭中未解决的问题，请他们用十分钟左右来讨论它。可以要求家庭成员只是表达出他们对该问题的感受，或者请他们在规定的时间内尝试解决这个问题。无论哪种方式，治疗师都有机会观察家庭成员思考问题和彼此互动的方式。一些认知行为主义者使用编码系统，如第四版婚姻互动编码系统，作为识别家庭成员互动序列的指南（比如，积极的身体接触、建设性和破坏性的行为，抱怨）。由实验结果得出关于来访者家庭关系的假设，需要通过治疗师的反复观察和家庭成员提供的家庭互动报告来对其进行验证。举个例子，如果父母说他们与自己十几岁的儿子相处是有规则的，而且他们一起努力来执行这些规则，那么治疗师可能会认为家庭中存在一个明确的权力等级。但在随后的会谈中，儿子说他可以轻易地打破规则，而且通常不会受到父母的惩罚。之后的会谈中，儿子也一再地打断父母说话，而父母没有做出反应。这时治疗师可能就会修改初始假设，并认为父母的权威较低，教养策略也较为混乱。

当收集到足够多的信息后，治疗师与家庭成员会面，向其阐述目前出现的家庭的优势、主要关注点、压力源和可能导致了他们目前困境的互动模式等。这时，治疗师会和家庭成员一起确定需要改变的优先事项，并讨论可能用于减轻问题的一些干预措施。

2. 治疗技术

（1）重构家庭图式

依照认知治疗的观点，个体在与环境的相互作用的过程中，会形成个体持久的相对稳定的知识结构（即图式）。也就是说，个体会形成世界是如何运作的以及个体在这个世界中所处的位置如何的观点。个人的图式通过限定性的选择、引导和组织对个体有用的信息，从而使个体的思维和行为更为有效。而认知行为的观点应用于家庭时，可得知一个家庭成员的行为会触发其他成员的认知、情绪和行为，反过来也会影响该成员的反应性认知、情绪和行为。在彼此的互动中，每个家庭成员都会观察互动中的自己的认知、情绪和行为反应，也会注意到其他家庭成员的反应。这些感知会导致家庭动力假设的形成，进而形成对于家庭成员以及家庭成员之间的关系的认知，即形成相对稳定的家庭图式或家庭的认知结构。

以稳定的家庭图式为基础，若家庭成员彼此的认知、情绪和行为反应循环往复的运行过程中出现负性内容，家庭动力的易变性也会增加，即家庭成员对出现负性的螺旋上升的冲突的敏感性会增加。随着家庭成员的增加，家庭动力的复杂性也会增加。于是，认知行为家庭治疗认为家庭成员解决冲突与紧张关系的能力部分地依赖于他们的沟通技能，也依赖于他们对个人和家庭作用的根深蒂固的观念（即图式）。因此，处理每个家庭成员的个体化思维是认知行为家庭治疗的关键。

虽然认知行为理论并没有认为认知过程影响所有的家庭行为，但却强调了这样的概念，即认知评价对家庭成员间的行为互动和相互间的情感反应存在明显的影响。因此，正如个人拥有关于自己、世界和未来的图式或核心信念一样，他们也拥有家庭的信念。达特里奥（2005）认为个体有两套关于家庭生活的图式：与父母在其原生家庭中的成长经历相关的图式；与家庭相关的一般化的图式或者关于家庭生活的个人理论。这两种类型的图式都会影响个体在家庭环境中的反应。所以，治疗师不仅要高度注意对每个家庭成员认知的检查，而且要注意是什么被称作家庭图式。可以遵循以下八个步骤揭示和重新审视家庭图式，从而为认知重构以及家庭图式的重构提供基础。

步骤1：揭示和识别共有的家庭图式，突出被图式引发的冲突和功能失调。通过探讨自动思维和运用诸如箭头向下的技术能够揭示图式。一旦图式被识别，就应该从家庭成员那里获得某种一致以查证核实。

步骤2：追踪家庭图式的起源，以及它们在家庭中如何演变成为根深蒂固的家庭机制。这可以通过探索父母的成长背景来完成。应着重关注父母成长中的相似性和差异性，以帮助他们了解认同和冲突的领域。

步骤3：阐明做出改变的必要性，具体指明重构图式如何促进适应和谐的家庭互动。在这个阶段，有必要向家庭指出，修正图式可以缓解紧张、降低家庭冲突的水平。与原生家庭会谈可以用来帮助个人处理被扭曲的观念。

步骤4：引发家庭成员承认有必要对现有功能失调的图式进行修改或调整。这对于促进家庭产生事实上的改变是必要的，也是为治疗师和家庭成员之间的合作奠定基础。对于那些持有不同治疗目的的家庭成员来说，帮助他们找到相互间的共同点就成为治疗师的主要目标。

步骤5：评估家庭做出改变的能力，制订促进改变的策略计划。此时，治疗师最重要的是要确定家庭有多大的能力使他们的基本观念发生有意义的改变。潜在的限制性因素包括能力有限、对获得有效应对技能的阻抗。例如，如果家庭的功能处于一个较低的知识水平，他们的应对技能就可能会需要更完善，干预需要更加具体，这个过程可能比较缓慢。同样，有必要对家庭中存在的阻抗的大小进行评估，使家庭能够保持在一个动态平衡的水平上。

步骤6：实施改变。治疗师鼓励家庭成员在集思广益的过程中考虑修改他们的信念并权衡其内涵。改变过程的关键就是要弄清楚，如果家庭成员依据改变的图式生活，他们会怎样真实地表现出彼此不同的行为。

步骤7：实施新的行为。此步骤包括尝试改变并检查其是否有效。每个家庭成员都需选择一个与修改后的图式相一致的替代行为，并观察其对家庭的影响。

步骤8：巩固变化。此步骤涉及建立新的图式及其关联行为作为家庭的长久模式。敦促家庭成员在对未来进行重新评估的过程中保持灵活性。

总之，治疗师要与整个家庭一起工作。在治疗开始时，要特别关注引发冲突最多的个别家庭成员所持有的图式。在治疗中，不仅将确诊患者作为家庭问题的根源并给予特别关注，还应关注每个家庭成员。挑战家庭成员与家庭冲突有关的自动思维，并挖掘导致冲突根源的核心观念。

重建家庭图式的过程非常艰难。第一，治疗师不仅要面对家庭成员的多个个体图式，还要面对一些根深蒂固的僵化的家庭图式。第二，家庭成员不愿意发生改变，尤其在打破家庭总体平衡时更不愿意改变。第三，重建家庭图式会影响家庭的安宁。因此，治疗师要保持耐心，在家庭成员保留先前图式的基础上，逐渐进入到认知重构的过程中。

（2）情绪调节

情绪反映了社会生活中人际关系的亲密程度。因此，家庭成员的不良情绪反应也是家庭功能失调的表现，也是促使家庭前来寻求治疗的原因之一，但却被早期认知行为治疗师们忽略。当代认知行为主义认为情感和认知是相互影响、相互关联的循环过程。研究者发现焦虑情绪会干扰认知过程,导致一种负面消沉的思维框架。戈特曼发现悲观情绪会引发悲观的认知过程,导致对负面事件的选择性注意。贝克将此描述为"负面框架",使个体容易用悲观的眼光看待世界。因此,现在的认知行为家庭治疗师大多倾向于关注与认知过程有关的情绪,以便更全面地理解家庭互动中的情绪源。例如,小美因为父母不允许她参加一个聚会而生气。当治疗师给予关注时,可以揭露愤怒背后所隐藏的担心——被同龄人抛弃的恐惧情绪。恐惧情绪背后的认知可能是"不参加聚会,会让我难堪,甚至可能遭到嘲笑和被拒绝。"这一认知可能与小美以往在类似的情境中遭遇被同龄人抛弃的经历有关。

认知行为治疗提供了许多调节情绪的干预措施。例如,治疗师可以指导和训练来访者在清晰表达自己的同时又不会遭到指责。这可能需要采用向下推理的问句形式,来帮助来访者学会区分感觉及其背后的认知;指导来访者注意情绪状态的内部线索,学会用可被理解的方式表达情绪;当来访者转移话题又重新关注情绪时,可以让家庭成员采用角色扮演的方式参与到关系冲突中以便引发来访者的情绪反应,进而让来访者从中学会用建设性的方式表达自己。再如,采用正念冥想的方式作为认知行为的辅助手段。正念冥想能使人们更开放和包容地接纳当下,这反过来会降低对具有挑战性的情绪的被动反应。最近的研究表明,改善情绪技能和正念冥想可以相应地改善婚姻适应,正念冥想也可以提高夫妻的共情能力以及亲密程度。

(3)行为治疗的技术

虽然认知干预变得越来越重要,认知行为治疗师仍然会使用传统行为治疗的许多要素,包括沟通训练、问题解决训练和家庭作业。

1)问题解决训练:爱泼斯坦和鲍科姆(Epstein & Baucom,2002)总结了在认知行为治疗中应用的问题解决策略。首先,帮助来访者学习在不攻击其他家庭成员的观点的情况下设置明确的行为目标,并对每个解决方案的优点和缺点进行评估。然后,选择一个所有人都同意的解决方案。之后,试用该解决方案一段时间后评估其有效性。

2)家庭作业:如沟通技巧练习,要求故意与人争论,但不能攻击对方,或者使用居高临下的语言。如布置阅读任务,阅读的材料与治疗过程中出现的一些问题有关。如自我监控练习,要求来访者记录会谈间的想法和情绪。再如，"纸笔"技术，帮助家庭成员克服打断彼此说话的不良习惯。当其他家庭成员说话时，家庭成员被给予一个便签本和笔，记录他们脑子里出现的自动化思维。

五、评估治疗理论和成果

相比其他研究方法，认知-行为治疗表现出很多的优势。可以概括为以下几点：首先，认知-行为疗法最初作为行为疗法的一个补充元素，后来发展成为一个更为综合的干预系统。它平衡了对认知和行为的单方强调，是一种更广泛和包容更多的方法，更深入地关注家庭交往模式。其次，与传统的行为主义观点相比，认知-行为家庭治疗采用循环因果的取向。与心理动力学相比，认知-行为家庭治疗不关心无意识动机，不诊断产生不良行为的根源。认知-行为家庭治疗的独特贡献不在于对心理病理学的概念化，或坚持特别的理论或一套基本原理或者是坚持一套独特的干预，而在于它坚持一条严格的科学方法论。治疗师直接集中于可观察的行为，对治疗干预的效果采用实验性的评价标准，仔细评估所要改变的特定的外显行为。这些对于心理治疗的科学化和治疗效果的规范化均有极为重要的意义。最后，认知-行为家庭治疗通过增加或减少目标行为，教授家庭成员沟通和解决问题的技能，使家庭功能恢复正常。

但相比其他治疗方法，认知-行为家庭治疗也存在很多的不足。首先，该方法更适用于治疗两人之间的关系，而不适合用于治疗人数较多、规模较大的家庭。其次，认知-行为治疗的方法对于具体的行为问题以及具有高动机的个体是很有效的。然而认知-行为治疗却不重视隐藏于关系问题中的坏行为和不良沟通的方式。再次，除了与系统动力学不相干外，认知-行为治疗学家一般只在学术环境中工作。最后，注重症状消除，不注重家庭系统的治疗，仅通过改变某些家庭成员之间的相互交往达到干预家庭的目的，使得其在家庭治疗领域中的发展受到限制。

尽管存在这些弱点，仍可以采用与其他理论进行有效融合的方式进行修正。如目前，认知-行为临床治疗者在其工作中采纳了建构主义的观点，通过训练经历过创伤或受过虐待的来访者来构建新的"故事"，并解释他们的环境或处境，解冻妨碍进展的信念，使其应用得到了进一步的拓展。

第六章　家庭治疗的新进展

在过去的半个多世纪，家庭治疗在各类人群中的干预效果得到了越来越多临床实践的证实，家庭治疗的流行也促使更多治疗师的工作转向家庭取向。随着时代的发展和社会的变迁，以家庭为基础的心理治疗中，思考和整合成为常态，随着心理治疗理论和实践结合的研究建议的不断融入，正成为最有希望的干预方法。

第一节　21 世纪的家庭治疗

21 世纪的家庭治疗主要是在后现代主义和后现代主义思潮以及多元文化论的理论背景中发展起来。

一、后现代主义

后现代主义，是 20 世纪 60 年代以来在西方出现的具有反西方近现代体系哲学倾向的一股思潮。从理论上讲，很难有一种概念能精确地定义它。当人类进入后现代时代（后工业社会），随着社会及生产技术的发展，社会的生产结构、文化形态和交流方式发生了巨大变化，传统的人类哲学思维方式受到挑战，把系统比喻成一个机械模型已经不再能够适应时代的发展，社会各方面呈现的多元性、多样性、差异、非中心、零散化、机遇多、混沌、不确定性、流动性，要求人们看待生活的视角要多样化，导致我们对科学、政治和信仰真相的正确性失去信心，甚至开始怀疑是否存在绝对可知的真相。后现代主义奉行无中心意识和多元化价值取向，强调个人的经验、背景、意愿和喜好在知识、生活、文化和性上占优先地位，该理论反对连贯的、权威的、确定的解释，对现代性进行批判和反省，力图对现代主义的思维方式进行一种根本性的转换。

后现代主义哲学认为我们关于现实的概念不可避免地带有主观性，而外部世界没有普遍真理等所谓的客观观察，现代主义的哲学思维必然要转向和变化。后现代主义者们反对总体化的思维方式，反对宏大叙事，是对西方哲学发展的一次深刻的理论反省，但是他们把"后现代"与"现代性"区分开来，也不是一次非常成功的尝试，但它毕竟显示出当代西方哲学发展的一种新的转向。在这一现象及女权主义运动的挑战下家庭治疗师已经开始超越家庭内部可观察的互动模式，更多地开始考察性别文化和族群是怎样塑造家庭成员的观念和行为模型，工作和家庭的角色与责任在过去的 30 年里发生了翻天覆地的变化，对男女互动模式和家庭适应提出了新的挑战。

后现代主义思想强调家庭治疗应当在以协作和建构主义范式下，实现完整的循环，重新创造以人为本的理念（Anderson，2001）。事实上，性别、文化、背景、族群、身份、性别、取向和社会阶层之间是相互作用的，不可能抛开其他因素而单独考虑某一方面。当代家庭治疗师指出不要去强化刻板的性别歧视、重男轻女的观念和阶层差别，他们更关注家庭内部以及社会普遍存在的权利身份地位的差异。如今的家庭治疗师相信，要了解家庭功能的全貌，至少，需要理解它的文化背景、族群身份、社会阶层、宗教背景、性取向和寻求帮助的家庭的结构，是否为再婚家庭、单亲家庭、同性恋伴侣家庭等，采取一种更广泛的多元文化的框架有助于形成一种多元视角。这一视角承认个体的态度和行为模型深深地植根于家庭文化背景中，现代主义人物的观点就是家庭治疗先驱用于来访者的方法就是打乱原有的家庭模式，重新塑造新的家庭结构和模式，有助于治疗师更好地理解当今各种形态的家庭中出现的各种问题。这是过去的封闭家庭模型所不能解决的，各种治疗性干预措施都会要求治疗师帮助家庭成员达成这样的理解，任何强加在他们身上的限制条件都是诸如性别、种族、宗教、社会阶层或性取向等因素影响的结果。治疗师就是专家，他们使用结构性的和策略性的设计发现需要修理的漏洞，而不管家庭是否这样看待事物。在家庭治疗中家庭成员的症状或问题行为被视为家庭失衡的信号，症状是由当前持续不断的家庭互动引起和维持的。如果家庭想要克服社会的限制，治疗时就必须澄清主流文化强加的各种限制条件，以便能够真正帮助到家庭。

二、社会建构主义

家庭治疗通向 21 世纪的桥梁是社会建构主义。社会建构主义家庭治疗师高度重视多样性，认为诸如族群划分、文化思考、性别问题、性取向等议题在决定一个家庭的功能水平方面有重要的影响。社会建构主义视角下的家庭治疗要求治疗师与家庭成员一起合作，而在这一合作过程中，治疗师不能带有关于功能良好的家庭应有哪些元素构成或者一个家庭应该如何改变的预设观点。相反，治疗师和家庭成员应一起检视那些对事件做出解释的信念系统，然后一起建构新的选择，以改变对过去生活的解释，也允许他们采用那些带有更多希望的新的可选方案。社会建构主义学派更加关注家庭成员看待世界的不同方式，而不是作为局外人、观察评估当事人的反应。从他们的角度来看，治疗时任何先入为主的有关功能正常的家庭构成的假设都不能反映家庭的功能水平。

在家庭治疗中，依据社会建构主义理论，治疗的过程就是家庭重新建构的过程。它强调家庭成员对事物的认知和理解，重点探究他们对自己问题的假设，在谈话中寻找新意义或新观点，对原有行为问题重新定义，以改变家庭成员对它的反应。在治疗中，治疗师的主要职责就是营造一种有意义的谈话空间。当孩子不听话时，并不一定是管教不严所致，很可能是孩子认为父母权威的建构出了问题，即父母不值得被尊重。在治疗中，治疗师要意识到，每个家庭成员对家庭和发生过的故事都有自己的理解和概念。每一个人都有自己的家庭观，对家庭所谓的客观描述只是某一个人自己的社会建构，并不一定就是家庭的现实。家庭故事的真相很难通过客观的方法来发现，因为它只是经由家庭成员的互动呈现的看法。从这种观点看，一个家庭是由多种观点（即多重事实）组成。治疗师不再被视为旁观者，他也一起参与建构观察到的家庭事实，因此，治疗师不能认为自己对于家庭现实的解读是正确的，而其家庭成员的观点是歪曲的。于是，治疗就是家庭对话，治疗师与家庭一起创造新的故事，以改变家庭的病理故事。

社会建构主义家庭治疗受欢迎源于这种治疗特别关注治疗师与家庭关系的平等性和合作性，家庭成员被鼓励去审视他们的生活故事，与此同时，治疗师与家庭系统也寻找新的更有效的方法，以应对和解决当事人的问题。对于症状或问题行为的起源及维持的原因，家庭治疗提供了一个独特的视角，也代表了一种旨在改变家庭运转不良的系统的干预形式。采用这种视角，治疗师可能会把整个家庭放在一起来审视，或者探索不同的二元关系三元关系或子系统，这取决于治疗师要面对的是整个问题的哪些方面。至于选择什么治疗方法在很大程度上依赖于当前问题的性质、治疗师的理论视角及其个人风格。

三、多元文化论

后现代主义所具有的怀疑态度中的两个伟大观念是多元文化和民主。在美国多元文化指的是来自不同文化的个体与处于主导地位的欧美文化之间的互动，随着社会的发展，世界各国逐渐成为多元文化的国家，我们越来越多地与有着不同文化背景的人接触，有必要重新审视我们关于那些"原始"信念的假设。多元文化理论可以使我们更好地适应全球化，也可以为我们漫长的多元文化旅途指明方向。

一直以来心理治疗的主流模式都是以单一文化视角为基础，家庭治疗总是在一个背景下对人们进行治疗，心理学家说他们支持主流文化价值而忽视了多元文化世界观，来自其他文化的家庭，他们有其处理事情的有效方法，这值得我们去学习和尊重。正是由于主流心理治疗缺少与文化密切相关的内容，多元文化心理治疗才得以产生，随着世界的缩小，多元文化在家庭治疗中成为一个普遍的主题，多元文化理论包含了心理学范式的转变，为不同类型的临床干预提供了概念化和操作化的方法。多元文化理论吸收了古代传统的治疗方法，将其与主流心理治疗方法相融合，使多元文化心理治疗在社会中的存在感日益提升，但还没有成为主流。因为对文化背景的强调，多元文化理论有助于提高治疗师应对变化的能力，可加快推进演变的过程。家庭治疗已表现出愿意承认其他文化的积极方面，从其会议事项、期刊文章和研究生课程中反映出相关的杂志和专业组织也在尽力变得更多元化和更具包容性。多元文化心理治疗的支持者推崇文化敏感性，即对文化多样性的觉察、尊重和欣赏，基于单一文化的主流心理治疗方法与过往的历史、与现实的政治无关。多元文化敏感性的发展有助于个体欣赏不同世界观，进而促进积极治疗联盟的产生，多元文化无疑是克服民族优越感的一个进步。多元文化心理治疗师基于多样化的因素考察权利的差异性，这些因素包括种族、民族、性别、社会阶层、性取向、年龄、宗教、血统、能力或障碍、语言、意识形态和其他边缘化群体的身份。他们认为族群中心主义的心理治疗范式之所以拒绝变化，是因为他们只想维持现状。但过分强调差异，甚至以民族自豪感的名义隔离人们并培养偏见，这些都存在着危险。在21世纪为了接纳改变，多元文化心理治疗师提倡赋权以及社会正义，他们肯定优势而非专注于缺陷。多元文化心理治疗将多元化和整体论的取向应用于实践中，从而提高了治疗的灵活性。

也许"多元主义"是比"多元文化"更恰当的一个词，因为它意味着在民族同一性和与更大群体的连结中的一个平衡。多元文化主义的格言是认可并接纳跨领域的方法多样性中的一致性，强调多样性，彰显了文化建构论认为个体是通过包含文化象征和隐喻的社会过程而构建其世界观。多元文化理论借鉴了许多学科的优势和观点，多元文化主义对于心理治疗具有非常重要的意义，多元文化主义最初被认为是心理学中的一股变革力量，是心理治疗的先锋。多元文化心理治疗广泛借鉴和吸收社会学、人类学、文化与族群研究、艺术、历史、政治、法律、哲学、宗教与灵性、神经科学以及许多其他学科的精华。对心理治疗发展所做出的贡献，除了主流心理治疗的文化适应性之外，多元文化主义也在不断扩大其他方面的影响。不论首选的理论取向是什么，多元文化心理治疗师都致力于发展文化胜任力，多元文化心理治疗将文化胜任力融入临床实践当中，无论具有何种理论取向的心理治疗师都可以在临床实践中应用多元文化。多元文化心理治疗时，鼓励当事人增强他们的文化意识，一些多元文化心理治疗师提升了当事人的文化复原力，同时也会培养治疗师自己的多元文化。惠勒和戴维斯认为文化对治疗过程的影响大于对治疗结果的影响。总之，多元文化心理治疗认可以下基本假设：①文化是复杂且动态变化的；②治疗师和当事人之间的每一次会谈都是一次多元文化的互动；③现实是在文化背景的基础之上建立和体现的；④主流心理治疗被西方社会的世界观所主导；⑤主流心理治疗抹杀了非西方的治疗方法所做出的贡献；⑥多元文化心理治疗与每个人都息息相关；⑦文化胜任力是心理治疗起效的关键；⑧多元文化心理治疗师需要自我觉察；⑨心理治愈需要给每一个体和群体赋权；⑩心理治疗涉及多种思维方式；⑪心理治愈是整体的和自由的。

多元文化心理治疗有助于当事人的适应和成长，每一个人在生活中遇到的事都与多元文化相关，治疗师能够帮助他们处理环境的多样性和复杂问题，能让个体更好地解决相似性、差异性和权力不平等问题。目前多元文化心理治疗师一般采用以下三种模式：①主流心理治疗的文化调适；②民族心理治疗；③全人取向的心理咨询。通常把这三种框架结合起来使用。多元文化心理治疗师还会采用整体论取向的治疗方法，这种融合的取向加上对文化力量的强调就是多元文化治疗成功的关键。

第二节 焦点解决治疗

聚焦于解决的治疗（焦点解决短期治疗）同叙事治疗一样，也是近 30 多年来发展起来的一种后现代疗法，通过帮助当事人从不同角度看问题，并参与他们的对话，以找到新的强有力的解决方案。该疗法以短期为导向，不重视过去及历史，着重现在及未来的时间点，能在较少的次数下达到较高的咨询效益，深得实务工作者和当事人好评，目前广为人知，并在个体、团体及家庭治疗经常被使用。

一、理论建构

斯蒂文·德·沙泽尔（Steve de Shazer）是焦点解决治疗的创始人，1979 年他和茵素·金·伯格（Insoo Kim Berg）及其同事们不满足于当时主流治疗取向及其操作方式，在美国密尔沃基市（Milwaukee）建立短期家庭治疗中心（Brief Family Therapy Center，BFTC）的培训机构。最初的团队包括斯蒂文·德·沙泽尔和茵素·金·伯格夫妇，以及吉姆·德克斯（Jim Derks）、伊莱恩·农纳利（Elaine Nunnally）、马林·拉古（Mariyn La Court）和伊夫·利普奇克（Eve Lipchik），他们的学生包括约翰·沃尔特（John Walter）、简·皮勒（Jane Peller）和迈克·韦纳－戴维斯（Michele Weiner-Davis），伊冯·多兰是 80 年代后的代表人物，他们都受训于 BFTC，陆续出版了许多相关著作和文章。

焦点解决短期治疗（solution-focused brief therapy，简称 SFBT）创始人斯蒂文·德·沙泽尔脱胎于策略派家庭治疗，并受到结构派家庭治疗的影响，被贝特森的沟通理论和埃里克森的实用主义吸引，相信人们在看待问题时，常限于持久僵化的错误的问题解决方法模式中，可能仅改变观点就能释放潜力。其理论基础既包括了现代主义的系统论，也包括之后的社会建构主义。究其来源可以大体分为三部分，位于美国加州的塔洛阿尔托市的心智研究所，催眠心理治疗大师米尔顿·H·艾瑞克森的早期研究，英国哲学家维特根斯坦的观点以及佛教思想。

最初的团队焦点解决治疗师认为人们是充满资源的，不把人们的问题视为失败的证据，而是正常生命周期的混乱。聚焦于解决的治疗强调例外——问题不是一个问题，强调认知，认为人们已经具备采取有效行为方式的能力，但他们消极的思维方式阻碍了行为的有效执行。焦点解决治疗模型隐含的观点是家庭正常状况是无症状的,家庭有能力找出改善他们生活的解决方法。

来访者使用这种焦点解决短期治疗可以从问题中找到出路(Miller,1997)。来访者习惯于在咨询过程中大谈自己的问题,但焦点解决疗法的咨询师并不支持他们总是讨论问题,而是有意识地引导来访者把谈话方向转向解决方案。Insoo Berg所秉持的观点就是会谈本身即干预,咨询师尽可能最小限度地、高效地进行干预,不给建议。咨询的重点是"建构解决之道",而不是为来访者提供解决问题的方案。该学派相信每个人都是独特的,他们的问题不会一直存在,解决问题的办法就在当事人的个人经验之中;"例外"就是解决之道,个人和家庭的未来是可以创造和改变的。正是在这样的导向下,SFBT倾向于仅进行6～10次咨询。

二、治疗目标

焦点解决短期治疗的目标是尽可能迅速而有效地解决来访者所呈现的问题,而无需探索问题背后潜在的缺陷。正如德·沙泽尔(1991)写道,"结构学派的人认为症状是一些潜在问题所导致的结果,诸如不适宜的权力等级、潜藏的父母冲突、低自尊、不良的沟通、压抑的情感、'肮脏游戏'等心理或结构问题"。焦点解决治疗师则并不认为必须深挖这些更深层的议题才能解决人们的问题,焦点解决治疗师通过设立清晰的目标,建立问题的例外来工作。治疗目标不是家庭应该如何被组织,而只是人们希望他们的生活中有何不同。在焦点解决治疗取向中,设立目标的过程本身就是一种重要的干预。

三、行为改变的条件

德·沙泽尔认为SFBT没有理论基础,虽然部分观点来源于传统的短程治疗流派,但具有不同的哲学观和方法。咨询师相信来访者具有自我恢复的能力,成功的咨询在于可以明确来访者究竟希望通过咨询得到什么?确立目标后,治疗师与来访者共同为达成治疗目标而努力。SFBT着重问题的解决而非对问题原因的探讨,他们认同"蝴蝶效应",认为"小改变会带来大变化"。因此,他们强调咨询目标的设定一定要具体,且从小步骤开始。没有问题就无需治疗这是最重要的理念;正常家庭不是没有问题,而是有其独特的、功能性的解决家庭问题的生活方式。

问题不是每时每刻都在发生，一定存在来访者过去解决问题的方法和"例外"。我们的假设是通过帮助来访者放大他们问题中的例外来工作，发生改变需要的条件是问题表述方式的变化，治疗师的工作就是改变人们谈论其问题的方式，无需关注其表述背后的含义。随着来访者和治疗师交流的深入，想要一起找出解决的方法，我们发现在治疗性的会谈中，发生有价值的改变过程更像是协商，而不是理解或发现真正在发生什么，我们说些什么与我们如何说是不同的，正是这些不同可以对来访者产生改变。比起让人们改变他们的行为，让他们谈论改变问题的方式要容易得多。让人们积极表达，将帮助他们积极思考，最后用积极的行为解决他们的问题，有效的解决方法本就在人们自身的储备之中。如果治疗有效，那么就深入下去；无效则试试别的。效果是评判一个治疗方案的真正标准，其余都是空谈。

四、治疗方法与技术

焦点解决治疗师在治疗过程中，不对来访者的心理问题或家庭结构问题进行探讨，而只对他们的话语（他们描述自己以及他们的问题的方式）感兴趣。家庭问题原因和结果间的关系很难确认，面对问题，考虑问题的多面性及特殊性，发展弹性的问题解决方法才是重点，不当的解决方法往往是问题所在。问题不一定只是病态或不好的，它有时候还有正向的意义或功能，聚焦于探究此时此刻家庭可以做什么，从而开始解决问题的历程。重新建构问题，可以引发来访者的改变，当小的改变发生时，所处的环境、系统就和原来的状态也不一样了，只要能够维持改变，便会积累成大的改变。就是所谓的"滚雪球效应"。

在吸收和借鉴不同理论的基础上，SFBT形成了自己独特的治疗理念和技术。

（一）关注会谈前的改变

在首次治疗的开始阶段，SFBT治疗师通常会问"从我们约定见面之后，你有什么变化吗？"，来访者可能会有"没什么变化""开始改变（变好）""变糟糕"的回答，了解来访者对其问题的看法，治疗师试着开启"解决式谈话"，质疑来访者狭隘和悲观的固有模式，就有可能促使不同的、更有效的生活方式出现。

（二）制订阶段性目标

鼓励来访者从解决问题的角度自己规划和制订目标，且这个目标是阶段性而非长久目标。根据社会建构主义的观点，语言创造现实。在治疗中从谈论问题的语言转变为谈论解决问题的办法，指导来访者从"谈问题"转变为"谈解决"，所需要改变的不过是人们交谈的方式而已。因此，聚焦于解决的治疗总是"面向未来"和"面向问题解决"的。

（三）假设解决提问

假设解决提问就是让来访者想象如果他的问题解决了，将会怎样。假设性问句能够引导来访者提出较为细化、具有可操作性的治疗目标，进而创造出意外的解决方法。这个模式是假设发生了奇迹，导致来访者咨询的问题消失了。这类提问包括奇迹问题、水晶球问题、拟人问题和结局问题。当治疗师提出奇迹问句时，需要具备两个条件：一是真的想听到答案，二是相信来访者有能力给出一个好的答案。奇迹问题如"假如有一天晚上你睡觉时发生了一个奇迹，你的问题解决了，你是怎么知道的？当你醒来时有什么将从此不同吗？"

来访者是最了解自己问题的专家，也是有能力、有资源的问题解决者。这种方法可以扩展来访者的视野，使来访者从"问题不可以解决"的认知中找出解决问题的线索。咨询师只是"引发"来访者运用自己的能力和经验，从而"引发"来访者的改变，而不是"制造"改变。

（四）评量问题

评量问题是指利用数值0～10的评量，协助来访者将他的观察、印象和预测以比较具体的方式加以描述。具体的提问如："如果用一把从1到10的标尺来度量的话，你第一次来时情况属于哪个等级？现在是多少呢？当'奇迹'发生以后，又是什么呢？"。这样提问能使描述更加具体，使来访者可以用直觉的方式表达他们的经验，其结果还可以作为咨询进展的指标，从前后数值的比较看到变化。通过这些问题，来访者能够发现自身的资源，形成积极的认知，将焦点转移到问题解决上来，从而发生改变，获得成长。

在一些家庭治疗会谈中，治疗师可以通过询问谁对解决问题最有信心来进行互动评定。这可以引导最希望解决问题的家庭成员和最不希望解决问题的成员之间进行谈话，目的是促进解决式谈话，在家庭系统内创造改变的动力。

（五）例外问题

不论多么麻烦的问题，任何人都不可能每时每刻存在于问题情境当中，总会有问题不发生的时候。这些没有问题发生的时刻，就是"例外"。"例外"可以促进来访者与问题分开，寻找到自己的资源。治疗师邀请来访者或来访家庭去谈他所认为的问题何时不会发生,或者请来访者回忆之前曾有的成功面对问题的经验。经常会使用的问题是"这个问题什么时候不会发生?",当要引发来访者利用过往成功经验面对此时的问题时,也会提出:"过去的处理方法中,有没有什么可适用于解决现在的困境的?"这类问题。凡事都有例外,不关注"问题"而关注"解决",以积极的视角关注来访者身上正向的资源,问题便可得到解决。因此,治疗师不需要改变来访者的无效的行为,而是把焦点转移到这些"例外"上,使之能够提醒和拓展他们曾经使用过的方法和曾经拥有的资源。

(六)建构解决方法

当来访者或家庭开始改变,一般也只是很小一点变化,治疗师关注他们的能动性,鼓励他去做目前可以做到的一小部分。典型问题是"当这个问题已经解决了,你的行为会有什么不一样?",治疗师会跟他们讨论,就所建构的解决方案萃取出有意义的信息以回应给来访者。

(七)正向回应

包括赞美、信息提供和家庭作业三部分内容。赞美指对来访者在治疗中表现或表达出的良好的意愿、期待、想法与行为进行夸奖和鼓励。属于积极正向的引导,正向回应是聚焦于解决治疗的核心精神。赞美是治疗师直接告诉来访者自己看到的来访者身上的积极因素,表示治疗师认可来访者所做的努力和理解他们的困难,会极大地鼓舞来访者。常用于谈话进行了一个阶段后,治疗师就对话阶段的来访者身上的闪光点进行回应,如:"哦,你能有这样的领悟,我觉得很宝贵!"。赞许能让来访者认识到自己所做的哪些工作是有效的。信息提供是就困扰来访者的问题提供一些适当的专业知识或建议,协助来访者用新的角度思考问题。布置家庭作业就是根据来访者所述问题,给出"做正向观察""多做正向或有效的行为""发现例外"和"做假设解决框架的一些方法"等的建议。

聚焦于解决的治疗从正向的意义出发强调人们正向的能量,而不是去看他们的缺陷,强调人们的成功经验,而不是他们的失败;强调人的可能性,而不是他们的限制(许维素,1998)。

(八)总结与建议

焦点解决治疗常以小组工作的方法进行,治疗师会协同治疗者,他们在幕后(如单向玻璃)观察整个过程。治疗师在每次会谈结束前休息 10 min,他与小组总结一段信息反馈给来访者或家庭。总结是为问题提供一个新的且更有希望的视角，并使来访者产生希望和积极的期望。治疗师对于他们在访谈时所听到的内容进行总结，强调来访者所处情境的正常性，对两次访谈之间应完成的任务做出建议。SFBT从积极的角度提出以下建议：指定第一次访谈的公式化任务；建议多做行之有效的行为或活动；建议采取不同的方式邀请来访者自己谈论解决的办法；忠告来访者不要改变太快，帮助来访者克服对改变的恐惧和抵抗；当所尝试的解决办法无效时，反其道而行之；指定"预言"任务。总结和建议不过是焦点解决治疗方式基本冲击的继续，有助于将注意力吸引到家庭的资源，并鼓励他们充分利用他们的优势，更加关注解决办法而不是问题。

从上面的论述中，可以看到SFBT治疗师从实用主义角度发展出一套从"问题谈话"转向"解决谈话"的技术，他们的治疗是有很多特殊技巧的。

五、评估治疗理论和成果

焦点解决短期治疗兴起于20世纪80年代末期，开始于家庭治疗，并整合了许多家庭治疗概念和技术，经过多年的逐步发展和完善，形成了目标明确、耗时短和见效快等显著特点。焦点解决疗法的目的是让家庭理解是什么让事情变得更好，让家庭不再因问题而困扰。焦点解决短期治疗以针对未来的疗法著称，关注的是问题的表层。目前与焦点解决相关的文献倾向于强调对个体而不是对夫妻或家庭团体进行治疗。作为一种归纳性疗法，SFBT的特点是强调训练、注重实践，而非仅留在理论上。SFBT不仅有坚实的理论基础，而且具有很强的时效性。

SFBT可以视为一种系统性的疗法，首先它囊括了个人、夫妻和整个家庭，其治疗通常显得很系统化；其次SFBT的系统性还表现在他的治疗过程是互动的；再次，SFBT的系统性还表现在一旦细微之处发生变化，随之而来的往往是更为突出的改变，而且这些变化一般是相互影响和联系的。SFBT中治疗师的角色和任务与其他很多心理疗法相同，从不对来访者进行判断和评价，避免对来访者的想法、期望和行为做出任何解释，治疗师的作用更应该被看作是去拓展，而不是被限定在可选择的那些解决方法中。

SFBT是目前最流行、适用范围最广的疗法之一，被广泛应用于临床，可以用来解决很多与家庭有关的问题。SFBT是转变传统心理治疗方法的一个范例，改变了自弗洛伊德以来所有传统心理疗法关注问题形成和问题分析的固有模式。SFBT 利用来访者自身的能力和恢复能力，关注他们过去的或是概念化的解决方法，通过一系列的干预手段，鼓励来访者去做更多的尝试。适用于几乎所有的心理问题，如家庭疗法、伴侣治疗、性虐待的治疗、药物滥用的治疗和精神分裂症的治疗等。SFBT 看似简单，实则复杂，和其他所有疗法一样，要求干预技巧达到很高的熟练程度。根据 Caufman（2001）等人的研究，SFBT 在逐步代替传统的心理疗法，应用到社会服务机构、教育部门和学校以及商业系统的实践中。诚然在临床操作和其他社会系统方面 SFBT 效果的验证性研究还比较缺乏，尚需要更多的研究，特别是临床验证性的研究成果来支持该疗法的有效性。

第三节　叙事治疗

叙事治疗是心理治疗流派当中的一种，同时它也是从家庭治疗发展出来的一个分支。叙事取向被誉为后现代革命的完美表达。叙事，简单地说就是说故事。"叙事是为了告诉别人发生了什么事"的一系列口头的、符号的或行为的序列。

哲学家萨特说过：人类一直是一个说故事的族群，总是活在他自身与他人的故事中。每个故事都是一个叙事，强调个人经验和差异性，但叙事并非都是传统意义上的故事，在表达内容和方法上具有多样性和复杂性。叙事打破了传统研究的主客关系，重视叙事过程中的参与和共同建构，说与听就是一种对话的过程。在此过程中，产生新的意义。

当家庭治疗关注人们建构意义的方式，其治疗方法毫无疑问要解释家庭的行为方式而不是他们如何行为。过去的家庭治疗师与家庭一起工作，倾听他们的故事，把家庭视为问题的源泉。叙事治疗师的视角超越了家庭，落在家庭所根植的文化上，反对疾病模式，努力从问题的生态学背景去加以理解。与以解决问题为中心的其他流派治疗师一样，叙事治疗师通过帮助来访者重新检验他们看待事物的方式来改变他们的认知。

一、理论建构

20 世纪 70 年代后期，澳大利亚的迈克·怀特（Michael White）与妻子谢丽尔·怀特（Cheryl White）在阿德莱德创立了达利奇中心，开展 White 取向的培训、临床。Michael White 曾作为一名社会工作者接受过家庭治疗的培训，他被贝特森的控制论思想所吸引，兴趣逐渐转移到后现代理论，开始研究人们建构生命意义的方式，并将建构主义观点应用于家庭治疗，在合作治疗的基础上开启了新的治疗模式。

1990年，迈克·怀特与爱普斯顿合著的《故事、知识、权力：叙事治疗的力量》（Narrative Means to Therapeutic Ends）一书在北美出版，他们共创的方法也就开始大为流行。怀特对问题的成因不感兴趣，但对问题如何持续地对家庭生活产生负面的影响特别关注。怀特所说的河岸理论：当一个人裹挟在湍急的河流里，被不断推着往前走的时候，他对自己的生活是没有掌控力的。就好像现实生活中，当一个人被问题深深困扰和影响的时候，就很难看到自己和问题之间的关系。也许就会把问题内化到自己身上，觉得自己是有问题的。如果把问题和人分开一定的距离，好比这个人坐在河岸上看那条湍急的河流——去看那个影响自己的问题，拉开距离看这样的关系，那么人和问题的关系就不一样了。其实，也就意味着人对于问题，会具有一种掌控的能力。即透过人和问题的分开，慢慢来发现自己是可以有掌控问题的能力的。

这种影响有时甚至会发展到主宰所有的家庭生活领域。他认为是问题控制了人，而不是人制造了问题，由此提出了"外化问题"的治疗策略。此后，他们出版和发表了很多有关叙事治疗的著作和文章，内容涉及神经性厌食、多动症、精神分裂症和许多其他的心理问题。

叙事治疗的理论基础主要是叙事理论，而叙事心理学理论则有两种理论对其具有影响，霍夫曼（Hoffmann, 2002）说叙事治疗产生于后结构主义与解构主义。迈克·怀特受认知心理学家布鲁纳（Bruner）、人类学家梅耶霍夫（Meyerhoff）和社会哲学家福柯（Foucault）的后结构主义观点的影响，对结构主义关于静态的表面和深层两种分法提出了质疑。例如，在探索人的特质、需要和人格特征时，结构主义会采用诸如内部状态正常和异常或功能良好和功能失调的肤浅的、不实的和空洞的描述，而后结构主义会寻求丰富的、具有意向性和多故事性的描述，这种描述由个人的、历史的、政治的以及文化的力量共同塑造。叙事治疗有三大理论基础：社会建构论、后现代主义以及福柯的哲学思想。在其具体理论和技术的背后，有着它独特的哲学观和社会理论的影响。

2007年，怀特出版了《叙事治疗实践图谱》（Maps of Narrative Practice）。叙事治疗师认为，我们关于现实的感知是由具体的故事组成和维持的。当我们追求生活的意义时，我们就会将有关自己过去的经验进行组织，使其与自己的解释和所处的环境相一致。这种自我叙事给每个人提供了一种连续的立体感和意义感，并成为解释后续事件的基础。每个人自己的故事或自述为过去的经历结构提供了最根本的构架。简而言之，叙事治疗主要是围绕个人叙事和社会建构两个基本的隐喻展开。生活中的故事不仅是生活的镜像和经历，而且塑造或建构着我们的生活。记忆中的事情是"叙事的真实"，它比"历史的真实"有更大的影响。呈现在治疗面前的"事实"，一部分是过去真实的事件，一部分是建构的。这种建构构造了家庭共享的事实，也代表了互相的理解和共同的偏见，其中有些是有用的，有些是没有用的。可以说，故事创造一种世界观，一种人生价值。另一方面，怀特发现主流叙事通常是建立在社会层面的环境之上的，个人的叙事还受文化故事的影响，塑造或决定个人在特定文化环境中惯常或倾向化的行为方式。

叙事疗法意识到了人类天生的能力，即人类为了理解他们的经历而获取、产生和发展新的叙述方式和陈述方法的能力。在这么做的时候，我们既吸收了文化中共有的叙述方式或者解释事件的方式，也继承了我们自身的家庭传统（White and Epston，1990；Freeman et al，1997）。叙事治疗师并不从家庭内部去寻找问题的根源，而是到支配我们生活的文化叙说所导致的毒害效应的外部去寻找。叙事治疗通过来访者与治疗师的谈话将来访者本人与所谓的问题分开。从来访者的叙事中，发现其之前没有意识到的限制自己生活的叙事方式，进而找到之前来访者没有关注到的有正向影响和意义的故事，并依据这些新的故事重新讲述自我生命故事及生命意义。

二、治疗目标

不同于以聚焦问题解决的疗法的目标是把注意力从目前的失败转移到过去的成功，以促成行为问题的解决；叙事疗法的目标是扩展来访者的思维，让他们思考看待自己和问题的其他方式。治疗从挖掘历史事实向增加叙事的可理解性转变，治疗师开始变得像小说家而不是考古学家。

叙事治疗师认为，人类的问题是由于选择了一种导致困难的故事，实际上有多种故事可供选择，其中一些可能是积极的。叙事治疗对维持问题的互动或者结构缺陷不感兴趣，避免评断人们是正常的还是异常的，不为来访者贴标签，将其视为具有独特个人历史的人物，不评判，更不去探索什么会引起或解决问题，他们只是努力地帮助人们理解他们自己的经验。叙事治疗师对来访者的故事具有强烈的兴趣，并在其故事中寻找其强大的或优势的资源，用非强迫的方式和尊重的态度提问，鼓励来访者讲出新故事。叙事治疗师不是问题解决者，相反，他们帮助人们将自己从充满问题的故事中（以及破坏性的文化假设中）分离出来，为新的、更具建设性的自我看法开拓空间。不是让家庭成员面对他们的冲突，而是对来访者的历史抱有浓厚的兴趣，采取同感、合作的立场，在家庭的历史中找寻优势资源，叙说分离即把他们从问题中分离出来，鼓励他们将新故事推向纵深，然后将一家人联合起来共同"打击敌人"。通过这种方法，人们的身份就可以从"缺陷"取向转为"英雄"取向。另外，当家庭能够抵制问题，或与问题故事相反的方式行动时，也可以通过梳理家庭的历史，寻找"独特结果"或"闪光事件"。治疗师通过这种方法探索家庭所展现的事情，以改变故事本身的相对性元素，而不是像传统家庭治疗师那样改变故事的关系。因此，叙事练习就是为了寻找这些更积极的替代性故事。显然，这个过程并不简单，它需要注意语言表达和描述。

叙事治疗师主要的工作理念是隐喻叙事（the metaphor of narrative），而不是"系统"。叙事治疗师倾听家庭的故事，寻找被抑制的故事：家庭抵制的且是问题关键所在的故事。叙事治疗师尽力将人从压抑的文化假设中解放出来，赋予其积极主宰自身生活的力量，将有缺陷的认同转变为更好的认同。一旦从充满问题的故事中解脱出来，家庭成员就能相互联合，更加乐观与持久地去处理他们的问题。

三、行为改变的条件

怀特和埃普斯顿（White and Epston，1990）提出，问题源于我们内化了看待我们自身的那种具有压迫性质的"充满问题的"方式。部分来说，问题形成和维持的过程是一个内化的过程，这一过程使得困难被视作个人或者家庭的"过失"，被视作在个体的人格以及他们的关系中存在的缺陷。治疗过程中的探讨，使得人们开始留意到，他们可能已经被"招募"进一种病态的身份。他们是如何通过自我批评、自我指责和自我控诉的方式，进一步加剧了此类标签中所固有的对他们自身的压迫作用？探讨这些问题可以作为治疗的一部分。与此有关的一种做法是，同家庭成员一起探索他们会如何将这些标签强加在彼此身上，并且同时将整个家庭"招募"进入一种病态身份之中，即他们是一个病态家庭或者是一个"问题家庭"。叙事治疗师使用外化对话来帮助人们从问题中分离出来。一旦问题被外化，并以更贴近经验的短语重新定义，人们就能开始反抗它。在外化对话中，治疗师会询问效应问题，例如，这个问题如何影响到你？你持什么态度？你对自己有什么看法？你的关系呢？通过这一过程，问题的影响范围被扩宽了，来访者开始注意到，在他们生活中有哪些地方这个问题所造成的影响会比较小。同叙事治疗师使用外化对话来改变来访者有关自己的感知一样，治疗师还努力改变家庭成员，努力使家庭成员以整体观来看待彼此，整体观会将家庭成员的认识简化为一系列令人挫败的回应。通过将问题视为外在实体，叙事治疗师将家庭成员解放出来，去质疑问题对他们生活的影响。此时来访者可以注意到独特后果——那些不受问题故事预测的经验，以及那些来访者不受问题影响的时刻。叙事治疗师帮助来访者解构（deconstruct）非建设性的故事，从而重构新的、更具建设性的故事。治疗也被视作是一种相互的对话过程，它可以带来改变。具体来说，治疗不仅提供新的见解和灵感，还包括了反思过程、反思对话的性质，反思思考问题的方式，以及反思问题是如何被提出，又是如何被解答的。从某种意义上说，治疗似乎可以被看作"就是在交谈"。

四、治疗方法和技巧

叙事里相信，每个人都是面对自己生命和问题的专家。人不是问题，问题才是问题。

在叙事的咨询里（用叙事陪伴自己的个人成长），外化（externalizing）、解构和重写是叙事治疗里三个非常重要的理论和技术，也是思考问题的一种哲学观。外化和解构都是经常使用的一个方式，而且外化、解构常会被一起使用，并不是截然分开的，有的时候合并在一起，有的时候也会分开使用。外化的技术，可以让你与问题分清彼此。而解构，需要你站得更高更远，才能将问题一一拆解。然后我们重新去改写生命的脚本，创造出新的人生故事。在治疗中，叙事治疗师不以专家自居，也不去"客观"地诊断他人的动机、需要、内驱力、自我的力量或人格特质。他们采取协作性的和共情的立场，赋予来访者平等的话语权，与他们合作或商讨，并有助于他们以其他可以替代的愿望来取代其真实的愿望、想象、价值观、信念、信仰和承诺。

叙事治疗的策略分为三个阶段：首先是问题叙事阶段，即通过聚焦于问题的影响而不是起因，把问题重塑为引起痛苦的东西（外化）；其次是寻找例外阶段，通过对话和自我叙述，找出在问题故事中成功和有效的行为；第三阶段是寻求支持，利用一些公共活动或仪式，强化新的解释和叙述，让新的认知建构不仅是个人行为，而且成为社会支持的行为。

（一）外化问题

怀特认为一般情况下，人的问题在于个人意义的实践与主流叙事间的矛盾。人们在社会互动中，慢慢和自己的问题融为一体，把问题看作是由自身性格缺陷造成的。内化的哲学观认为人本身就是问题，问题会对人造成一定的影响，而人可以对问题产生一定的影响。和内化相对应的，则是外化。外化背后的哲学观是"人不是问题，问题才是问题"，也就是把人和问题分开。人和问题分开之后，人可以对问题有掌控力，人可以影响问题。通过外化问题，叙事治疗师建构了问题改变的有效方法。这是叙事治疗最好的两个治疗技术之一。

叙事治疗师开始时会让来访者讲述他们"充满问题的故事"，通过外化对话的技术，使家庭中的问题外化，并使其破坏性影响变得明显。治疗师不关心家庭的互动模式对目前问题的影响，而是关注问题如何影响家庭。旨在改变来访者对前来寻求帮助的问题的理解，同时帮助他们修正自己与问题的关系以及问题对其生活的影响。他们不去揭示家庭模式或探索家庭动力，也不去寻找导致目前状况的既往的关键性事件。治疗师帮助家庭将他们的问题外化，将某一个家庭成员个人内在缺陷或病态状况的问题，重新定义为客观化的、外在的和不受欢迎的叙事。在这个过程中，治疗师常用拟人化的方式提问，鼓励家庭将问题外化，给问题一个大家能接受的名字，使其成为一个独立的实体，而不是带有症状者的内在特质或品性，并使家庭意识到他们也不是问题的制造者，从而让家庭成员能够更好地互相合作，从责备中走出，更新选择新生活的思维方式。例如，当讨论厌食症时，治疗师可以问，"厌食症是怎样说服你饿自己的？"，对抑郁症患者可以问，"抑郁在你耳边说了些什么悄悄话？"。

（二）寻找例外，改写对话

在问题外化之后，咨询师通过提问，如"谁会最先注意到你的积极变化？"等，要求来访者继续扩展他们生活中的故事，重新讲述这些故事，同时咨询师还会帮助来访者察觉生活、人际关系中那些曾经被自己忽视、却非常有意义的事件和经历及例外。这些特殊事件就是改写对话的起点，他们能为来访者诠释其生活，提供新的切入，但在治疗初期，人们很难发现。随着对话逐渐深入，期望的故事情节将越来越丰富，通过治疗性提问例如，"你能做好这件事，这意味着什么？"使其在来访者生活中的意义显得越来越重要，此后，家庭不再怪罪他们自己，他们会彼此协助，用这些独特的结果重新描述他们自己，并积极表现出与这些独特故事相一致的行为。这为来访者和家庭面对生活中的问题、困境和窘境奠定了基础。

（三）共建替代性故事

当来访者或家庭不再感到受困于自己的问题性故事时，治疗师要帮助他们用自己喜欢的故事取代生活中的问题性故事反复讲述、丰富故事的内容与过程，以便使他们与新故事保持密切的联结，形成自我叙事并将它们与其他人的生活与故事交织在一起。这是一个非常重要的过程，因为自我叙事是在社会交往中建构的，新故事很容易被产生旧故事的相同情境所破坏。为了让新建构的故事能够巩固下来，治疗师可以采取一系列的方法，如鼓励和支持来访者在生活中寻找新的故事，并让他们见证他们的新故事，或组织一个反映小组，一种支持性的团队；也可以用通信的方式，如书信、手机、互联网等。为了给改变提供支持，强化来访者或家庭的积极的变化和发展，可以通过提问把故事延伸到未来，如，"你预计明年会有怎样的事情发生？"。

家庭治疗实际上是一种交流与对话的过程，治疗师的提问方式和内容至关重要。明智的提问可以为治疗师提供新线索和新思考，是比治疗师的观察或解释更为重要的方法，也是叙事治疗的特征所在。叙事治疗师常用一些精心设计的问题，让一些治疗的策略演变成具体的实践技巧。

五、评估治疗理论和成果

叙事治疗来源于家庭治疗，同时又带着浓厚的后现代气息，属于系统治疗的一部分。人从出生就被迫进入许多不同的故事，如何适应结构化模式的多变和随机并保持自我的独立精神是后现代面临的新课题。

叙事和叙事治疗，更多的是一种生活态度，一种哲学观，一种思维的方式。在叙事里，很多具体的理论和技术，其实也是一种人生观，或者说是一种思维方式，或者说是一种看待事情和看待问题的方式。与叙事治疗相关的四个世界观：①现实是社会建构出来的；②语言差别构成经验差异；③现实就是依附我们的生活与述说的故事才得以保持生机并得以维系；④没有绝对的真理，在不同的制度与文化根基下，真理有弹性、可变。一个人的生命故事其实是建构出来的。比如说，外在的社会文化环境的建构，家庭对于一个人自我认知、看待事情的建构，还有自己内心对自我监控的一种建构。从后现代主义来看，叙事疗法无疑召唤回了那么一点人情味，通过叙事看出社会如何影响我们和案主的生活，个人的生活又是如何反作用到社会的。

叙事疗法是后现代心理治疗中广受欢迎的方式，它特别重视语言的作用，对话语权利特别敏感。它摆脱了传统上将痛苦作为问题解决的观念，宛如去人性化的对抗模式，对一切抱有广泛肯定态度，揭示不同的自我经验，叙事治疗使一个人看待包括看待自己的视角，从一种缺陷的取向转向一种资源的取向。叙事治疗无时无刻不在透着一种积极正向的人生观，或者对待人生的一种态度，那就是坚信每个人身上都有它内在的力量和资源，坚信每个人都是自己生命的专家和主人。我们需要看到，当他在面对困境的那个时刻的内在的一些力量：他是怎样应对那些困境的？他在面对困境的时候，有哪些不容易的地方？一个曾经成功过的人，一方面，过去的成功经验可以成为现在面对困难的一种参考。每个人都不会被动地去接受某种打击，人总是对外界的一些创伤做出一些反应。当人面对逆境、创伤时自动做出的一些反应，正是他内在的一些力量。也许在面对逆境和困境的时刻，每一个人都做了自己在当时最好的选择。那个当时所做的选择，对他有一种保护。但是到了现在，以前的保护的方法已经不太适用了，也许他需要做出一些调整。其重述的意义是为在通常公认的逆境中尽量找出积极的意义，活出可以支持"较喜欢的自己"的成长和发展叙事。

在咨询工作中，运用"叙事"和"社会建构"这两个隐喻，来进行临床治疗工作。借叙事的隐喻，把众人的生活点化为故事，从中挖掘具有实践价值的意义，通过再体验以疗愈。而社会建构的隐喻，我们以人与人、人与公序良俗间的互动，重构每个人人际与社会互动的实景现况，用新角度（记者观点）看待社会体系对人的切身影响。迪克森认为叙事疗法主要是把问题置于其文化背景中。有人认为这种取向太过复杂或简单，它只是认知疗法的另一种形式，或认为它只是关于故事而已。

叙事疗法作为治疗的一种形式，越来越独立于家庭治疗。被人诟病的是叙事运动促使该领域向一种更合作性的立场转变，叙事治疗时常忽视系统思想，强调其机械化的成分，而忽视其更人性化的方面。另外叙事疗法的社会建构基础给予了该取向政治角色，并不再强调家庭动力与冲突，叙事治疗时不是在家庭中寻找非功能性的互动，而是向外寻找文化价值与习俗的破坏性影响，他们邀请家庭成员联合起来对抗这些价值观念与实践，叙事治疗师是站在来访者一边而非价值中立的。叙事治疗将问题视为需要被解构的故事，忽视了一些家庭冲突并不会因家庭成员暂时联合起来对抗一个外化问题而消失的事实。叙事治疗师反对病理模型，把问题视为需要与之抗争，而不去理解其人际根源危机。

叙事治疗师的视角超越了家庭，关注家庭的文化根植、环境、互动以及意识的社会性的重要性。尽管当前少有实证支持，其理论和干预措施越来越受到关注，叙事疗法可能是过去几十年家庭治疗中最具创造性的发展。叙事疗法给我们一个超越常规的应对模式，改变并帮助了个体与家庭。当人的过去能越来越自由地脱离由问题来主导的故事时，便可以展望剔除问题的未来。

第四节　其他家庭治疗

一、表达性艺术治疗

表达性艺术治疗（expressive art therapy）是一种非言语性的心理治疗技术，以沙游、绘画、舞动、身体雕塑、音乐、戏剧、角色扮演以及即兴创作等各种艺术形式来表达人们内心的思绪、感受及经验，促进心灵的成长和治愈所构成的一个丰富多彩而生动的非语言心理治疗谱系。具有安全、象征性等特点，帮助服务对象宣泄情绪，并进行更深入的自我觉察。

早在远古时期，人们就已经意识到艺术活动蕴涵着治疗心灵的作用。千百年来，各种不同形式的艺术活动，在人们的生活中发挥着潜移默化的巨大作用，人们借由文学、绘画、音乐等多种形式来表达独特的精神世界与抚慰心灵，从中获得了创作与宣泄的双重功效。艺术是直达心灵的捷径，表达性艺术治疗以形象思考的方式减少来访者的心理防卫，在不知不觉、无预期的情境中疗愈心灵，生发力量，催生洞见，促进创造。20世纪中叶受到Freud的精神分析理论中心象和心理能量的影响，人们逐渐认识到了艺术治疗的可能性与巨大的潜力。

艺术治疗兴起于欧美，它以心理学、艺术学、社会学、哲学等学科理论为基础，现在逐渐发展成一门交叉性的应用学科。作为一种正式的心理治疗方式，表达性艺术治疗于2019年成为正式公布的精神医学名词。学术界通常将表达性艺术治疗分为狭义的艺术治疗和广义的艺术治疗。狭义的艺术治疗特指以绘画、雕塑等视觉艺术手段为媒介的治疗活动；广义的艺术治疗则指包括音乐、绘画、雕塑、心理剧、舞蹈、文学、电影等所有艺术形式的治疗活动。经过多年的验证与发展，在多个领域被证明了有着独特的治疗功效，其融合了视觉艺术、舞动、戏剧、音乐、写作和其他的创造性过程，用于促进个人成长、社区发展；其多样化的属性又决定了一系列不同的分支疗法，例如绘画艺术治疗及雕塑疗法、沙盘疗法、心理剧、家庭塑像、音乐艺术治疗、心理剧艺术治疗、系统排列等。

实践证明通过艺术创作，当获得新的见解时，人就会发生转变，能够重新认识自己和他人。在此过程中无需关心视觉是否优美，舞动是否流畅，我们只需用艺术形式去释放、表达和放松。成功的表达性艺术治疗的根本在于培养共情关系，赋予个体及家庭力量，培养创造力并确定家庭成员互动的可能障碍。同时提升人们自我觉察能力，从而有建设性地整合自我、提升自我，促进自我的人格成长。近些年，我国国内越来越多的治疗师开始关注、接受、学习并实践艺术治疗的技术与手段。

（一）舞动治疗

美国舞蹈治疗学会给舞动治疗的定义为：是以动作来促进个人的情感、认知、生理和社会进行交融的心理治疗方法。肢体表达是典型的个体情感表达的生理观察，是其心理程度的个性化呈现。舞动治疗影响人的感觉、思维、生理功能和行为的变化。心理学对肢体动态注重的发展趋势为舞动治疗提供了水到渠成的契机。舞动治疗是一个以行动为基调的、创造性的、自发性的治疗模式，它引导人们成长、改变，并通过身体激发人们更充分地表达自己，促进与他人交流的自然能力。

简·西格尔在《舞动治疗的基本理论与实践》中指明，舞动治疗属于心理治疗的范畴，是集中于采用运动作为心理转变的媒介，通过作用于肌肉模式，着眼于心理逻辑和身体逻辑发展的相互作用关系，病人被引导，从而经历确定、表达感觉及内心冲突的治疗过程。舞动治疗作为心理治疗体系的理论起源，要追溯到心理学的发展，西格蒙德·弗洛伊德和卡尔·荣格开创的心理动力与心理分析理论体系为此奠定了基础。不论当今舞动治疗延伸出多少新的理论和治疗流派，这个体系永远是舞动治疗的心理学立足点。莎伦·蔡克林和希尔达·温格洛尔在《舞动治疗的艺术和科学——生命是舞蹈》一书中也指出：舞动治疗是一门跨学科的专业，通过动作和舞蹈艺术及心理学的科学合成，发展为自成一体的训练程序。基于古往今来运用舞动治愈身心和升华精神的经验，不断融合文化人类学、心理动力学理论、神经运动科学、艺术的心理学，舞动治疗因此而延续、演绎，发展成为富于创造性的理论体系和实践过程。

舞蹈用于治疗已有几千年历史，但舞动作为一种疗法、一种体系、一种职业，却是在20世纪50年代才逐渐兴起的。虽然舞蹈作为表达方法已跨越几个世纪，但直到过去的半个世纪里，舞动才正式被定性为某种形式的治疗。

玛丽安·蔡斯被认为是舞动治疗在美国的创始人，20世纪30年代，在华盛顿特区自己的舞蹈学校任教，于工作中她逐渐意识到舞动对学生的影响，开始尝试引导学生获得身体和动作的完整性结合，从而达到个人的自我和谐。1942年，舞蹈首次被引入到医疗领域，蔡斯的主要工作对象是患有精神分裂症的病人。她观察到在舞动过程中，病人们的精神得到放松，情绪变得稳定，心情逐渐开朗起来，他们开始互相交流，渐渐从战争的恐惧阴影和创伤中走出来。那时，还没有医治精神病的药物，大多采用物理治疗，精神科医生意识到蔡斯舞蹈班对患者的积极治疗作用，便称蔡斯为"舞蹈治疗师"。20世纪50年代，蔡斯建立了舞蹈治疗理论，1966年，蔡斯与其他几个舞蹈治疗先驱创立了美国舞蹈治疗协会并被推选为第一任主席。舞动治疗的另一个重要创始人是玛丽·怀特豪斯，一名心理治疗师，她以荣格"活跃想象"的概念为基础，把舞蹈和动作纳入她的精神心理治疗程序，开拓表达性动作的概念。她的治疗对象不同于蔡斯治疗的严重精神病患者，而是具有较高自我运作能力的个体。通过从内部动觉感触引发的自发身体动作、潜意识认知及其表达交流的象征性，从而打开个体通往自觉自我意识和自我改变可能性的大门。这个过程是让参与者进入一个自发的、富于表现力的舞动探索过程，被称为深度动作，后来被称为本真动作。之后的特鲁迪·朔普、朱迪思·凯斯腾伯格、伊姆加德·芭田妮芙、布兰奇·埃文、利尔简·伊斯本纳卡、阿尔玛·霍金斯、诺玛·坎纳和伊丽莎白·波尔克等人，先后把舞动治疗引进不同的领域，治疗的对象包括患孤独症的儿童、患脊髓灰质炎（小儿麻痹症）的儿童、生理残疾人、帕金森病患者、老年痴呆症患者、抑郁焦虑症患者、酗酒成瘾的患者等，他们逐渐把舞动治疗在理论和临床实践中完善起来。在20世纪70年代到80年代，美国的心理治疗师们对舞动治疗产生了很大的兴趣，治疗师开始尝试运用舞蹈动作于心理治疗中。基于治疗师的实验成果，舞动治疗被正式归类为心理治疗的一种模式，得到学术界、医疗界、心理学界的权威认可。简·西格尔、莎伦·蔡克林、琼·邱若、瓦尔妲·达斯卡尔、苏珊·妥涂荣、梅格·陈等，分别在理论建树、心理治疗、家庭治疗、儿童治疗、文化多重性方面为舞动治疗的发展做出了开创性的贡献。

舞动治疗作为心理治疗的科学体系已获得美国包括官方、学术界、医疗界、心理界的全面认可，舞动治疗被誉为表达性艺术治疗中最亮丽的一道彩虹，在自发和创造性的舞动中抚慰心灵，激越生命。目前舞动治疗专业随着心理行为健康领域的发展在不断健全和更新，在临床运用中，舞动治疗常与其他表达艺术治疗结合使用。

（二）美术治疗

又称艺术治疗，是一种独特的心理治疗模式。美国美术治疗协会定义美术治疗为：使用美术创作的过程，以改善和提高所有年龄个人的身体、精神和情感福祉的职业。同舞动治疗一样，美术治疗作为表达性艺术治疗的一支独立学科，它集成心理治疗技术与创造性过程，用以提高心理健康和幸福感的水平。它是基于这样的信念：有创意参与的艺术自我表达过程可以帮助人们解决矛盾和问题，发展人际交往能力，管理行为，减轻压力，提高自尊和自我意识，拥有洞察力。

艺术治疗师可以使用多种技术方法，包括素描、绘画、雕塑、拼贴。治疗对象包括从幼儿到老人各个年龄阶段，所有经历过感情创伤、身体暴力、家庭虐待，患有焦虑、抑郁等心理问题的个体，都可以受益于创造性地表达自己。凯斯·马蒂欧奇（Kathy Maldiochi）在《美术治疗资源》一书中解释道：在大多数美术治疗过程中，重点是个人的内心体验、感受、感知和想象。虽然艺术治疗可能会涉及学习技能或艺术技巧，但着重点是首先开发并表达来自个人内心的形象，而不是那些他看到的外在世界。虽然一些传统的美术课可能要求按绘画者的想象来作画，但在艺术治疗中，图像、感受、想法和创意在绘画者的内心世界里始终是头等重要的经历。所以艺术治疗是指：①以艺术活动为媒介；②以心理理论和艺术理论为理论基础；③通过治疗师、精神疾病患者和艺术作品三者的相互关系发挥作用；④达到缓和情绪冲突、解决行为问题、统合人格等治疗目标。

绘画疗法是心理治疗中艺术疗法的一种，我们以绘画疗法为例简单了解一下美术治疗。

英国艺术治疗家协会将绘画治疗定义为：在艺术治疗师的协助下，透过绘画、36U塑造等艺术媒介，从事视觉心像表达，把存于内心而未表达出来的思想与情感，向外呈现出来。表达和呈现出来的心像产品，具有治疗和诊断功能。也就是说，绘画创作的过程是内心意义表达的过程，它提供了一个非语言的自然表达及沟通的机会，在反映和承载信息方面意义重大。

绘画疗法的历史并不长，但在人类语言之前，就已经使用象征的图画来沟通表达、交流信息了。与文字相比，图画更具有天然性和象征性。古代在某些地方原始部落，绘画早被作为治疗疾病和减轻身心压力的一种方式。但直到19世纪末，人们才开始系统地利用图画来了解人类。古德纳夫（Goodenough）首次把绘画和儿童智力联系在一起，他通过让儿童"画一个人"来尝试判断其成熟度和智力，他的"画人测验"最初研究是针对儿童的，可以揭示儿童智力、人格特征方面的特点。这个观点后来被布克等人的研究所证实。20世纪初，随着精神分析的来临，精神病理学家，对患有精神病艺术家的图画象征意义和即兴的创作表现出浓厚兴趣，开始研究他们的艺术作品，并逐渐发展出绘画心理投射测验，最著名的当属布克与哈莫创建的"房-树-人"测验。随后，阿佩尔把绘画应用到家庭研究方面，首先提出可以用"画一个家庭"的方式，来了解家庭成员之间互动的信息。柏恩斯和考夫曼在此基础上发展出动态家庭图，要求来访者画出"全家人一起做什么事情"，以增加绘画的动态性，由此可以得到更多的成员之间的互动信息。自此以后，绘画疗法开始广为运用，成为心理咨询和治疗的主要技术之一。从最初的评判儿童的成熟度、智力发展，到对作画者本人整体人格的评判；从针对特殊的人群，到更广泛的人群，从开始时的研究工具，到成为心理咨询中使用的工具、临床上的治疗工具，绘画治疗越来越被专业人员接受，成为经常使用的、有发展前景的工具。

图画所传递的信息远比语言丰富，表现力更强。来访者通过绘画可以理清事物及自己的情感和经历，并通过这种自我表达方式探索、发现和解决问题，所以治疗师经常将绘画作为帮助来访者处理情感困扰和创伤经验的一种活动。特别是针对儿童，绘画过程有助于他们探索冲突和危机，把冲突和危机转换成健康的观点、见解和解决方式。除此之外，大脑偏侧化理论也是绘画疗法的主要基础。绘画作为一种心理治疗方法是有独特作用的，它利用符号和视觉语言，将潜意识层面的内容呈现到意识层面，它是心理咨询师与绘画者有效的沟通工具，是打开心灵密码的钥匙，也是绘画者梳理情绪、自我成长的重要通道，它不仅可以处理人们的情绪和心理创伤问题，还可以使来访者的自我形象、自我概念以及社交技能等都得到提升。它的这些优点使得绘画疗法在家庭治疗中得到广泛的应用，成为家庭治疗的主要技术之一。

绘画由于不具威胁，对成员之间存在沟通不良的家庭，有助于他们情感的表达，获取家庭更多的信息，特别是家庭成员在讲述自己的绘画故事时，很容易促进家庭成员的参与，协助某位特殊的家庭成员得以表达自己，让家庭成员相互看到各自在家庭中的"地位"，相互了解各自无法表达的苦恼、需求，了解家庭问题的所在，并重新建立新的家庭互动模式。在进行绘画式家庭治疗时，最好请所有的家庭成员参加，交代工作目的及保证不会评论绘画技巧，通常在 90～120min 里完成绘画和"讲故事"。当然，绘画不一定被所有的家庭接受，或不被家庭成员中的某些人接受，患者家庭可能有各种原因而不愿意画有关家庭的内容，比如缺乏安全感、对家庭生活具有消极情感、害怕泄漏家庭秘密，造成困惑或难堪。绘画式家庭治疗不适用于有所防卫型的家庭。

治疗师必须尊重治疗家庭。在对家庭实施绘画治疗时，绝不可以在开始阶段，特别是还没有与家庭建立信任即进行解释工作，这样会过于草率或不准确，还有可能触怒这个家庭，影响以后的治疗。治疗师必须先与家庭工作一定的时间，当能辨认其中的象征、互动模式之后，才可以进行绘画的解释工作。在家庭系统中运用绘画治疗就是借由绘画的进行，诱导出隐喻性的家庭问题、增加自我的探究、增强沟通、改变家庭内的阶层与关系、建立新功能等。

绘画治疗是由国外借鉴而来的，受不同文化背景和民族风俗的影响，人性虽有共同之处，对绘画的解读依然存在一定的差异，国内心理治疗师们呼吁绘画疗法需要一个本土化的过程。

（三）音乐治疗

美国音乐治疗学会在明确音乐治疗的定义时指出，音乐治疗是由具备音乐治疗专业认证的治疗师，在临床中，使用以科学实证为依据的音乐干预手段，从而在具治疗性的关系中获得个人的目标。如舞蹈运动一样，听音乐、弹奏音乐本身就富于治疗性，但这不是音乐治疗。

在人类早期活动中，音乐在他们的生活里占有十分重要的地位。音乐具有祛病健身的作用，对于人类的生存本身具有重要的意义。音乐治疗作为一门独立和完整的学科诞生于 1940 年的美国，它是一门新兴的边缘交叉学科，集音乐、医学和心理学为一体，是音乐作用在传统的艺术欣赏和审美领域之外的应用和发展。音乐是一门听觉的艺术形式，但实际上还涉及了视觉的、触觉的和运动感觉的感知觉刺激。正是由于音乐的这种多重感官的特点使得它成为治疗中的一个理想的工具，音乐有一种神奇的类似药物的作用。治疗中的音乐不仅是音乐，它常与其他艺术形式和体验如活动、舞蹈、模仿、绘画、讲故事等相结合的形式在临床治疗的实践中运用。

美国爱娃·维萨留斯是推动音乐治疗最有影响的人物之一，她相信音乐治疗的目的是让病人从不协调的情感反应回到协调的情感反应。随着音乐治疗在心理治疗领域内的发展，一些音乐治疗师开始强调音乐以外的人格、人际因素和音乐技能，以及在治疗过程中形成的各种关系。在治疗中使用的音乐应该有一个非常宽松的界定，在治疗中音乐的品质可能是也可能不是优先考虑的因素，这一切取决于治疗对象需要治疗的目的和治疗对象的音乐能力。治疗中音乐的最重要的本质是它的创造性，经常使用的方法包括歌曲、写作、音乐故事、音乐剧、音乐与绘画等。音乐治疗不是简单、随意的音乐活动，而是一个科学的系统治疗过程，音乐治疗过程必须包括音乐、治疗对象和经过专门训练的医院治疗师这三个因素。音乐治疗与其他各种治疗形式的一个最基本的区别是音乐治疗主要依靠音乐的体验来作为引发治疗性改变的催化剂，没有音乐治疗师的系统参与和指导下的非有组织地使用音乐，或者由不具有音乐治疗师资格和能力的人员所实施的音乐活动不被认为是音乐治疗。音乐治疗师是一个成熟的、健康领域里的专家，把音乐使用于治疗性关系中，以解决个人的身体、情感、认知和社会需要。音乐治疗经常与教育、成长、解决等问题联系到一起，可以在个体、配偶、家庭或团体的治疗中使用。在评估每一个患者的优势和需要后，合格的音乐治疗师提供的治疗措施包括创作、歌唱、倾听音乐或者跟着音乐做动作。通过富于治疗内容音乐的介入，患者的能力得到加强并且转移到他们生活的其他领域。音乐治疗还为交流沟通提供了渠道，这对那些觉得很难用语言表达自己内心世界的人很有帮助。对音乐治疗的研究证明了音乐治疗在许多领域的功效，譬如全面的身体康复和促进运动，提高患者参与治疗的积极性，为患者及其家庭提供情感支持，并为感情的表达提供一个出口。

西方国家从事身体和心理健康行为干预相关职业的专业人士都可以被称作治疗师，音乐治疗师是其中之一。但在中国治疗一直被严格地限定在医学治疗范围内，所以满足人的心理和情绪需要为目的的职业进入医院存在很多障碍。音乐治疗师这一世界通用的名称能否在中国被正式使用也尚未可知。

中国古代就有关于音乐与健康关系的文献记载，当代音乐治疗在国内最早是在 20 世纪 80 年代后期，由医务人员首先在医院应用于患者，但医务人员的音乐知识和技能的不足，始终不能摆脱简单聆听的模式，从而无法真正使音乐治疗发展和成熟起来。音乐治疗近年来有很大发展，相关音乐专业人士的加入使得音乐治疗的方法越来越成熟。

音乐治疗作为一个新兴的行业，它的建立、发展离不开经过系统训练的音乐治疗师，我们相信音乐治疗将有一个宏大的未来。

（四）戏剧治疗

北美戏剧治疗学会定义戏剧治疗为：有意向地使用戏剧和剧场的过程，以达到治疗的目的。通过戏剧，内心体验的深度和广度可以得到积极探索，人际关系的技能可以得到提高。参与者可以扩张戏剧性角色的多面性，从而发现自己的人生角色也得到了加强。

作为表达艺术治疗的一支，戏剧治疗是起步最晚的，但发展十分迅速。由心理戏剧发展演变而来，加之艺术表演的参与，戏剧治疗已成为具有独立专业认证的专业学科。戏剧治疗是活跃和体验性的，这种治疗方式可以给参与者提供环境，让他们讲述自己的故事，设定目标和解决问题、表达情感或达到发泄的目的。加利福尼亚综合研究学院的戏剧治疗专业主任蕾妮·依姆纳（Renee Emunah）在解释戏剧治疗时说："在玩耍和假装的幌子下，我们可以采取一次新的行为途径。戏剧提供的与现实生活的一点距离，使我们能够获得对现实生活中的角色、模式和行动的透视，并积极尝试多重可能性。"心理艺术学院院长、戏剧治疗师大卫·约翰逊博士（David Johnson）也指出："戏剧治疗看重在表演空间、治疗师和患者之间的邂逅的可能性。在这里，想象世界的所有矛盾和奥秘都可以通过两个自由意识具体形象的表演得以发挥、揭晓。"纽约大学戏剧专业主任、戏剧治疗师罗伯特·兰迪博士（Robert Landy）指出："不像谈话疗法，戏剧治疗快速到达那里，角色扮演表现出存在的问题和矛盾比说话更有效。"亨特学院戏剧发展专业主任、戏剧治疗师帕特丽夏·斯藤博格（Patricia Sternberg）说过："戏剧治疗的参与者可以享受穿上他人鞋子的感觉，扮演另一个角色以及学习拓展自己人生主要角色解放的经验。"

舞动治疗在临床使用中也常会综合戏剧治疗的手段，把肢体舞动与角色表演结合起来，把动作语言与口头语言结合起来，往往会产生强烈的治疗效果。

舞动治疗与戏剧治疗综合使用的意义：

1. 角色表演帮助由肢体动作挖掘的心理动力得到更深化的展示，从而得以发展出更醒目的治疗性主题。

2. 从肢体舞动到角色表演能给患者提供由里向外的自我观察距离和尝试新行为模拟的机会，以此促进患者对躯体动作乃至行为模式的改进。

3. 戏剧治疗的玩耍游戏性功能能够活跃舞蹈和动作治疗的气氛，调动正能量。

表达性艺术治疗和游戏治疗还有其他应用高科技的心理疗法，目前越来越多地应用在家庭治疗领域，这些方法也在向小型化、普及化方向发展，家庭治疗的临床实践前景令人激动。

二、心理教育家庭治疗

用家庭治疗来帮助精神分裂症患者家庭是近几十年来家庭治疗的一个重要领域。家庭治疗师努力做各种尝试对精神分裂症症状起作用，20 世纪 50 年代，主张让家庭成员把压抑的感受表达出来，因此创立高度管理情感的面谈。事实是这样却很少能起到作用，更多的是激发患者不安的情绪。在这些面谈之后，经常会减低病人在家中的功能和使他们的焦虑提高，多数精神健康专家会忽略家庭成员的一些需要，也未能对处于危机的家庭提供所需要的信息、支持和掌控感，以致很多家庭后来要么放弃治疗，要么就是与权威专家进行战斗。因此 Anderson 及其同事（1986）开始怀疑"是否大部分家庭治疗事实上是反治疗的"。

其实 20 世纪 70 年代后期和 80 年代早期，3 个不同的研究小组就开始进行试验，他们的方法是减少精神分裂症病人所经常接触到的环境中的压力：1978年 Michael Goldstein 在加利福尼亚大学洛杉矶分校领导一个小组，设计了一个简明、结构性的模型，考虑一个家庭可能会面临的压力，并减少病人身边的冲突。在 Goldstein 的研究之后，其余两个分别由南加利福尼亚大学的 Ian Falloon（其模式主要是行为上的）和匹兹堡西部精神病治疗机构领头进行心理教育模式的试验。正是出于对传统家庭治疗和处理精神分裂症治疗的精神病学方法的不满，心理教育家庭治疗模式产生了。C. M. 安德森及其同事提出了一个以心理教育为基础的干预技术（Anderson，Reiss & Hogarty，1986），他们的干预强调治疗者和家庭成员之间通力合作，目的在于既降低与精神分裂症患者同住一个屋檐下的痛苦，又降低精神分裂症患者的高复发率。他们不是从家庭内部的因果交互作用去寻找症状的来源，而是更加实用地教他们掌握技巧。

心理教育的家庭治疗与其他家庭治疗方法有哪些不同之处呢？研究发现，传统的家庭治疗并不能真正预防精神分裂症患者病情复发，治疗从家庭内部找原因，反而会常引发家庭成员的内疚感和防御。当他们尝试改变家庭动力时，如果失败极容易导致病情复发，对情感表达的鼓励、对精神分裂症患者也会产生相反的效果。心理教育者不但要尽力帮助家庭改变他们对病人及其互动的观念，而且还要努力尝试修复被那些麻木的专业人士所造成的伤害。医学研究逐渐证实精神分裂症与生物学上的缺陷有关，家庭治疗效果有限，但家庭治疗或者至少是心理教育模式，再度被视为是对这种令人丧气的障碍中最具疗效的一部分。教育工作者寻求与家庭建立一种合作关系，在这个关系中，家庭成员感到被支持和有力量去处理病人的问题。为了达到这种关系，Anderson 及其同事们发现，必须重新教育专门人员放弃这样的观点，即认为家庭无论如何也要对精神分裂症负有责任，并要学会对家庭的优点做出强化。Anderson 的心理教育方法看来与结构性家庭疗法很相似，他们与家庭分享关于此疾病的信息，如关于精神分裂症的特点及其形成过程的信息，对经常出现的混乱和明显不受控制过程的了解及预测方法，能让家庭心中有数，正是这样的信息分享组成了心理教育中教育的元素。

心理教育的一个关键的干预技巧是降低家庭的期望，减少影响病人正常操作的压力。例如，第一年的主要目标是，在面对敏感情境时，病人不会复发，并能逐渐在家中承担一些家务。病人在面对某些情境后，可能需要大量的睡眠、独处和只能进行有限的活动；他们也可能会感到不安和很难集中精神。家庭成员把病人视为有严重疾病和需要康复的，通过对这些情况的预测，心理教育者尝试去防止病人和家庭产生冲突。此外它把家庭组织的缺点解释为所呈现问题的结果而不是原因。这与很多疗法相似：强化代际界限、让家庭到外面的世界并发展出支持网络，促进父母重新滋润他们的婚姻，并让家庭成员不要为患者说或做事情。心理教育模式真的有效吗？1986 年 Anderson 及其同事的研究和其他研究得出同样肯定的答案（Falloon, et al. 1982; Lefif, et al, 1982），心理教育似乎比其他治疗精神分裂病的方法，在延缓复发和再次住院的效果都好。

家庭中的问题可能是一种极具"破坏性"甚至是"毁灭性"的问题，它会使家庭陷入困境且难以得到缓解（Marsh & Johnson, 1997）。这些带症状的家庭成员往往会受到社会的排斥，并面对极大的压力和困难。面对这种情况，心理教育的任务就是：进行问题解决训练，以帮助家庭成员处理日常压力事件，防止病情复发；进行压力管理以处理家庭成员所面临的巨大压力。心理教育的家庭治疗主要应用于精神分裂症患者家庭，后来又扩展到一般的夫妻或家庭身上，这些家庭希望获得更好的技巧或具体的策略去更有效地处理日常人际关系问题。还有一些家庭希望学习怎样在问题发生之前的预防问题，这类项目通常称为短期教育项目。心理教育的方法通常有很强的结构性，主要有以下两种形式。

1. 单独会见一个家庭

这是由 C.M. 安德森及其同事共同发展的一套阶段性的干预技术（Anderson, Reiss & Hogarty, 1986）。第一阶段：精神分裂症急性发作时，治疗师介入家庭。在获得家庭合作后，治疗团队建立起心理教育项目：为期一天的"生存技能工作坊"。在工作坊中，治疗师向家庭成员讲授相关知识，如心理疾病的流行病学状况、生物学病因、一般疗程；目前药物治疗和心理社会治疗模式、预后等。同时，也会对患者和家庭的一些实际需要以及家庭的策略技巧进行讨论。治疗师还会提供基本的行为准则以控制家庭成员情绪的外露，从而使患者远离压力，尽快恢复正常行为。第二阶段：患者重新进入社会环境后，安排定期门诊会谈。这个过程持续一年或更长的时间，目的是让患者在出院后病情保持稳定。这个过程中，会给患者一些小作业，并监控其进展。治疗团队在这个阶段将注意力转移到家庭结构上，为了适应患者出院回家的情况，需要家庭结构做出一些调整。第三阶段：康复阶段主要是巩固已有成果，提高患者的功能水平。他们特别强调界限、家庭等级和子系统的完整性，这是受结构派家庭治疗的影响。

2. 多家庭治疗形式

多家庭治疗形式就是对前来就诊的多个精神分裂症患者的家庭一起进行治疗，通常有五六个家庭（McFarlane, 1991）。同样，先是对多个家庭进行讨论性的教育工作坊，然后患者家庭与治疗师持续至少一年的会谈。这样的多家庭治疗会给患者家庭带来更多的社会支持。心理教育方法被扩展到一般的家庭中，帮助他们形成更好的家庭关系或预防问题的产生。根据目的的不同，形成了不同的心理教育项目。1977 年 Bernard Gueraey 创立关系增进项目帮助父母更好地处理与患有情感障碍的儿童的关系。通常 6~8 对父母为一组进行治疗。他们教给父母将人本主义的原理融入亲子关系的技巧，每周还在家中进行一次治疗会谈作为补充。这一技术一方面帮助孩子更好地理解和表达自己的感情，获得对自己行为的控制感，另一方面使父母更加能够接受孩子的感受，学会与孩子沟通。后来增加了父母－青少年关系发展项目，旨在促进父母与青少年关系的信任感、亲密感、开放性和满意度等。夫妻关系发展项目中建立移情项目提供给夫妻表达技巧、移情反应技巧和对话技巧这样三套核心技能训练，帮助增进夫妻情感的亲密度（Ginsberg，2000）。关系增进项目限定时间，集中紧凑，一般包括历时几个月的10次会谈。期间治疗师指导来访者更加清楚地认识问题，学习具体的技能，每次会谈中都会有教学演示和技能实践，并布置家庭作业。这些短程教育项目还包括婚姻准备项目、婚姻丰富项目等许多简短实用、经济划算的内容，受到了越来越多家庭的欢迎。

心理教育是以经验为基础的一种治疗形式。它向受困扰的家庭提供信息和指导，使他们能够发展理解和应对有障碍的家庭成员的技巧，或者处理处于困境的家庭关系。在近40年里，它反对后现代治疗方法，依靠传统的现代主义的实验方法，产生出各种可以重复验证的干预程序。心理教育的家庭治疗综合应用家庭系统理论、认知行为治疗、教育心理学和结构治疗等原理和方法，不属于任何一种家庭功能的理论流派，也不坚持任何一家的家庭治疗技术。我们认为它更应该是一种折衷主义的治疗方法。

三、积极家庭治疗

传统的心理治疗体系一直关注人类的心理缺陷和无能，历来看重消极方面的倾向性，不重视病人的自我恢复、随机应变以及自我更新能力。许多治疗师认为，只要帮助当事人摆脱他们的痛苦，就能让他们快乐，但是事实并非如此，当前心理治疗师仅关注消极因素的做法已经走入了死胡同。

积极心理治疗是积极心理学的一种治疗取向，积极心理治疗主要建立在马丁·塞利格曼对幸福与健康的概念化的基础上，1998年他与其他同仁一起开创了积极心理学，旨在扩展并提升传统心理治疗的范畴，积极心理治疗并不是取代传统的治疗方法，相反，他只是一种试图平衡心理治疗中对消极和积极的生活事件的关注取向。当代积极心理学最有代表性的三位大师是：马丁·塞利格曼、米哈里·契克森米哈赖、克里斯托弗·彼得森，他们倡导心理学的积极取向，以研究人类的积极心理品质、关注人类的健康幸福与和谐发展为主要内容。积极心理治疗从文化和历史的观点来评估心理问题，强调每个人实际的和潜在的能力以及心理社会因素的重要性。在治疗过程中运用直觉和想象，以故事作为治疗者和患者之间的媒介，把患者理解为有自助能力的个体，消除病人的消极想象，从而达到治疗的目的。其基本假设是：幸福以及心理病理症状是由当事人与周围环境相互作用引起的，积极的情绪和优势与心理病理症状以及混乱一样都是真实存在的，有效的治疗关系是建立在对积极的个人特质与体验的探索和发现之上。对于遭受心理痛苦的当事人而言，了解自身的优势，学习培养积极情绪的必要技能，增强积极的人际关系，并让他们的生活充满意义和目标，可以极大地激发其积极性，增强其优势，并达到治疗的效果。

积极心理治疗，是一种新的心理治疗类型，也是一种治疗上的重新定位，即致力于"建立什么是有力的"模型，以补充传统的"修复什么是错的"方法（Duckworth Steen，Seligman）。主要治疗策略包括：挖掘和确认当事人自身的优势和积极的特质，优势的使用，宽恕，感恩和满意，亲密关系练习。积极心理治疗重视对各种治疗资源的开拓和建立，从关注消极到积极，直面问题，灵活释放消极情绪，有助于当事人产生认知、情感、行为层面的改变。

积极家庭治疗缘于积极心理治疗，在家庭治疗中，积极过程指的是了解家庭成员的能力，这样才有可能对行为、症状或疾病进行解释。这种再评价，为新的治疗方向铺平了道路。过去我们总认为症状都是不好的，但实际上，症状往往是有意义的，只是我们没有看到它的积极意义而已。如有关疾病"积极"的方面集中在下面这些领域：病人对疾病意义的体验方式，疾病在家庭结构中的功能，疾病对于不平衡生活状态的指示作用；疾病使患者得到了重视。积极心理治疗全方位地看待事物，看到事物的方方面面，而不仅只是某一层面。用不同的理论对症状和冲突进行解释，他们认为问题是由于来访者只看到了冲突和障碍，而看不到自己的能力和力量。每一个人都有许多处理问题的能力，每一个家庭也都有处理自身家庭问题的能力，当我们把全部注意由来访者和家庭的疾病转向其再生的能力时，真正的治疗就开始了。通过对各种症状赋予积极的意义，对疾病的重新解释影响到病人和他的家庭对于疾病的态度，从而减轻了疾病的痛苦，有利于来访者看到更多可能性。

心理障碍都是由冲突造成的，而冲突是不同价值观念的对抗。人们几乎具备所有处理冲突的潜力，但他们所形成的概念只允许他们采用极少的方式，而阻断了处理冲突的其他途径。为了处理冲突，在治疗中治疗师需要了解来访者冲突的内容和处理冲突的方式，冲突的内容可以从来访者的谈话中、从来访者对自我和他人的概念中找到。治疗师的任务就是使这些概念被意识到，揭示患者心理动力学的背景，向患者提供通向发现原有能力的捷径。

积极家庭治疗的过程可分为五个阶段：观察/距离阶段、调查阶段、处境鼓励阶段、言语表达阶段和扩大目标阶段。在治疗的每个阶段，治疗者会穿插许多故事、概念和比喻提供给家庭，使来访者和家庭有所领悟，促进家庭解决冲突，看到自身的资源。

（1）观察/距离阶段。当人们卷入冲突中时，家庭成员往往丧失了与冲突之间的距离，容易陷入其中，无法脱身。这一阶段的治疗重点是，治疗师与家庭建立关系，请成员谈论自己的家庭，并借此观察冲突时的家庭状态，同时，治疗师尽量对疾病或冲突做出积极的再解释。通过这一再解释的积极过程，可能会使家庭开始改变其基本规则。

（2）调查阶段。这一阶段重点放在鉴别过程上，治疗不仅限于纠正不良行为，也用于识别出新的能力，治疗师使用积极的方式识别出家庭成员的能力、冲突、症状等，并使用积极解释的方式描述与评价它们，使家庭成员也可以学会用新的标准来相互评价。

（3）处境鼓励阶段。来访家庭常容易把事物看成是消极的或不愉快的，甚至用悲观的眼光看待乐观的事。处境鼓励的重点是使家庭成员团结到一起，不去考虑冲突和矛盾，而是回忆那些被他们遗忘的积极因素，用建设性的态度解决家庭冲突。

（4）言语表达阶段。经过以上三个阶段，治疗关系已经建立，来访家庭成员的理解力也改进了，这时就要进入家庭直接面对冲突阶段。在这一阶段里，大家要用积极家庭治疗中的言语来代替别的方式去解决冲突。本阶段中，来访家庭成员学会使用礼貌和诚实的语言来表达和交流，使无意识中产生的冲突得以具体化。

（5）扩大目标阶段。这一阶段要使来访者意识到，在冲突之外，配偶还有许多别的潜力。经过这一阶段，来访者就可以结束治疗。

积极的心理家庭治疗师要尽可能考虑到所有因素，每一种障碍和疾病都对来访者家庭及其社会环境产生一定的积极作用，看到症状的积极意义，才能看到事物的全貌，从而才能解决冲突。必要时把个体心理治疗转变成社区心理治疗。

随着积极心理治疗和积极心理家庭治疗的理论和临床实践得到不断拓展，

越来越多的研究样本证实了其治疗的有效性，目前已经成为一种重要的心理治疗方法，并将进一步推进心理治疗的发展。诚然积极心理治疗不是万能的，不一定适合所有情境、所有人，人的行为改变很难，需要持续不断地努力。积极心理学时代的到来，是心理学领域的一场革命，也是人类社会发展史中一个新的里程碑。

第五节 家庭治疗的发展与未来

从早期治疗精神分裂症开始，在过去几十年中，家庭治疗的有效性不断地被证实。随着社会向现代和后现代阶段的变迁，家庭的形式和格局也在不断变化，"家庭"的含义离它原始和单纯的概念也越来越远。家庭治疗在其发展历程中经历了重大的变化，越来越具有多样性。人有社会属性的特点，决定了人的成长发育离不开家庭环境，离不开家庭关系，更不可能脱离社会大环境。个体需要在社会群体中寻找身份感、寻求社会支持，学习社会适应，满足亲密和性需要。从这种意义上讲，个体学习如何有效地与人沟通的任务依然存在；社会格局的变化如节奏加快、两极分化、对公认价值原则的质疑等也必然会带来社会关系背景的变化，但人在与周围人交流过程中发生冲突的宿命却没有改变。家庭治疗创建的大量技术和理论，其核心思想和技术依然是建立在人类本质上是相互作用的这个基础上，个体会在人际关系中嵌入内在的自我，诸多问题都可以通过人际关系得以疗愈。现今的家庭治疗已经整合了其他疗法的技术和观点，以加强其人际关注（Rivett，2008）。

如果我们把家庭治疗与其他个体取向的心理治疗流派相比较，会发现其他流派的宗旨在于帮助当事人努力实现独立，而家庭治疗的宗旨则在于帮助个体在家庭内或家庭这个小系统及在社会这个大系统内以最小的代价营造和保持一种和谐的关系。目前在西方，家庭治疗正发生着深刻的变革：一方面，随着应用范围的扩大，针对心理治疗和咨询等不同的应用背景，家庭治疗也在进一步走向专业化和科学化；另一方面，家庭治疗已经融合了诸多其他治疗方法，越来越多的家庭治疗师将其他治疗领域的观点和技术引入家庭治疗，各学派不再坚守自己的阵地，家庭治疗正在成为一个更加合作的领域。整合越来越成为一种趋势。在 21 世纪，家庭治疗还保存着什么，其未来又是怎样？

一、生物学领域的发展

神经科学的证据表明,大脑会影响经历,而经历反过来造就了大脑的结构和功能。以创伤后应激障碍(PTSD)研究为例,当前的心理治疗趋势已开始突破个人创伤的局限,而把家庭、社会历史的创伤事件都包含进来。各种不同类型与强度的负性事件(被遗弃、自杀及战争,或是孩子、父母或兄弟姐妹的早逝),它们所带来的痛苦会一代代地流动下去。近来随着细胞生物学、神经生物学、实验胚胎学和发展心理学的发展,这些领域都强调对家庭中至少三代人进行了解十分重要,因为这能够使我们更好地理解在重复的创伤模式背后的机制。家庭治疗中一个有趣的发展是治疗师采用了心理生理学的观点,这是从依恋研究人员关于安全依恋是如何促进婴儿大脑发育的研究开始的。现在这种现象已经愈发普遍,治疗师有时会在夫妻和家庭治疗中使用心理生理学的想法。例如,费希班(Fishbane, 2007)向家庭解释,当他们进行消极互动时,是杏仁核(大脑的"原始"部分)在起作用,治疗就是要提高大脑皮质(大脑的"社会性"部分)的功能,包括杏仁核。

医学影像学的快速发展使神经科学的发现振奋人心,同时也证实生物决定论的错误性,神经回路控制着意义的创造、身体状态的管理、情绪的调节、记忆的组织以及人的沟通能力。处于家庭治疗当中的家庭成员无法在一起理智地沟通,家庭治疗师如何利用生物学的研究成果帮助家庭成员去学习沟通、如何在冷静的状态下控制情绪反应,必将是今后一段时间我们关注的重点。

二、互联网的发展

科技改变生活,互联网使地球村成为现实,人们越来越多地利用互联网联系沟通。比较熟悉的场景经常是:面对家人无话可说,面对网络那端的陌生人却可以侃侃而谈。网络越发达,科技越发展,人却越孤独寂寞。科技可能使问题行为的发生更便利,家庭治疗师现在正遇到越来越多的关于电子游戏成瘾、沉迷色情/赌博和网络出轨的案例,如何解决互联网依赖的问题,让个体、家庭融入社会是对治疗师的挑战。同时充分利用互联网技术,特别是在诸如新冠肺炎疫情等全社会大流行传染病的背景下,开展对家庭治疗技巧的研究,利用科技设备如 VR、可穿戴设备技术等辅助治疗应有广阔的前景。

三、生态学视角

个体社会化及社会现代化过程的加速所产生的新的生活方式，要求个体尽快完成个性化和独立的过程。而个体的生活模式和人际关系模式，相对于更加广阔的社会系统而言总归是零碎的和不完善的，这就使个体在与社会发生联系的时候会出现机遇增多和危险增大并存的现象。家庭治疗对个体躯体和心理疾病或问题的理解是：它们既可以是系统关系出现故障的表现或后果，也可以成为系统关系进一步发生紊乱的原因。无论是结果还是原因，其背景都是形形色色的人际关系。只有人际关系这一背景得到了梳理，个体症状或问题才有望得到解决。近年来，为了更好地理解家庭功能，心理治疗倾向于采取一种生态学的视角，努力将个体、家庭和周围的文化社区等情境因素都考虑进去。

四、家庭结构的变迁

目前的中国社会，由于经济和社会发展十分迅速，生活方式和价值观等因素也在发生着巨大的变化。一生不变的伴侣关系越来越少，离婚率的攀升，年轻一代不婚不育的观念，传统的家庭结构面临解体，世代承袭的长幼尊卑，家庭祖传的繁文缛节越来越多地被摒弃……这些问题都有可能会成为引发家庭冲突甚至危机的导火索。国内家庭治疗师从事家庭治疗，面对人口和家庭的变化，特别是老龄化社会的到来，反思和探索家庭文化传统显得尤为重要。如何从时代和家庭生活周期的维度来看待这些现象，是今后需要解决的关键问题。

五、家庭教育与家庭治疗

中国正处于社会经济发生深刻变化的特殊时期，许多家庭矛盾和问题日渐突出，尤其因为就业竞争压力的增大和传统的"望子成龙"心态作祟，父母关注孩子成绩较多，关心孩子心理健康和全面发展较少；加之双亲之间价值观和个性的分歧，使得许多家庭中父母因教育观念的冲突以及包括"隔代亲"现象对父母教育方式的不良影响；还有许多父母忙于自身工作和社会活动，无暇顾及孩子的成长等因素；理应作为孩子教育主体的父母自身和相互关系中有尚未解决好的问题……这些都会影响父母对孩子的教育，必然会影响到孩子的心理成长。同时它也给家庭治疗师创造一种机会，让家庭在治疗师的参与下澄清一些问题，寻找可以解决问题的方案或可以达成的妥协，帮助家庭成员处理棘手的关系，例如孩子的学习困难、学校的欺凌问题、家庭贫困问题等，学会共同生活和共同成长之道，并为每一个家庭成员提供最佳的成长环境。目前家庭治疗运用于诸多领域，它提供一套连贯理论和一系列人际技术，这些理论和技术也可以运用于人们的家庭和社交网络中。

国内逐渐兴起的家庭教育指导试图为家庭关系的改善、父母教育理念的改变等提供方法和思路，2021年中国《家庭教育促进法》的出台，更是有着特殊的意义。家庭治疗作为干预措施之一，可处理某些特定的心理问题，也适用于具有社会问题的青少年以及受虐待儿童家庭的治疗。"单独的家庭治疗可以疗愈许多问题"的断言已经瓦解，在一些特定的情况下，如抑郁症和注意缺陷多动障碍（ADHD），家庭治疗则应当与药物共同干预，才能起到良好的治疗效果。

作为一种专业的治疗方式，在过去的半个世纪中家庭治疗逐渐在许多卫生和社会保健机构中立足，但对家庭干预政策的重视和对心理治疗的法定监管还要继续。在家庭教育的领域，明确家庭治疗师如何与家庭教育指导师共同工作，这对于未来社会政策的制定以及家庭治疗的发展是有很大帮助的。

六、家庭治疗的科研

家庭治疗的发展历程体现了其关注其他学科尤其是哲学的最新发展趋势，重视家庭治疗领域内的实践，注重发展其他的治疗方法。一些学者认为，家庭治疗的观点和应用，包括治疗方式，从开始的孤立主义到后来的同化与整合，经历了长时间的发展变化，家庭治疗对循证实践的贡献与日俱增。毋庸置疑家庭治疗是一种特殊的干预方式，创新是家庭治疗的一部分，正是基于家庭治疗丰富的技术和思想使其得以继续保持活力并将一直传承下去。但是尽管家庭治疗理论基础丰厚，其在学术圈中的吸引力并不大，这可能与长期以来家庭治疗师忽略临床科学研究，不愿参与临床研究并且不愿和研究者合作有关。

为促进家庭治疗的发展，研究者认为，家庭治疗师必须学习去理解和评估实证研究。虽然治疗师不可能成为"科学家－临床工作者"的模型，但最好能对家庭研究者所使用的科研方法具备最基本的了解。已经有一些专家鼓励我们探索一些方法，建立起研究者和临床工作者更加合作的关系，允许更多的家庭研究者参与到家庭治疗的研究中。学习和不同类型的心理治疗师共事（Speed, 2004），在这个发展过程中，通过进行质性或混合方法的研究，或各种研究设计，来研究基于实证的实践在现实中的效果如何，并进行过程科学性的研究；在当下信息化的时代，利用科技的力量找到在各种干预模型中的某些改变机制，并能积极主动地评估治疗的有效性。同时在结果和治疗过程研究中，统计分析和方法学上的创新也有助于双方的合作。另外有人建议对自然的、非控制的环境进行研究，把这些研究发现纳入到实践中去，让研究者的研究结果更容易地被临床工作者所接受，他们还建议可以并让临床工作者参与到研究团队中（Dattilio，Piercy，Davis，2014）。在家庭治疗已经成为一种成熟的、可能不那么具有挑战性的治疗方法的今天，家庭治疗师也要做出重大的转变，学会进行批判性的思考，同时寻求与研究者的合作途径，提供更有效的案例与成果应用于研究中，寻求对治疗更为有用的信息，更好地促进临床科学和实践取得长足的进步。

现代科学的需求、疾病管理的需求、保险公司的需求，反映了人们越来越强调使用科学方法来检验干预的有效性。当前家庭治疗领域的研究仍有许多不足，家庭治疗需要秉持开放的态度，才可能作为一种综合性的干预措施，不断应用于新的环境，从而保持旺盛的生命力，获得未来更壮大的发展。

参考文献

[1] 阿里斯特·冯·施利佩，约亨·施魏策. 系统治疗与咨询教科书：基础理论[M]. 赵旭东，盛晓春，译. 北京：商务印书馆，2018.

[2] 阳中华. 中庸实践思维与家庭功能和心理健康关系研究[D]. 长沙：中南大学，2012.

[3] 吴忠观. 人口科学辞典[M]. 成都：西南财经大学出版社，1997.

[4] 张亚林. 临床心理学[M]. 2版. 北京：人民卫生出版社，2021.

[5] 艾琳·戈登堡，马克·斯坦顿，赫伯特·戈登堡. 家庭治疗概论[M]. 9版. 王雨吟，译. 北京：中国轻工业出版社，2022.

[6] 白乙拉，陈中永. 发展与教育心理学[M]. 西安：陕西师范大学出版社，2007.

[7] 赵芳. 结构式家庭治疗的理论技术及其与中国文化的契合性研究[D]. 南京：南京师范大学，2006.

[8] 徐超凡. 家庭治疗对"问题少年"的心理干预研究[D]. 北京：中国人民公安大学，2017.

[9] 朱臻雯. 家庭治疗在中国临床心理咨询与治疗中的应用探索[D]. 上海：华东师范大学，2003.

[10] 沈奕斐. 个体化与家庭结构关系的重构[D]. 上海：复旦大学，2010.

[11] 邱京. 当前家庭教育存在的问题及对策研究[D]. 石家庄：河北经贸大学，2016.

[12] 邹强. 中国当代家庭教育变迁研究[D]. 武汉：华中师范大学，2008.

[13] 赵琳娜. 女性神经性厌食症家庭功能特征及与临床症状的相关性研究[D]. 上海：上海交通大学，2014.

[14] 罗楠. 家庭结构变动下城市的养老模式选择研究[D]. 西安：陕西

师范大学，2012.

［15］丁浩.结构家庭治疗模式介入城市隔代抚养家庭代际冲突问题的研究［D］.武汉：华中科技大学，2019.DOI：10.27157/d.cnki.ghzku.2019.003578.

［16］杨婷.家庭结构和婚姻关系的代际比较［D］.苏州：苏州大学，2014.

［17］毕爱红，郝树伟，吴任钢.原生家庭对子女婚姻的影响［J］.中国性科学，2019，28（09）：157-160.

［18］于静.父母心理控制的代际传递：父母完美主义与婚姻满意度的作用［D］.哈尔滨：哈尔滨师范大学，2019.

［19］秦丽楠.依恋代际传递的内容和机制［D］.上海：华东师范大学，2010.

［20］杨涵舒.青少年社交焦虑障碍家庭环境特点及其代际传递［D］.上海：上海交通大学，2020.DOI：10.27307/d.cnki.gsjtu.2020.000927.

［21］Stierlin H. The adolescent as delegate of his parents［J］. Australian and New Zealand Journal of Psychiatry，1973，7（3）：249-256.

［22］鲁迪·达洛斯，罗斯·德雷珀.家庭疗法：系统化理论与实践［M］.戴俊毅、屠筱青，译.上海：上海社会科学院出版社，2012.

［23］徐汉明，盛晓春.家庭治疗——理论与实践［M］.北京：人民卫生出版社，2010.

［24］安德雷亚斯·弗利斯泽尔，瑞纳·史汶.系统式心理治疗工作手册［M］.吕文瑞等，译.上海：华东师范大学出版社，2020.

［25］阿里斯特·冯·施利佩，约亨·施魏策.系统治疗与咨询教科书：基础理论［M］.史靖宇，赵旭东，盛晓春，译.北京：商务印书馆，2018.

［26］萨尔瓦多·米纽庆.家庭与家庭治疗［M］.谢晓健，译.北京：商务印书馆，2009.

［27］弗尔茨·B.西蒙，克里斯特尔·莱西·西蒙.循环提问［M］.于雪梅，译.北京：商务印书馆，2013.

［28］Margolis GJ. Secrecy and identity［J］. Int J Psychoanal，1966，47：517–522.

［29］Karpel MA. Family secrets：I. Conceptual and ethical issues in the relational context. II. Ethical and practical considerations in therapeuticmanagement［J］. Family Process，1980，19：295-306.

［30］Bok S. Secrets：On the ethics of concealment and revelations［M］. New

York: Pantheon Books, 1983.

［31］Vangelisti AL. Family secrets: Forms, functions, and correlates［J］. Journal of Social and Personal Relationships, 1994, 11: 113-135.

［32］Vangelisti AL, Caughlin JP, Timmerman L. Criteria for revealing family secrets［J］. Communication Monographs, 2001, 68: 1-27.

［33］杰拉尔德·科里. 心理咨询与治疗的理论及实践［M］. 8版. 谭晨译. 北京：中国轻工业出版社, 2010.

［34］帕特森. 家庭治疗技术［M］. 方晓义, 译. 北京：中国轻工业出版社, 2004.

［35］马克·里韦特, 埃迪·斯特里特. 家庭治疗100个关键点与技巧［M］. 赵然, 译. 北京：化学工业出版社, 2018.

［36］帕特森. 家庭治疗技术［M］. 3版. 王雨吟, 译. 北京：中国轻工业出版社, 2020.

［37］尼科尔斯, 施瓦茨. 家庭治疗基础［M］. 2版. 方晓义等, 译. 北京：中国轻工业出版社, 2005.

［38］莫妮卡·麦戈德里克, 兰迪·格尔森, 苏艾丽·佩特里. 家谱图：评估与干预［M］. 3版. 霍莉钦, 译. 北京：当代中国出版社, 2015.

［39］马莹. 心理咨询技术与方法［M］. 2版. 北京：人民卫生出版社, 2016.

［40］Jill Freedman, Gene Combs. 叙事治疗：解构并重写生命的故事［M］. 易之新, 译. 台北：张老师文化事业出版社, 2000.

［41］许维素. 建构解决之道：焦点解决短期治疗. 宁波：宁波出版社, 2013.

［42］Michael White, David Epston. 故事、知识、权利：叙事治疗的力量［M］. 廖世德, 译. 上海：华东理工大学出版社, 2013.

［43］Michael White. 叙事疗法实践地图［M］. 李明等, 译. 重庆：重庆大学出版社, 2011.

［44］刘军. 对心因性性功能障碍患者实施索解导向的家庭心理治疗初探［C］. 中国性学会性医学专业委员会第七次全国性医学学术会议论文集. 2011: 96-96.

［45］迈克尔·尼克尔斯, 西恩·戴维斯. 家庭治疗概念与方法［M］. 11

版 . 方晓义婚姻家庭治疗课题组,译 . 北京:北京师范大学出版社,2018.

[46] 李彩娜,赵然 . 家庭治疗 [M] . 北京:中国轻工业出版社,2009.

[47] Michael PN,Richard CS. 家庭治疗概念与方法 [M] . 2版 . 林丹华,译 . 北京:中国轻工业出版社,2005.